KB181579

관저의 100시간

KENSHO FUKUSHIMA GEMPATSU JIKO KANTEI NO 100 JIKAN
by Hideaki Kimura
ⓒ 2012 by The Asahi Shimbun Company
First published 2012 by Iwanami Shoten, Publishers, Tokyo.
This Korean language edition published 2015 by Humanitas Publishing Co., Seoul
by arrangement with the proprietor c/o Iwanami Shoten, Publishers, Tokyo.

관저의 100시간

후쿠시마 원전 사고, 재난에 대처하는 컨트롤 타워의 실상을 파헤친다

1판1쇄 | 2015년 3월 5일

지은이 | 기무라 히데아키
옮긴이 | 정문주

펴낸이 | 박상훈
주간 | 정민용
편집장 | 안중철
책임편집 | 윤상훈
편집 | 이진실, 최미정, 장윤미(영업 담당)

펴낸 곳 | 후마니타스(주)
등록 | 2002년 2월 19일 제300-2003-108호
주소 | 서울 마포구 독막로 23(합정동) 1층 (121-883)
전화 | 편집_02.739.9929/9930 제작·영업_02.722.9960 팩스_0505.333.9960
홈페이지 | www.humanitasbook.co.kr

인쇄 | 천일_031.955.8083 제본 | 일진_031.908.1407

값 16,000원

ISBN 978-89-6437-224-1 03300

이 도서의 국립중앙도서관 출판시도서목록(CIP)은 e-CIP홈페이지(http://www.nl.go.kr/ecip)와
국가자료공동목록시스템(http://www.nl.go.kr/kolisnet)에서 이용하실 수 있습니다.
(CIP제어번호: CIP2015005615)

후쿠시마 원전 사고,
재난에 대처하는
컨트롤 타워의 실상을
파헤친다

관저의 100시간

檢証 福島原発事故
官邸の一〇〇時間

기무라 히데아키(木村英昭) 지음
정문주 옮김

가해자가 거대한 권력자이고 피해자가 힘이 없을 때, 의학은 약자의 입장에 서면 딱 중립이 됩니다. ……

어떻게 살아야 할지 고민될 때 환자가 있는 곳으로 가면 안심이 됩니다. 그들에게서 위안받는다고 할까? 환자 편에 서는 의학의 올바름을 현장에 가서 확인하는 거지요. ……

보겠다는 생각만 있으면, 현장은 온갖 것들을 거울처럼 비춰 주지 않습니까? 미이케와 미나마타*를 통해 세상일이 조금은 보이는 것 같아요. 이제야 겨우 '의사 흉내'를 냅니다.

＿하라다 마사즈미原田正純
기무라 히데아키, "하라다 마사즈미의 세계를 말하다",
『아사히 신문』 1998/11/19 석간

저널리스트로서 내가 있어야 할 자리를 일깨운 고故 하라다 마사즈미 님께 이 책을 바친다.

---

* 미이케三池는 지금은 폐광한 일본의 대표적 탄광. 열악한 작업환경을 개선하고 부당해고를 철회하라고 요구한 노동쟁의로 유명하다. 미나마타水俣는 수많은 이들에게 형언할 수 없는 고통을 준 집단 수은중독이 발생한 지역이다.

| 일러두기 |

1. 이 책은 다음 저서의 한국어 완역본이다.

　木村英明, 『検証 福島原発事故 官邸の一〇〇時間』(岩波書店, 2012)

2. 메모를 인용할 때는 가랑이표(〈 〉)를 썼다. 인물들의 당시 직함을 그대로 썼고, 경칭과 연령 표기는 생략했다.

3. 특별한 표기가 없는 한, 원전 호기는 후쿠시마 제1원전 플랜트를 가리킨다. 또한 2011년 3월 11일 이후 5일에 초점을 맞추었기에, 처음 등장하거나 특별한 경우를 제외하고는 년·월을 적지 않았다.

4. 취재원을 명시했다. 문장 구성과 흐름, 가독성을 고려해 본문에 밝히지 않았을 때는 주석으로 처리했다. 취재원을 명시할 수 없더라도 막연하게 '관계자'라고 하는 대신, 취재원에게 불이익이 되지 않는 범위에서 구체적으로 표현했으며 명시하지 못한 이유를 덧붙였다. 정보원이 복수일 때는 주요 증언자만 열거했다. 증언 채록은 2011년 11월 초부터 2012년 2월 초, 2012년 3월 중순부터 같은 해 7월 초에 이루어졌다.

5. 원전 사고의 원인 등에 관해서는 훗날 조사 등에서 변경된 경우가 있다.

6. 이 책을 집필하면서 사고 뒤 정부 관계자가 정리한 비공개 시간대별 사건 발생 표를 이용했다. 공표 자료와 1분가량 차이가 나는 경우도 있다.

7. [한국어판 일러두기] 각 장별로 달려 있던 원주를 후주로 처리했다. 각주 및 대괄호([ ]) 첨언은 옮긴이가 첨가했다.

차례

프롤로그

총리 관저. 행정 기능을 담당하는 정부의 최고 권력자인 내각총리 대신이 집무하는 장소다. 총리는 이곳에서 각료 회의가 결정한 방침에 따라 정부의 성청省廳[부처]을 지휘·감독한다. 내각법 규정이 그렇다. 도쿄 도 지요다 구 나가타초 니초메 3-1東京都千代田区永田町二丁目三番一号. 지척에는 국회가 있고, 관청가인 '가스미가세키'霞が関도 멀리 있지 않다.

그곳은 국가권력의 중추다. 총리집무실은 5층이다. 관방장관과 관방부장관, 총리보좌관의 방도 같은 층에 있다. 여기에서 가장 중요한 결정이 이루어진다고 할 수 있다. 지하에는 24시간 체제로 대규모 재해와 사건에 대응할 수 있는 위기관리센터가 있다. 옥상에는 헬리콥터 이착륙장이 구비되어 있다. 하지만 관저 안에 어떤 시설이 있고, 내부 구조가 어떤지를 상세히 공개할 수는 없다. 국가 기밀에 해당하기 때문이다.

2011년 3월 11일 동일본 대지진[1]이 발생했을 때, 관저는 중요한 무대 중 하나였다. 관저는 초기 대응을 지휘했다. 관저에서 멀리 떨어진 후쿠시마福島 원전에 닥친 위기는 체르노빌 원전 사고[2]와 같은 '레벨 7'에 해당할 만큼 심각했다. 방사성물질이 대량으로 대기 중에 방출되었고, 현지 주민은 피난해야 했다. 방사성물질이 비산飛散하는 상황에서 현県[한국의 '도'에 해당하는 지방행정 구역]의 경계는 의미가 없었다. 2012년 8월 현재 아직도 현 안팎으로 피난하는 주민이 있다. 피난민들이 원전 주변 고향으로 돌아갈 날이 언제인지는 기약이 없다. 노다 요시히코野田佳彦 내각의 "사고 수습 선언"[3]과는 상반된 현실이 버티고 있기 때문이다.

원전 사고가 발생했을 때, 원래대로라면 사고가 일어난 원전 가까이에 있는 오프사이트센터[원자력재해대책센터]에 현지대책본부를 설치해 사고 처리를 맡긴다. 오프사이트센터의 법률상 용어는 긴급사태사고처리거점시설이다. 1999년 연료 가공 회사 JCO의 임계 사고[4]가 발생한 것을 계기로 설치되었으며 전국적으로 20곳에 달한다. 경제산업성 원자력안전·보안원[5]에 따르면 센터의 역할은 다음과 같다.

원자력 재해가 발생했을 때 중앙정부와 도도부현都道府県[광역자치단체]·시정촌市町村[기초자치단체] 등의 관계자들이 모여 원자력 방재 대책 활동을 원활하게 조정하는 거점 역할을 한다. 정부의 원자력재해현지대책본부 및 지방자치단체의 재해대책본부들과 연계해 정보를 공유하면서 응급조치 등을 강구한다.

이번 사고가 발생했을 때는 오프사이트센터가 제대로 기능하지 못했다. 문제가 된 오프사이트센터는 후쿠시마 제1원전에서 5킬로미터, 제2원전에서는 12킬로미터 떨어진 오쿠마마치大熊町에 있었는데, 관계자들이 신속하게 모이지 못했을 뿐만 아니라 반드시 참석해야 하는 관료 가운데 불참한 이도 있었다.[6] 게다가 원자력 사고에 대응하고자

세워진 건물임에도 방사능을 차단하는 공기 정화 필터가 설치되지 않아 실내 선량이 상승했다. 통신수단도 마비되었다. 지진 발생 5일째인 3월 15일 정부는 센터를 포기했고, 직선거리로 60킬로미터쯤 떨어진 후쿠시마 현청으로 그 기능을 이전했다.

초동 단계에서 제대로 기능하지 못한 오프사이트센터를 대신해 사고 정보를 수집하고 눈코 뜰 새 없이 사태에 대응한 것은 관저였다. 단추는 여기서부터 잘못 끼워졌다. 관저는 정보 부족에 시달렸고, 그런 관저를 보좌한 관료 조직은 제 역할을 다하지 못했다. 관저의 핵심 인물들은 뒷북만 쳤다. 아니, 원전에서 줄줄이 일어나는 사태가 관저의 온갖 수를 앞서갔다고 해야 옳을지도 모른다.

사고 이후의 보도를 통해, 숨겨졌던 진실이 하나씩 밝혀졌다. 원전의 안전 심사를 맡은 내각부 원자력안전위원회[7] 위원들은 원자력 업계의 기부금을 받는 데 매우 익숙했다. 원자력안전위원회의 위원 및 비상근 심사위원이었던 89명 중 마다라메 하루키斑目春樹 위원장 등 24명이 2010년도까지 5년간 원자력 관련 기업 및 업계 단체로부터 총 8천5백만 엔을 기부받은 사실이 알려진 것은 후쿠시마 원전 사고 뒤였다. 또 도쿄전력은 전력 업계에 미치는 영향력을 고려해 자민당과 민주당의 고위 정치인들을 후원했다. 보안원은 원전 사고에 대응하는 방재 지침을 국제 기준에 맞게 개정하는 데 강력히 반대했고, 기존 원자로의 안전성 의혹이 행정소송으로 이어질 것을 우려해 원전 중대 사고 대책을 연기했다. 그리고 일본의 대형 전력 회사 및 관련 기업의 노동조합이 결성한 전력총련[전국전력관련산업노동조합총연합]은 후쿠시마 원전 사고가 난 뒤에도 민주당 국회의원들을 상대로 조직적인 진정 활동을 펼쳐 원전 존속 여론을 조성하고자 했다.[8]

사고 발생 당시, 도쿄전력의 가쓰마타 쓰네히사[9] 회장은 언론사 출신 인사들과 함께 베이징을 방문하고 있었다. 도쿄전력이 여행 경비를 일부 부담했다.[10] 『요미우리 신문』은 사주이자 닛폰TV 사장까지 역임한 쇼리키 마쓰타로[11]가 일본에 원자력발전소를 도입하는 데 앞장서 '원자력의 아버지'로 불리게 되면서부터는 원전 추진을 주장하는 자사 보도를 검증하는 것마저 포기했다. 신문사와 방송국에 홍보비 명목으로 거액의 자금을 쏟아붓기도 했다.

보도된 내용 가운데는 다음과 같은 것도 있었다. 정부 지진조사위원회 사무국을 맡은 문부과학성이 미야기·후쿠시마 앞바다에서 일어날 수 있는 거대 쓰나미(지진해일)의 위험성을 지적하는 보고서를 작성 중이었는데, 비공식 회의에서 도쿄전력을 비롯해 원전을 소유한 세 개 회사가 '거대 쓰나미와 지진을 경계하라.'는 표현을 바꾸라고 요구한 것을 사무국이 받아들였다는 것이다. 지진 재해가 일어나기 8일 전의 일이었다(교도통신). 원자력발전의 안전을 책임지는 원자력안전위원회의 전문가들은 어떤 책임도 지지 않고 자리만 지켰다.

심각한 원전 사고가 일어났을 때 적절히 대처할 수 있는지는 지진이 발생한 그날 그 시점에 이미 결정되어 있었는지도 모른다. 전력 회사, 정치인, 관료, 학자, 노동조합, 그리고 언론 등 이른바 '철의 육각추'라고 할 만큼 굳건한 '원자력 마을'[국내에는 '원전 마피아'로 통용되기도 한대의 주민들은 '사고는 없다.'고 적힌 화려한 비단 깃발을 국민들 앞에 흔들며 안전 신화에 권위를 부여해 왔다. 하지만 '3·11'이라는 현실 앞에 기는 처참히 꺾였다. 깃발은 비단이 아니라 거적 조각에 불과했다.

이번 원전 사고는 국가권력에 교묘하게 들러붙은 원전에 기대어 살아온 무리들의 정체와 원전 시스템의 불완전함을 낱낱이 드러냈다. 우리 모두가 그 사실을 목도했다. 원전은 하나의 권력이었다. 노다 내각은 정부와 국회의 사고조사위원회에서 최종 보고서도 나오지 않은 시점에 원전 재가동으로 방향을 틀었다. '전력 부족', '경제활동 정체' 같은 날카로운 칼을 국민에게 들이대면서 말이다.

원자력 마을에 사는 주민은 자신들의 균열을 재정비해 우리 앞에서 추악한 정체를 또다시 감추려 한다. 안전론, 비용론, 전력 수급론 등의 관점으로 논쟁할 일이 아니다. 원전 존폐 여부는 정책 문제가 아니라 국가 통치 방식을 바꿀지 여부로 귀결되는 문제이다. 나는 원자력 무리들의 반격이 시작됐다고 느낀다. 이 책은 거대지진이 발생한 2011년 3월 11일 오후 2시 46분부터 정부와 도쿄전력의 사고대책통합본부가 생긴 직후인 15일 저녁까지 '1백 시간'에 주목했다.

일련의 작위와 부작위가 이어지면서 사상 초유의 사고는 더욱더 심각해졌다. 나는 정치인과 관료, 도쿄전력 간부, 전문가 들이 초기 대응 당시 보인 모습을, 국가권력의 중추인 관저를 무대 삼아 시간대별로 서술함으로써 우리에게 남은 숙제를 확인하고자 했다. 기술을 탄생시키고 사용하는 것은 인간이다. 그런 의미에서 기술이란 인간의 사회적 활동을 통하고서야 비로소 그만의 가치와 의미를 가질 수 있다. 기술과 인간의 관계에 대해서는 '원자력의 평화적 이용'을 부르짖은 다케타니 미쓰오武谷三男, '인간과 기술론'을 주창한 호시노 요시로토野芳郎 같은 위대한 선인들이 생애를 걸고 피력한 바 있다. 인간의 행위를 고찰하지 않고 기술 자체의 문제를 논하는 것은 공허하다. 이 책에서 다룬 '1백 시간' 동안 사람들과 조직들이 어땠는지를 검증하는 과정에서 기술적 문제점 또한 부각될 것이다. '미나마타병 의사'로 알려진 하라다 마사즈미는 생전에 필자에게 이런 이야기를 들려주었다. "분노를 구실로 펜을 들어서는 안 된다. 아무것도 전할 수 없다. 분노를 세상에 알리고 오래 남기는 것은 냉철한 펜이다." 쉬운 듯하면서도 어려운 작업이지만, 나는 해보려 한다.

이 책은 한 저널리스트가 터벅터벅 발로 이루어 낸 사고 조사 검증 보고서다. 논평과 추측은 배제했다. 나는 오로지 팩트로 말하겠다.

1

3월 11일 금요일

원전 비상

[긴급사태] "전원이 나갔다!"

그 시각, 총리는……

모든 것은 일순간에 벌어졌다. 2011년 3월 11일 오후 2시 46분. 진원이 산리쿠三陸 앞바다로 추정되는 거대지진이 발생했다. 바로 그 시각. 간 나오토菅直人 총리는 참의원 결산위원회[1]에 참석 중이었다. 천장에 매달린 샹들리에가 크게 요동쳤다. 의자에 앉아 있던 총리가 천장을 올려다보았다. "각자 신변의 안전을 확보하시길 바랍니다." "테이블 아래로 피하십시오!" 결산위원회의 쓰루호 요스케鶴保庸介 위원장이 소리쳤다.

위기관리를 담당하는 관방부장관인 후쿠야마 데쓰로[2]는 총리집무실과 더불어 관저 5층에 위치한 관방부장관실에서 참의원 결산위원회가 중계되는 모니터 화면을 통해 간의 모습을 확인했다. 심한 진동을 느낀 후쿠야마는 당장 옆 비서관실로 뛰어갔다.

"더 큰 진동이 있을 것 같은데, 괜찮을까?"[3]

후쿠야마는 자신의 비서관에게 물었다. 모니터 화면 속의 여야 의원들은 어수선한 모습이었다. 후쿠야마는 비서관에게 지시했다.

"내각 위기관리감[4]에게 긴급참집參集팀[5]을 소집하라고 해! 난 내려가네."

후쿠야마는 긴급 엘리베이터와 계단을 이용해 관저 지하에 있는 위기관리센터로 갔다.

위기관리감은 말 그대로 중대한 위기에 대응해 지시를 내리는 요직이다. 내각법에 따라 관방장관과 관방부장관을 보좌하는 직무를 맡는다. 재해가 발생하면 위기관리센터에 대기하면서 초동 대응에 관한 정보 수집과 조정을 맡는다. 역대 위기관리감은 대부분 경시총감을 역임한 사람들이었다.

당시의 위기관리감은 이토 데쓰로[6]였다. 주위 건물들이 절컹거리는 쇳소리를 내며 마구 흔들리던 그때, 이토는 휴대전화를 확인했다. 지진의 규모를 알리는 메일이 들어온 것이다. 진도 6약弱 이상이면 '관저대책실'을 설치해야 했다. 이는 '정보연락실'과 '관저연락실'의 역할을 포괄하는 가장 높은 단계의 조직[7]이다. 관저대책실 구성원들로 이루어지는 긴급참집팀을 소집할 권한은 이토에게 있었다. 그는 즉시 지진 담당 내각관방 참사관에게 휴대전화로 연락했다.

"관저대책실을 마련한다. 자동 소집 사안이지만, [알아서 모일 때까지] 기다리지 말고 각 성청 담당 국장에게 직접 지시하도록."[8]

이토는 지체 없이 자신의 집무실이 있는 4층에서 위기관리센터로 내려가 '간부회의실'이라 불리는 방에 자리 잡았다. 오후 2시 50분, 관저대책실이 설치되었다. 이토가 진을 친 간부회의실은 정보를 수집해 각 성청이 공유하도록 하는 공간이었고, 그 정보에 따라 차후 대응이 정해졌다.

관저 5층에 있던 후쿠야마도 간부회의실로 내려왔다. 긴급참집팀의 구성원으로 지정된 각 성청의 국장급도 모여 있었다. 각 성청의 간부들 앞에는 전용 전화기가 놓였다. 지진 피해 상황은 시시각각 전달됐다. 새로운 정보가 들어오면 마이크를 이용해 모두에게 알렸다.

간부들 뒤로는 함께 관저에 들어온 성청 직원들이 대기했다. 직원들은 중요한 정보가 들어오는 대로 받아 적었고, 그 메모는 복사한 다음 타원형으로 늘어선 정치인과 성청 간부들의 책상에 배포되었다.[9]

후쿠야마가 도착하고 난 직후에 관방장관인 에다노 유키오枝野幸男도 간부회의실에 모습을 드러냈다.[10] 이토는 에다노에게 "긴급재해대책본부 회의를 꾸려야 할 사안입니다."라고 설명했다. 에다노의 대답은 간단했다. "알았습니다. 그렇게 하시죠."[11]

전후 최초의 긴급재해대책본부

오후 3시부터 회의가 열렸다. 총리 등 각료들이 지침으로 삼을 '기본 대처 방침'의 원안을 작성하는 중요한 회의였다.[12] 기본 대처 방침이란 주로 '국민 생활 및 경제활동이 조기에 회복되도록 온 힘을 쏟겠다.'는 정부의 의도를 국민에게 밝힐 큰 틀의 방침을 말한다. 관계 성청이 많기 때문에 대략의 틀을 정할 필요가 있는 것이다. 그 외에 경찰과 소방 원조대 및 자위대 파견, 후생노동성의 의사단 파견도 이 자리에서 정해졌다.[13]

"화재 발생! 화재 규모는 불명!"

"도로 피해 상황을 보고합니다!"

"통행 불가 상황입니다!"

"잠시 전 발생한 지진의 규모를 변경합니다!"[14]

피해 상황은 시시각각 변화했고, 이를 전하는 황급한 목소리가 어지러이 뒤섞였다.

오후 3시 7분[15] 관저로 돌아온 총리가 간부회의실에 도착했다. 총리가 가운데에 자리 잡고 그 오른쪽에는 에다노를 비롯한 내각 핵심 인물들이, 왼쪽에는 이토가 앉았다.[16] 총리는 "긴급재해대책본부를 만들 사안"이라는 이토의 설명을 듣고 곧 승낙했다.[17]

긴급재해대책본부는 각료 회의의 결정이 떨어져야 설치할 수 있었지만, 이런 비상시국에 전체 각료가 모여 회의를 열 수는 없었다. 결국 각료들에게 의제를 전달해 서명받는 것[18]으로 각료 회의를 대신하기로 했다.[19] 오후 3시 14분 재해대책기본법에 의거한 긴급재해대책본부가 세워졌다. 제2차 세계대전 이후 최초였다. 간 총리가 본부장을 맡았다.

그때 총무대신인 가타야마 요시히로[20]는 참의원에서 관저로 걸어가고 있었다. 총무성은 소방청을 둔 외국外局으로서, 재해 발생 시 지자체와 연락을 담당하는 핵심적인 국가기구이다. 가타야마는 총리와 함께 결산위원회에 참석했는데, 지진이 일어나자 휴회 후 참의원 정부위원실에 머물고 있었다. 총무대신 비서관을 통해 "아직 정보가 없으니 관저에 오지 않아도 됩니다."라는 말을 들었기 때문이다. 이미 "정보를 수집한 후에 모이라."는 관저의 요청을 받은 상태였다.[21] 대지진이 발생하면 총리, 관방장관, 방재담당대신은 관저로 즉각 모이지만, 그 외의 대신들은 각자 소속 성청을 지휘하다가 수도권 직하형의 진도 6강強 이상의 지진*이 발생했을 경우에만 전체 각료가 관저로 모인다는 방침이 사전에 정해져 있었다.[22] 총무성 소방청에는 피해 상황이 속속 들어왔다. 가타야마는 순전히 자기 판단에 따라 관저로 향했다.

긴급재해대책본부의 회의 일정이 잡혔다. 이에 따라 관저는 내각관방을 통해 각 성청에 연락해[23] 전체 각료에게 관저로 모이라고 지시했다.[24]

• 직하형 지진은 육지 또는 근해의 얕은 지하가 진원인 지진이다. 상하 진동이 심해 국지적 피해가 크다. 수도권 직하형 지진은 역사적으로 반복 발생한 진도 7 정도의 대지진이 수도권에서 발생하는 경우를 일컫는다.

쓰나미의 습격, 그리고 후쿠시마 제1원전의 교류 전원 상실

오후 3시 37분 1차 긴급재해대책본부 회의가 간부회의실에서 열렸다. 이토 위기관리감이 기본 대처 방침과 광역 긴급 원조대 파견 등의 원안을 설명했고, 참석자들은 이를 정부의 정식 방침으로 정했다.[25]

이 회의가 열리기 10분 전, 쓰나미가 후쿠시마 원전을 덮쳤다. 에다노가 진행한 회의에서 각료들은 지진과 쓰나미 발생에 따른 피해 상황을 보고했다. 그런데 "관저 지하의 밀실에서 계속 대응하는 것은 국민에게 부적절한 처사"라는 의견이 나왔다. 이에 따라 2차 긴급재해대책본부 회의는 관저 4층에 있는 대회의실에서 열렸다.[26]

2차 쓰나미가 도달한 시각은 1차 회의가 시작되기 직전인 오후 3시 35분이었다. 그리고 그로부터 2분 후인 오후 3시 37분. 후쿠시마 제1원전 1호기가 모든 교류 전원을 상실했다. 다시 1분 후에는 3호기와 4호기도 같은 상태를 맞았다. 이어 5호기와 2호기도 교류 전원을 완전 상실했다. 불과 4분 만에 원전 다섯 기가 위기를 맞은 것이다.[27] 쓰나미의 파고는 15미터나 됐다. 4호기 터빈 건물의 지하에서는 점검하러 내려간 도쿄전력 직원 두 명이 목숨을 잃었다.

오후 3시 42분, 도쿄전력은 후쿠시마 원전에서 일어난 비상사태를 원자력재해대책특별조치법(원재법) 제10조[28]에 규정된 "운전 중의 교류 전원 완전 상실"에 해당한다고 판단해 경제산업성에 연락했고, 이는 곧바로 위기관리센터로 전해졌다.

"후쿠시마 제1원전에서 10조 통보가 들어왔습니다. 원전에 문제가 생긴 것 같습니다."

관방 참사관이 회의 중인 이토의 등 뒤로 와서 소식을 전했다.[29] 이토는 총리와 에다노 등에게 보고했다. 원자력안전·보안원장인 데라사카 노부아키寺坂信昭가 이토의 코앞에 앉아 있었다.[30] 그도 긴급참집팀의 일원으로 달려온 터였다.[31] 이토는 데라사카에게 어떤 상황인지 물었지만, 돌아온 대답은 "모르겠네요."라는 한마디였다. 할 수 없이 이토는 보고를 한 참사관에게 알아보라는 지시를 내렸다.[32]

비상사태 공지가 방송되자 모두가 정보를 공유했다.

"후쿠시마 제1원전이 교류 전원을 완전 상실했습니다!"

이 말의 의미를 이해하지 못하는 사람도 있었다. 후쿠야마 관방부장관은 어지러이 뒤섞이는 대화를 이렇게 기억한다.

"전원 상실이라는데, 얼마나 지나면 회복되는 거지?"

"문의 중입니다."

"조사 중입니다."

교류 전원의 완전 상실. 이 말은 원자로를 냉각시키는 장치를 가동할 수 없음을 뜻한다. 그 상태가 지속되면 원자로는 빈 주전자에 끊임없이 열을 가하는 것과 같은 상황이 된다. 그로 인해 녹아내린 연료봉[33]은 원자로를 뚫고 밖으로 유출될 수 있었다. 사상 초유의 비상사태였다.

상황을 알 수 없는 원자로

간 총리, 에다노 관방장관, 가이에다 반리[34] 경제산업대신 등은 지하 위기관리센터의 간부회의실을 나와 엘리베이터가 아닌 계단을 이용해 4층으로 곧장 올라갔다.[35] 연이어 2차 긴급재해대책본부 회의를 열기 위해서였다.

내각부 대신정무관인 아쿠쓰 유키히코[36]가 총리를 수행했고, 총리 비서관도 간 총리를 보좌했다. 아쿠쓰는 지진이 발생하자마자 관저 맞은편의 내각부에서 위기관리센터로 달려와 대기하고 있었다. 이후 아쿠쓰는 정부 현지재해대책본부의 본부장 대행으로서 쓰나미로 막대한 피해를 입은 미야기 현宮城県과 이와테 현岩手県에서 임무를 수행하게 된다.

"되도록 빨리 기자회견을 열어서 국민을 보호하겠다는 정부의 의지를 밝히고 국민을 안심시켜야 합니다."

"당장 자위대 파견을 지시하셔야 합니다."

아쿠쓰는 계단을 뛰어오르면서도 총리에게 계속 조언했다. 잠자코 듣기만 하던 총리가 계단참을 돌다 멈춰 서서 이렇게 말했다.

"내 옆에 있다가 생각나는 사항은 모조리 얘기해 주게."[37]

아쿠쓰는 미간을 잔뜩 찌푸린 총리의 얼굴을 보았다.

그 시각, 후쿠시마 제1원전은 대혼란 상태였다. 연락용 PHS*도 불통이었다. 이를 대신해 사용한 트랜시버**도 잡음이 심해 무용지물이었다. 원전 중앙제어실[38]과 면진[내진] 설계중요동免震重要棟의 현지대책본부를 연결하는 것은 전화 회선 하나뿐이었다. 면진중요동은 지진 등의 재해가 발생했을 때 현장에 대책본부를 꾸릴 목적으로 세운 건물이다.[39]

바로 그 면진중요동에 차린 현장 긴급대책본부에는 제1원전 소장인 요시다 마사오[40]를 비롯해 여럿이 모여 있었다. 원자로 상황을 파악하기란 불가능했다. 지진이 발생했을 때 제1원전에는 6,415명이 있었다. 도쿄전력 직원이 755명, 하청 협력 회사[41] 직원이 5,660명이었다.[42] 협력 회사 작업 인부는 이미 대규모 쓰나미 경보가 발령되었을 때 대부분 대피한 상태였다. 복구에 투입할 인력이 부족했다. 요청을 받고 잔류한 협력 회사 작업 인부가 적어서 도쿄전력 직원이 복구 작업의 중심을 이루었다. 하지만 그들은 필요한 자재가 보관된 곳조차 몰랐다. 1호기에서는 원자로의 수위를 확인할 수 없었다. 쓰나미로 인한 침수, 간헐적인 여진, 온통 칠흑 같이 어둡게 만든 정전, 산산조각난 건물 잔해……. 복구 작업은 진척이 없었다. 중앙제어실에는 마스크, 선량계, 손전등, 물과 식량이 부족했다. 대규모 쓰나미 경보가 계속되었을뿐더러 무너진 건물의 잔해가 곳곳에 쌓여 있어서 요시다 소장 등이 대기 중인 면진중요동에서 현장까지 교체 요원을 파견하거나 물자를 운반하기도 어려웠다. 요시다는 지진이 발생하자마자 도쿄전력 본사에 증원을 요청했다.

● 옥외에서도 사용할 수 있게 한 간이 휴대전화 시스템.
●● 데이터 송수신이 가능한 단말장치.

오후 4시 36분, 이토 위기관리감은 이번에는 지진이 아닌 원전 사고에 대처하기 위해 관저대책실을 설치했다. 그런데 훗날 보안원의 해석을 통해 판명된 바에 따르면 관저대책실을 설치한 직후 1호기에서 연료봉이 노출되기 시작했다.[43] 관저대책실이 설치된 바로 그 시각, 후쿠시마 제1원전 1호기에 이어 2호기까지 원자로 내 수위를 확인할 수 없는 상황을 맞았다.

원자로를 식히는 냉각수가 제대로 주입되고 있는지조차 파악할 수 없었다. 비상용 디젤발전기는 냉각장치를 가동시키는 교류 전원을 작동할 수 없을 때 사용할 비상 전원이었다. 그러나 이마저 쓰나미가 덮치는 바람에 망가지고 말았다.

냉각수로 열을 식히지 못하면 연료봉이 든 원자로 내부의 온도는 점점 상승한다. 수증기가 발생해 압력마저 높아지면서 원자로가 버텨내지 못할 위험이 발생했다.

"모르겠습니다"

도쿄전력은 원재법 제15조[44]에 해당하는 '비상용 노심 냉각장치에 대한 냉각수 주입 불능' 사태가 발생했다고 판단하고, 오후 4시 45분 경제산업성에 연락했다. 오후 4시 22분 가이에다는 긴급재해대책본부 회의를 마치고 관저를 떠나 경제산업성으로 돌아갔다.

오후 4시 45분 가이에다는 경제산업성에서 1차 긴급재해대책본부 회의를 열고 경제산업성 부대신인 이케다 모토히사[45]를 원자력재해

현지대책본부[46] 본부장으로서 후쿠시마에 파견하기로 결정했다.[47]

회의가 끝난 뒤 다른 회의실에 있던 가이에다는 경제산업성의 외국들 가운데 원자력 규제행정청인 보안원의 히라오카 에지平岡英治 차장에게서 이른바 '[원재법] 15조 통보'가 있었다는 보고를 받은 한편,[48] "총리가 원자력 긴급사태를 선언[49]하도록 말씀드려야 합니다."라는 상황 설명을 들었다.[50] 15조 통보가 나오면 서둘러 비상사태를 선언해야 했다.

관저의 동태는 어땠을까? 15조 통보가 위기관리센터에 전달되자, 원자력 긴급사태를 선언하고 원자력재해대책본부(원재본부)를 설치하려는 움직임이 있었다. 이토 위기관리감은 참사관에게서 15조 통보에 대해 듣고 지시를 내렸다. "안 돼. 총리께 원자력 긴급사태를 선언하라는 말씀을 드리려면 당장 경제산업대신이 관저로 와야지. 어서 오라고 연락해."[51]

이토는 코앞에 앉은 데라사카 보안원장에게 몇 번이고 같은 말을 되물었다.

"상황은 어때요?"

데라사카의 대답은 매번 같았다.

"모르겠습니다."

"뭐라도 확인되면 알려 줘요."

이토는 지진과 쓰나미의 피해 대응 쪽으로 눈을 돌리더니,[52] 이번에는 간부회의실에 참집한 방위성 운용기획국장 사쿠라이 슈이치櫻井修一에게 부탁했다.

"수도 직하형 지진이 일어나면 10만 명 체제 아닌가. 이번 지진도 그 정도 규모는 되니까 10만 명을 지원해 주게."

사쿠라이가 대답했다.[53]

"알겠습니다."

사태는 점점 심각해졌다. 데라사카는 당시 상황을 다음과 같이 회상했다.

우선 '15조 통보'에 관해서는 이렇습니다. 시간이 얼마 지나지도 않았는데 "15조 통보입니다."라는 연락이 왔어요. "쓰나미 때문에 전원이 나갔습니다", "비상용 디젤[발전기]이 망가져서 전원을 확보할 수 없어요."라는 단편적인 정보를 얻었습니다. 휴대전화가 도통 안 터졌어요. 통화하려면 회의실에서 나가야 했습니다. 각 성청에서 있는 대로 회선을 쓰다 보니 회선이 폭주 상태였습니다. 그런 가운데 10조·15조 통보의 내용을 보안원과 확인했습니다. 그 이상의 자세한 정보는 얻지 못했어요.

데라사카는 "휴대전화가 도통 안 터졌어요", "회선이 폭주 상태였습니다."라고 했는데, 치안 대책상 위기관리센터에서는 당연히 휴대전화를 사용할 수 없었다. 대신에 유선화 시스템이 있어서 휴대전화를 회선 코드에 꽂으면 휴대전화로 걸려 온 전화를 자기 자리의 전화로 연결시킬 수는 있었다.

"이거 정말 큰일 난 거야"

"총리께서 오십니다!"

4층에서 긴급재해대책본부 회의를 마친 간 총리가 5층 총리집무실로 돌아왔음을 알리는 소리였다.[54] 총리는 빠른 걸음으로 집무실에 들어섰다. 바로 옆 응접실에서 기다리던 관저 직원들도 뒤따랐다.

"원전 시스템이 멈춰 냉각이 불가능한 상황입니다."

15조 통보에 관한 보고가 이어지자 감정이 격앙된 총리가 갑자기 소리를 질렀다. 격노한 목소리가 집무실에 쩌렁쩌렁 울렸다.

"어째서 비상용 엔진이 멈춰?"

이때 총리의 모습을 본 홍보 담당 내각심의관 시모무라 겐이치[55]는 노트에 이런 기록을 남겼다.

〈Ⓚ에게 냉각수 필요〉

Ⓚ는 간 총리를 가리킨다. 그만큼 노여워하는 모습을 비유한 표현이다. 시모무라는 나중에 이렇게 회고했다. "그 뒤 총리에게 정말 '냉각수'가 필요했는가 하면 그렇지는 않았어요. 흥분하기는 했지만, 패닉에 빠질 정도로 혼란스러워한 것은 아니었습니다."

"이거 정말 큰일 난 거야."

간 총리는 몇 번이나 그렇게 중얼거렸다.[56]

도쿄 우치사이와이초內幸町에 위치한 도쿄전력 본사. 2층 대책본부에 있던 기술명예직 고문(부사장 대우)인 다케쿠로 이치로[57]에게 누군가가 말을 걸었다.

"관저에서 누가 좀 와달라는데, 가주시겠습니까?"[58]

다케쿠로는 2010년 6월 고문직을 맡기 직전에도 부사장 겸 원자력·입지본부장이었을 만큼 원자력 전문가였다. 2007년에 니가타 현新潟県 주에쓰中越 앞바다 지진으로 발생한 가시와자키 가리와柏崎刈羽 원전 사고 때는 현지에서 지휘한 경험이 있었다. 다케쿠로는 고문에 임명된 이후인 2010년 10월부터 국제원자력개발 사장을 맡고 있었다. 참고로 국제원자력개발은 도쿄전력 외에 홋카이도전력, 도호쿠전력, 주부전력, 호쿠리쿠전력, 간사이전력, 주고쿠전력, 시코쿠전력, 규슈전력, 도시바, 히타치제작소, 미쓰비시중공업, 산업혁신기구가 출자한 주식회사다. 해외 원전 프로젝트를 수주해 원전의 건설, 운전과 보수, 인력 육성 등의 기술과 노하우를 제공한다.[59] 그래서 다케쿠로는 도쿄전력에 매일 출근할 필요도 없었고, 사고가 발생하더라도 도쿄전력 내규에 따라 대책본부 내 직책을 맡는 입장도 아니었다.[60]

마침 출근 날이었던 다케쿠로는 12층 사무실에 있다가 지진을 느꼈다. 뭐라도 도움이 될까 싶어 손잡이를 잡고 계단을 내려와 2층 대책본부에 들른 참이었다.[61] 관저로 들어가기로 한 다케쿠로는 외투도 걸치지 않고 양복 차림 그대로 검은 승용차에 몸을 실었다.[62] 원자력 품질·안전부장인 가와마타 스스무川俣晋 등 세 명과 함께였다.[63]

후쿠시마 현청의 기능도 마비되고

다시 관저. 간 총리는 상세한 정보를 입수하지 못한 채, 오후 4시

54분 기자회견장으로 갔다.

국민 여러분, 이미 텔레비전과 라디오를 통해 아시다시피 금일 14시 46분, 산리쿠 앞바다를 진원으로 규모가 8.4인 매우 강력한 지진이 발생했습니다. 이로 인해 도호쿠 지방을 중심으로 광범위한 지역에서 대규모 피해가 발생했습니다. 이재민 여러분께는 진심으로 위로의 말씀을 드립니다. 일부 원자력발전소는 자동 정지 상태입니다만, 현재 방사성물질 등이 외부로 영향을 미친 바는 확인되지 않았습니다.

특별한 설명이랄 것도 없었다.

이런 사태를 맞아 정부는 저를 본부장으로 한 긴급재해대책본부를 즉시 설치했습니다. 정부는 국민 여러분의 안전을 확보하고 피해를 최소화하기 위해 총력을 다할 것입니다. 국민 여러분께서도 향후 지속적으로 텔레비전과 라디오 보도에 주의를 기울여 주시고, 차분하게 행동해 주실 것을 당부드립니다.

기자회견 내용의 전부였다. 발언 시간은 고작 3분이었다. 이미 15조 통보가 나왔고, 원자력 긴급사태를 선언해야 했다. 그러나 관저 지하의 위기관리센터에 대기 중인 이토 위기관리감에게 아무런 보고도 들어오지 않았다. 이토는 그저 같은 간부회의실에 있던 보안원 간부에게 "어떻게 되고 있습니까?"라고 거듭 물을 수밖에 없었다.[66] 법률상 경제산업대신이 총리에게 긴급사태 선언의 필요성을 보고한 뒤에 총리의 선언이 이어져야 한다고 강조한 이토는 가이에다가 도착하면 함께 총리실에 배석할 생각이었다. 가이에다가 관저에 도착하는 즉시 연락해 달라고 보안원 간부에게 부탁한 것도 그래서였다.[65] 그런데 시간이 지나도 아무 소식이 없었다. 법률상 서둘러 원자력 긴급사태를 선언해야 했다. 그래서 몇 번이고 같은 질문을 되풀이한 것이었다.

"그게…… 관저로 오는 중인 것 같습니다."

보안원 간부의 이 같은 대답에 이토는 덧붙였다.

"어쨌든 가이에다 대신이 관저에 도착하면 나한테 연락하세요."

하지만 결국 이토는 그 연락을 받지 못했다.[66]

간 총리가 기자회견을 마친 오후 5시경, 경제산업성 부대신인 이케다는 경제산업성을 나서서 후쿠시마를 향했다. 현지대책본부[67]의 본부장으로서 후쿠시마 제1원전에서 5킬로미터 떨어진 오프사이트센터에 합류하기 위해서였다. 구로키 신이치黒木慎一 심의관과 데라모토 쓰네마사寺元恒昌 비서관이 동행했다.[68] 원전 사고가 발생하면 사령탑인 현지대책본부를 오프사이트센터에 꾸리게 되어 있었다. 일행을 태운 차가 출발했다. 그런데 도쿄 도심의 도로는 꽉 막혀 있었다.

이케다가 길바닥에서 발이 묶여 꼼짝달싹 못하던 무렵, 경제산업성에서 관저로 달려간 가이에다는 기자회견을 마친 총리를 찾아 5층 총리집무실로 갔다.[69] 그 자리에 보안원의 데라사카도 있었다.[70] 위기관리센터에 있던 데라사카는 "보안원 사람이 총리에게 설명하라."는 얘기를 듣고 이 자리에 온 터였다. 누구의 말이었는지는 분명치 않다.[71] 나중에 데라사카는 "영문도 모른 채 5층 총리집무실로 갔었죠." 라고 회상했다.

당시 가이에다와 데라사카가 총리에게 보고한 내용이 '총리 노트'에 남아 있다. 간 총리가 항상 옆에 두는 A5 용지 크기의 노트다.

〈(비상용) 디젤발전기가 멈췄다〉

간 총리는 도쿄 공업대학 이학부에서 응용물리학을 전공했다. 원자력에 관한 지식도 있었다.

'원전을 제어할 수 없다는 뜻.'

메모하면서 간 총리는 생각했다.[72] 그 순간, 원전 사고에서 최악의 상황인 멜트 다운이 머리를 스쳤다. 원자로 속 연료봉이 녹아내리는 사태다.

"이거 큰일이야. 큰일 났어……."

총리는 조금 전부터 같은 말을 반복하고 있었다. 현지 상황이 어떤지, 원전은 어떻게 되고 있는지 도무지 알 수 없는 가운데, 후쿠시마 현도 제 역할을 하지 못하고 있다는 보고가 들어왔다. 총리를 수행하던 시모무라 심의관은 보고 내용을 노트에 기록했다.

〈후쿠시마 현청, 기능 마비 중〉

[암윤] "자네, 기술에 대해 알고 말하는 건가?"

"전부 다 문젭니다"

"후쿠시마 제1원전이 교류 전원을 완전히 상실해 원자로를 냉각하지 못하고 있는 상태입니다."

가이에다와 데라사카 보안원장은 총리집무실에서 간 총리에게 이렇게 보고했다.[73] 가이에다는 법률에 따라 원자력 긴급사태를 선언해야 한다고 제청하기 위해 와있었다.[74] 데라사카는 그 시각을 오후 5시에서 6시 사이라고 기억하면서 이렇게 말했다.

15조 통보를 받은 뒤, 가이에다 대신보다 내가 먼저 관저에 도착했습니다. 내가 있을 때 가이에다 대신이 왔죠. 여야 대표 회담에 참석하기 위해 총리가 자리를 비우기 전이었고, 총리의 첫 번째 기자회견보다는 나중이었습니다. 내가 (총리집무실에) 있을 때 총리가 기자회견 때문에 자리를 비운 기억은 없어요. 내가 방에 올라왔을 때는 총리가 자리하고 있었습니다.

간 총리의 첫 기자회견이 시작된 것은 오후 4시 54분, 그리고 여야 대표 회담이 열린 시각은 오후 6시 12분이었다. 다시 말해 가이에다와 데라사카는 오후 5시부터 6시 사이에 총리집무실에 있었던 것으로 추정된다.

총리는 데라사카를 처음 만난 자리였다. 우선 데라사카에게 상황부터 물었다. 배석했던 데라타 마나부[75] 총리보좌관은 당시 대화 내용을 이렇게 기억한다.

"전원이 다 나갔다는데, 정말 전부 다 그런가?"

"전부 다 문젭니다."

"예비 배터리가 있을 것 아닌가?"

"예비 배터리까지 모조리 나갔습니다."

"어째서 다 안 되는 거지?"

"모두 바닷물에 침수되어 그렇습니다."

"바닷물에 침수됐으면, 꺼내서 어떻게 해볼 수는 없나?"

"네, 그렇게는 안 됩니다."

"왜 안 돼?"

"소금물에 잠기면 못 씁니다."

"정말 하나도 못 쓴단 말이야? 남은 게 하나도 없나?"

"전부 다 나갔습니다."

원전에는 외부 전원을 못 쓰게 되었을 때 냉각용 펌프와 계기류를 가동할 수 있는 비상용 디젤발전기가 있었다. 또 동력원으로 쓸 수는 없지만, 계기류와 중앙제어실 조명 같은 것들을 가동할 수 있는 비상용 직류전원(배터리)도 있었다. 두 가지 계통의 전원이 있었던 것이다. 간 총리의 질문에 데라사카는 "예비 배터리까지 모조리 나갔습니다." 라고 답했지만, '예비 배터리'는 정확한 표현이 아니었다. 또 총리와 데라사카가 이런 대화를 나눈 지 한 시간쯤 뒤에 열린 1차 원재본부 회의에서는, 직류전원이 있어서 "여덟 시간은 버틸 수 있습니다."라는 보고가 있었는데, 데라사카는 이와 관련된 이야기를 그전까지 총리에게 전혀 언급하지 않았다. 만약 데라사카가 사태를 정확하게 인식해 "전원이 다 나갔습니다."라는 말을 한 것이라면 어째서 1차 원재본부 회의에서 그 점을 언급하지 않았는지, 혹시 데라사카는 상황도 모르면서 총리에게 말한 것인지, 또는 질문을 받지 않아서 침묵했는지 등이 의문스럽다.

간 총리는 데라사카에게 거듭 같은 질문을 했다. 하지만 구체적으로 어떻게 대처해야 좋은지를 들을 수는 없었다. 총리가 물었다.

"자네, 기술에 대해 알고 말하는 건가?"

도쿄 대학 출신인 데라사카는 이렇게 답했다.

"제가 경제학부 출신이라서…… 그래도 기본적인 내용은 알고 있다고 생각합니다."[76]

당시 대화를 듣고 기록한 비서관의 메모[77]에는 이런 기록이 있다.

〈총리는 "자네 기술 모르지?"라고 지적한 뒤 "기술을 아는 놈으로 불러."라고 지시함. 그 이후 (데라사카 원장이) 총리를 면담한 기억은 거의 없음〉

사고 대응 요직에 비전문가

데라사카는 이렇게 회상한다.

"완벽한 원자로 전문가가 아니었기 때문에 정직하게 말씀드렸습니다. 모른다는 것을 알릴 수밖에 없었어요."

2009년 7월부터 보안원장직을 맡아온 데라사카는 그전까지 경제산업성 상무유통심의관이었다. 원전의 위기관리를 담당하는 보안원의 수장은 사무계와 기술계가 돌아가면서 맡아 왔다. 데라사카는 상무유통심의관을 맡기 전에는 보안원 차장이었다.[78]

데라사카의 경력을 좀 더 자세히 살펴보자. 1976년 통상산업성에 들어가 산업정책국 총무과 과장, 경제산업정책국 경제산업정책과 과장, 대신大臣관방회계과 과장을 역임했다. 그리고 경제산업성의 외국인 자원에너지청에도 있었는데, 거기서는 공익사업부 가스사업과 과장, 석탄·신에너지부 계획과 과장, 전력·가스사업부 부속 전력사업정책기획실 실장을 역임했다.[79] 공대 출신도 아니거니와 원자력 전문가는 더욱 아니었다.

그럼에도 데라사카는 오후 7시 3분에 출범한 원재본부[80]의 사무국장이었다. 위기에 대응해야 하는 요직이다. 원재본부는 원자력 긴급사태 대책을 마련하고 이를 추진하기 위해 원자력재해대책특별조치법에 따라 설치되는 법률상 조직이다.

나흘 뒤인 15일 새벽, 도쿄전력의 원전 포기를 승인할지 여부를 논의하는 자리에 데라사카가 있었다는 관저 기록[81]이 있기는 하지만, 방침을 정해야 하는 정치인들에게 적절한 정보를 제공하는 핵심 요직인 원재본부 사무국장의 존재는 첫 대면을 마지막으로 총리의 기억에서 사라졌다. 이는 사무국을 맡은 보안원과 본부장인 총리 이하 관저 사이의 의사소통이 사태 발생 초기부터 단절되었음을 의미한다.

사라진 사무국장

사무국장은 도대체 어디로 사라진 것인가, 그리고 왜 총리의 눈앞에서 사라져 버린 것인가? 데라사카의 지진 발생 당일의 행적을 본인의 증언을 통해 정리해 보자. 데라사카는 11일 오후 5시부터 6시 사이에 총리집무실에서 간 총리를 만났고, 총리에게 기술에 대해 알고 말하느냐는 지적을 받았다. 그리고 나서 그는 일단 지하 위기관리센터로 내려갔다.

오후 7시 3분 원재본부가 설치되었고, 원자력 긴급사태 선언이 나왔다. 본부장은 간 총리, 사무국장은 데라사카로 정해졌다.

데라사카의 증언에 따르면, 그는 긴급사태 선언이 나오면서 오후 7시 45분에 열린 관방장관 회견에 참석했다. 회견이 끝나자 기자들의 요구에 따라 보충 설명을 했다. 그 자리에는 보안원의 히라오카 차장도 있었다. 기자들을 상대하고 나서 데라사카는 히라오카를 남겨 두고 관저를 떠났다. 그가 향한 곳은 관저에서 760미터 떨어진 관청가인 가스미가세키에 있는 보안원이었다.

데라사카를 대신해 관저에서 보안원을 대표한 히라오카는 도쿄대 공학부 전기공학과 출신으로, 보안원에서 오랫동안 근무했다.[82] 데라사카는 히라오카에게 임무를 넘긴 이유에 관해 이렇게 설명한다.

"원재본부 사무국은 보안원에 있어요. 차장이 관저에 대기하면 보안원이 비게 되니 내가 복귀한 겁니다."

하지만 히라오카도 13일 점심경에는 총리 곁에서 자취를 감춘다.

그를 대신해 13일 오전부터 관저에 들어가 기술적인 조언을 한 보안원 간부는 야스이 마사야安井正也였다. 야스이의 직책은 자원에너지청 에너지절약·신에너지부 부장이었다.[83] 자원에너지청이 보안원과 마찬가지로 경제산업성의 외국이라고는 해도, 조직상 야스이가 보안원 사람은 아니었다.

"총리가 흡족해 하지 않는다는 느낌을 받았어요."

이렇게 당시의 분위기를 설명한 데라사카가 에너지청과 담판을 짓고 12일자[84]로 겸임 인사를 내 야스이를 황급히 관저로 보낸 것이었다. 야스이에게 주어진 직무는 '보안원보좌'였다. 13일에 관저로 파견된 야스이의 인사 발령은 12일자로 알려졌는데, 중앙 성청에서 날짜를 소급해 발령을 내는 일은 종종 있다.

보안원의 긴급시대응센터에 있던 야스이에게 데라사카가 다음과 같이 지시했다.

"아는 범위에서 가급적 정확하게 플랜트 상황을 설명하게. 관저에 가서 말이야."

데라사카의 지시에 따라 야스이는 즉시 관저 5층으로 달려갔다. 처음에는 총리비서관이 있는 작은 방에 대기하다가 얼마 지나지 않아 총리응접실로 자리를 옮겼다.[85] 결국 이는 13일이 될 때까지 관저 핵심 인물들에게 전문적인 설명을 할 수 있는 보안원 사람이 한 명도 없었음을 의미한다. 데라사카는 나중에 이렇게 말했다.

보안원의 설명에 대해 총리가 흡족해 하지 않는다는 느낌을 받았어요. 그래서 차장에게 남으라고 했는데, 결국은 야스이를 보내게 된 거죠. 다양한 사태가 벌어지는 가운데 모두 각자의 부서에서 움직였습니다. 지진과 쓰나미, 원전 사고가 동시다발적으로 발생했고, 상황은 시시각각 변했습니다. 도와줄 사람들이 보안원으로 오기 시작했습니다. 전선戰線이 확대되어 갔고, 어떻게 인력을 배치할지를 계속 고민하며 최선책을 찾으려 했어요. 그러기까지 시간이 걸렸다는 점은 반성합니다. 절대적으로 사람이 부족했어요. 그 와중에 총리에게 (설명할 수 있는 사람을) 보내는 일은 매우 중요했습니다. 모든 직원들이 자신이 맡은 작업을 하고 있어서 누구를 보낼지 고민하다가 야스이라면 잘할 것으로 판단했습니다. 보안원이 제대로 설명할 수 있었으면 제일 좋았겠지만, 결과적으로 설명을 못했다는 비판은 받아들입니다.

[위기] "불편한 내용이라도 숨기지 않겠습니다. 불확실한 내용은 발표하지 않겠습니다"

원자력 긴급사태 선언은 늦어지고

11일 저녁으로 돌아가 보자. 경제산업성 부대신인 이케다는 도쿄의 극심한 교통 정체 탓에 여전히 발이 묶여 있었다. 오후 6시 30분, 그 상황을 안 또 다른 부대신 마쓰시타 다다히로[86]는 사태를 타결하기

위해 경제산업성 사무차관인 마쓰나가 가즈오松永和夫[87]에게 전화로 지시해 자위대 헬기를 수배하게 했다. 그 사이 이케다는 NHK 라디오로 원전 상황을 듣고 원자력 전문가인 구로키 심의관에게 원전 상황과 향후 전망 등에 대한 설명을 들었다. 이케다가 헬기를 타러 방위성이 있는 이치가야市ヶ谷 지역에 도착하기까지 두 시간이 걸렸다.[88]

다시 관저. 시간이 지날수록 지하 위기관리센터에는 쓰나미로 인한 심각한 피해 상황이 전해졌고 원전 위기까지 겹쳐 있었다. 오후 7시에는 미국이 항공모함 '로널드 레이건'호를 미야기 현 앞바다에 파견했다는 연락이 관저에 들어왔다.

15조 통보를 받고 관저에서는 1차 원재본부 회의를 열었다. 이토 위기관리감은 갑자기 회의에 출석하라는 통보를 받는다. 그는 가이에다가 관저에 온 사실을 모르고 있었다.[89] 이토는 4층 회의실로 엘리베이터를 타고 올라갔다. 회의실에 들어가서 책상 위를 살펴봤지만, 선언문 문안과 기본 대처 방침안[90] 등 회의에 필요한 서류가 하나도 없었다.[91] 이 시점의 기본 대처 방침도 지진 발생 직후에 발표한 내용과 거의 같았다. '정부는 일치단결하여 국민의 생명과 재산을 지키는 데 전력을 다하겠다.'는 내용이었다.

이토는 사무국인 보안원에서 나온 사람에게 서류가 왜 없는지를 물었다. "가져오고 있습니다."라는 대답만 돌아왔다.[92] 이토는 서둘러 준비하라고 지시했다.[93]

이미 경제산업성 부대신인 이케다가 현지대책본부장으로서 후쿠시마로 가는 중이었지만, 이 자리에서 현지대책본부를 설치한다는 정식 의사결정을 내리는 것도 중요한 의제였다. 피난 지시를 내릴 수 있도록 본부장 권한의 일부를 현지대책본부장에게 위임할 수도 있었지만, 어찌된 영문인지 권한 위임은 없었다. 즉 이케다는 현지로 떠났으나 법률상 아무런 권한도 없는 상태였다.

15조 통보가 나온 지 두 시간 27분이 경과한 오후 7시 3분, 이렇게 해서 원자력 긴급사태가 선언되었고, 간 총리를 본부장으로 한 원재본부가 설치되었다. 이제야 겨우 본부장인 총리에게 도도부현과 시정촌에 지시를 내릴 수 있는 법적 권한이 부여되었다.

가이에다는, 총리가 "원자로 상황은 어떻게 되고 있는지", "(법률) 어디에 근거가 있는지" 등을 따졌으며, 그러다 보니 "총리의 이해를 구하는 데 시간이 걸렸습니다."라고 밝힌 바 있다.[94] 가이에다는 이 원재본부에서 "반경 10킬로미터 내의 주민들을 특정 시점에 피난시켜야 할 수도 있습니다. 그 준비를 위해 선언해야 합니다."라며, 원자력 긴급사태 선언을 청했다.[95]

회의에서는 어떤 대화가 오갔을까? 먼저 가이에다는 "원전의 교류 전원이 완전 상실됐습니다."라는 보고를 했다. 긴장한 가이에다의 목소리는 떨리고 있었다. 되도록 평정을 찾으려 했지만, 동석한 가타야마 총무대신은 "당황한 기색이 역력했습니다."라고 기억한다. 이쯤 되자 발전차를 조달하기로 어느 정도 의견이 모이졌고, 수소문 끝에 각지에서 조달한 발전차를 후쿠시마 원전으로 출발시켰다.

회의에는 원자력안전위원회[96] 위원장인 마다라메 하루키[97]도 참석했다. 법률상으로는 원재본부의 구성원이 아니었지만, 참고인으로서 온 것이었다. 마다라메는 이 회의가 끝나자 "여기 있어 봐야 내가 할 일도 없다."며 안전위원회로 돌아갔다.

왜 그랬을까? 그 이유를 마다라메는 이렇게 설명한다. "회의에 들어갔는데 앉을 자리도 없었습니다. 누구한테 어떻게 얘기할지 생각 중이었는데, 물어볼 상대조차 없는 상황이었어요. 나로서는 낙관적인 관측을 했던 것인데, '보안원이 잘해 주고 있겠지. 그러면 관저에 굳이 있을 필요가 없겠다.' 싶어서 안전위원회로 일단 돌아갔습니다."

"배터리식 냉각을 하고 있다. 여덟 시간은 버틸 수 있다"

회의를 마친 총리는 다시 집무실로 돌아갔다. 오후 7시 40분부터 예정된 에다노의 기자회견을 앞두고, 총리 및 관저의 핵심 인물들에게 원전 상황이 어떻게 전개될지에 관한 내용이 보고되었다. 당시 상황이 두 인물의 노트에 기록되어 있다. 먼저 관방부장관 후쿠야마의 노트는 다음과 같다.

〈냉각용 비상 디젤발전기 → 계통[원자로 격리 냉각 시스템]이 쓰나미로 인해 작동 정지 → 배터리식 냉각 시스템으로 냉각 중〉

〈(배터리식 냉각 시스템이) 8시간 → 넘어가면〉

〈노심 온도가 올라가면 → 10시간, 멜트 다운을 일으킨다고 함〉

〈매우 우려되는 상황〉

즉 배터리(전지)식 장치를 이용해 냉각하고는 있으나 여덟 시간밖에 버티지 못하고, 그 장치로 더 냉각할 수 없게 된 시점에서 열 시간이 지나면 노심용융(멜트 다운)이 일어난다는 의미다.[98] 후쿠야마는 보안원 혹은 도쿄전력에서 이에 대해 설명해 주었다고 기억한다.[99]

이 같은 상황은 오후 7시 3분에 출범한 원재본부도 전달받은 바 있다. "원자로를 멈추고 냉각용 긴급 디젤발전기를 가동해야 하는데 쓰나미 탓에 가동할 수가 없다. 따라서 배터리식 냉각을 하고 있다. 여덟 시간은 버틸 수 있다", "여덟 시간을 넘겨 노심 온도가 올라가면 멜트 다운에 이를 가능성도 있다. 육로와 공중을 통해 디젤발전기를 대신할 장치를 운송 중" 등의 내용이었다.[100] 이 시점에서는 원자로의 냉각 기능이 완전히 멈추지는 않았다고 인식했음을 알 수 있다. 같은 내용을 이토 위기관리감도 지하 위기관리센터에서 보고받은 바 있다.

'여덟 시간은 버틸 테니, 날이 새기 전에 본격적으로 전원을 공급할 발전차를 원전에 갖다 대기만 하면 어떻게든 수습할 수 있다.'

관저에 있던 이들은 모두 그렇게 판단했다. 그래서 [이들에게는] 발전차 수배가 중요했던 것이다.

"열 시간 뒤의 위기"

시모무라 심의관의 노트에도 '후쿠야마 노트'와 마찬가지로 원자로 냉각 작업이 완전히 불가능해진 시점에서 열 시간 뒤에 멜트 다운을 일으킨다는 '열 시간 뒤의 위기'를 언급한 메모가 남아 있다.

〈여열 냉각 자체는 계속되고 있으나 연료가 바닥나면 그마저도 불가능하므로 냉각 기능이 정지됨. 전원 확보 중 → 8시간이면 끝〉

그리고 〈약 10시간(? 비공개) 만에 위험〉이라고 적혀 있다. 시모무라는 "전원이 끊어진 뒤 열 시간 안에 멜트 다운이라는 위험 상황을 맞는다는 의미"라며 자신의 메모 내용을 설명한 바 있다.

'후쿠야마 노트'와 '시모무라 노트'의 기록이 일치한다. 멜트 다운에 관한 우려가 초기부터 관저 측에 전달되었던 것이다. '시모무라 노트'에는 당시의 상황과 대응책 또한 적혀 있다.

〈원자로 내에 제어봉이 삽입되어 원자로 자체는 정지 상태. 냉각수도 공급 가능한 상태〉

〈비상용 전원 멈춤 → 도쿄전력이 이를 복구하려 노력 중〉

〈자위대의 협력을 얻어 전원[공급 장치] 운반〉

오후 7시 3분에 나온 원자력 긴급사태 선언에 대해서도 언급되어 있다.

〈원칙적으로는 '냉각수가 멈췄을 때' 선언하지만, 이번은 후쿠시마 1호기의 수위를 모르므로 조금 일찍 발령함〉

만일에 대비한 조치라는 것이다. 총리 및 관저 측에 아직 냉각 기능이 전부 고장 나지는 않았다고 보고된 시점이었다. 사실 법률에 따르면 15조 통보가 나온 단계에서 긴급사태를 선언하는 것이 옳았다. 앞서 적었듯이, 가이에다는 긴급사태 선언이 늦어진 이유에 대해 "총리의 이해를 구하는 데 시간이 걸렸습니다."라고 설명했다.[101] 다음과 같은 내용도 있다.

〈최악. 온도와 압력이 계속 오르면 압력을 밖으로 빼는 조치가 필요할 수도〉

즉 원자로의 압력을 낮추기 위해 방사성물질을 외부로 뽑아내는 '벤트' 작업을 실시할 가능성에 대해서도 언급한 것이다.

어찌 됐든 '열 시간 뒤의 위기'에 관한 인식이 총리를 비롯한 관저 핵심 인물들의 머릿속에 각인되어 있었던 것은 틀림없다. 서둘러 발전차로 전원을 확보하는 일이 긴급 과제로 떠올랐다.

"불편해도 숨기지 않겠다. 불확실하면 흘리지 않겠다"

하지만 그 '열 시간 뒤의 위기'는 공표되지 않았다. 에다노도 그 내용을 안 직후에 가졌던 기자회견에서 언급하지 않았다. 다시 한 번 '시모무라 노트'에 기록된 메모를 보면, "(? 비공개)"라는 부분이 보인다. 이 정보는 불확실하기에 공개하지 않는다는 의미다. 국민에게 정보를 어떻게 전할 것인가? 간 총리는 "불편한 내용이라도 숨기지 않겠습니다."라고 몇 번이나 밝혀 왔다. 같은 표현을 여러 번 썼던 에다노 또한 "불확실한 내용은 발표하지 않겠습니다."라는 말을 덧붙인 바 있다.[102]

'불편해도 숨기지 않겠다. 불확실하면 흘리지 않겠다.'

이것이 관저의 정보 공개 방침이었다. 오후 7시 45분, 에다노는 기자회견을 시작했다.

보고를 시작합니다. 발표하기에 앞서 지금부터 말씀드릴 내용은 예방적 조치이므로 모쪼록 차분하게 대응해 주시길 바랍니다. 조금 전 원자력재해대책본부를 열었습니다. 금일 16시 36분, 도쿄전력 후쿠시마 제1원자력발전소에서 원자력재해대책특별조치법 제15조 1항 2호의 규정에 해당하는 사태가 발생해 원자력 재해의 확대를 방지하기 위한 응급 대책을 실시할 필요가 있다고 판단한바,[103] 동 규정에 따라 원자력 긴급사태 선언을 발령했습니다. ……

현재 방사성물질이 시설 외부에 미친 영향은 확인되지 않고 있습니다. 따라서 대상 구역 내의 거주자·체류자가 특별한 행동을 할 필요는 없습니다. 서둘러 피난할 필요가 없으니, 각자 자택 및 현 위치에 대기하면서 방재 행정기관의 무선 공지, 텔레비전, 라디오 등을 통해 최신 정보를 확보하길 바랍니다. 거듭 말씀드리지만, 방사능이 시설 외부로 누출된 상태는 아닙니다. 차분히 정보에 귀를 기울여 주십시오. ……

현재 원자로 자체에는 문제가 없습니다. 원자로는 완전히 정지시켰습니다. 다만 정지한 원자로를 냉각시켜야 합니다. 여기에 쓰이는 전력, 즉 온도를 낮추기 위한 전력을 마련할 대응이 필요한 상황입니다. 그야말로 만일의 경우에는 영향이 매우 크기 때문에 만전을 기하겠다는 의미에서 긴급사태 선언을 발령한 것이고, 또 대책본부도 설치해 최대한 원자력재해대책특별조치법에 따른 만전의 대응을 하려는 것입니다. ……

다시 강조하지만, 방사능이 실제 유출됐다거나 유출될 상황은 아닙니다. 확실하게 대응해 어떻게든 그런 사태에 이르지 않도록 만전의 조치를, 현재, 대응 중입니다. 다만 동시에, 그런 최악의 사태에 대비해서도 만전을 기하고자, 긴급사태 선언을 발령하고 대책본부를 설치한 것이므로 특히 해당 지역의 여러분께서 모쪼록 차분히 대응해 주시기를 당부하는 바입니다. ……

[갈팡질팡] "휴대전화가 안 터진다"

'중2층'의 문제점

지진 및 쓰나미에 따른 피해, 그리고 원전 사고. 관저의 대응은 두 측면으로 이루어졌다. 간 총리는 에다노에게 이렇게 말했다.

"관방장관은 전체를 보게. 나는 원전 상황에서 눈을 뗄 수가 없으니 말이야."[104]

총리는 출구가 보이지 않는 원전 사고에 매달리기로 마음먹었다. 이렇게 이야기한 것이 정확히 몇 시쯤이었는지에 대해서는 총리나 관저 핵심 인물들의 기억이 정확하지 않다. 어쨌든 간 총리는 일촉즉발이었던 원전 사고의 초동 대처 단계부터 집중하기로 했다. 우선 대응 거점을 관저 내 어디에 마련할지를 고민했다. 위기관리센터는 쓰나미 피해에 대응하느라 어수선했다. 원전 사고에만 집중할 공간이 거기에는 없었다. 간 총리는 비서관에게 물었다.

"어디 집중해서 얘기할 수 있는 장소 없나?"

"쓸 만한 방이 있습니다."

비서관은 위기관리센터를 내다볼 수 있는 작은 방을 제안했다.[105] 지하 1·2층 사이의 이른바 '중中2층'으로 불리는 곳에 있었다. 간 총리는 곧바로 이곳을 원전 사고에 관한 정보를 수집하고 판단을 내릴 거점으로 삼았다. 총리보좌관 데라타는 집무실에 있던 간 총리를 '중2층'의 작은 방으로 안내하며 지하로 내려갔다. 옆에 있던 중의원 호소노 고시[106]가 [데라타에게] 말했다.

"발전차는 내가 알아볼 테니 자네는 주민 대피에 힘써."

"아닙니다. 발전차 수배는 비서관이 하고 있으니 저한테 맡기세요. 호소노 의원께서 주민 대피를 맡으시죠."

발전차 수배 역할을 맡은 데라타는 다시 5층으로 올라갔다.[107] 간 총리, 에다노, 가이에다 등 관저의 핵심 인물들은 '중2층'을 수시로 드나들며 원전 사태에 어떻게 대처할지를 판단했다.

그런데 이들이 '중2층'이라 부르는 이 작은 방에는 사실 큰 문제가 있었다. 위기관리센터를 바라볼 수는 있었지만, 열 명 정도가 들어가면 꽉 찼다. 게다가 전화는 두 대뿐이었고,[108] 팩스도 없었다.[109] 보안 상 통화권 이탈로 취급되기에 당연히 휴대전화 통화도 불가능했다.[110]

도쿄전력 본사에서 관저와의 연락책을 맡으러 달려온 다케쿠로 고문도 '중2층'에 대기했다. 도쿄전력 본사에서는 후쿠시마 제1원전의 정보가 제대로 들어오지 않았고, 보안원에서 들어오는 정보도 단편적이었다. 다케쿠로는 본사에 연락 요원을 늘리고 전용 팩스를 설치해달라고 요구했지만, 이틀 뒤인 13일에야 팩스가 설치되었다.[111] 작은 방에는 텔레비전이 한 대 있었다. 다케쿠로는 방송을 보며 원전 사고 정보를 얻을 수밖에 없었다.

오후 8시 26분,[112] 후쿠야마 관방부장관은 '중2층'에서 보안원 측의 보고를 받았다. 보고자가 데라사카 보안원장이었는지 히라오카 차장이었는지는 분명하지 않다고 했다. 데라사카가 보안원으로 돌아간 때일 수도 있기에 히라오카가 보고했을 가능성도 있다. 보고 내용에는 어디까지나 '가정'이라는 설명이 붙어 있었다. 후쿠야마는 그 내용을 노트에 이렇게 메모해 두었다.

〈(냉각 기능 정지 후) 24시간이 지나면 방사능 유출. 그 1시간 전에는 (주민을) 피난시킬 것〉

후쿠야마도 그 시점에는 원전에 관한 지식이 거의 없었다.

"원자로가 폭발할 가능성은 없습니까?"

"완전히 없지는 않습니다."

"폭발하면 방사성물질은 비산하는 건가요?"

"그럴 수 있습니다."

적절치 않은 질문과 대답이 이어졌다.

원전의 도면이 없다

원자력안전위원회에서 마다라메 위원장이 관저로 왔다. 오후 9시 경이었다.[113] 마다라메는 관저로 간 이유를 이렇게 회상한다.

가이에다 대신에게서 "도쿄전력이 여러 얘기를 하는데, 민간 기업의 말만 듣고 많은 결정을 할 수는 없으니 위원장이 직접 제대로 설명해 주세요."라는 말을 들었습니다. 그 사람들(정치인들)도 어떻게든 판단을 내려야 하는데, 다케쿠로 씨가 하는 말만 듣고 판단할 수는 없으니 내 해설이 필요하다는 거였죠. 할 수 없이 내가 가서 해설도 하고, 말도 옮겨 주고……

'중2층'에 있던 히라오카가 "안전위원장님 오셨습니다."라고 하던 목소리가 마다라메의 기억에 남아 있다. 히라오카 외에 도쿄전력에서는 다케쿠로와 가와마타가 와있었다. 마다라메는 방에 들어서자마자 깜짝 놀랐다. 제일 중요한 원전 도면이 없었다.[114]

"원전 도면을 보관하는 일은 보안원 소관 아니오? 지금 뭐 하는 겁니까?"

마다라메는 그때 기억이 생생하다고 했다. 안전위원회는 설치 허가 신청서만 가지고 있었다.[115] 도면이 없으면 원전의 어디가 어떻게 설계되어 있는지 알 길이 없었다. 아무 정보가 없었다.

평소에 하는 방재 훈련처럼, 전문가들이 나름 논의를 해서 이렇게 하라, 저렇게 하라고 결정만 내려 주면 된다고 믿고 있는 거예요. 그런데 히라오카 차장도 아무 말도 없으니, 결국 거기서 전문가라고 할 만한 사람은 다케쿠로 고문과 나뿐이었지요. 도쿄전력의 가와마타 원자력품질·안전부장은 말을 거의 안 했어요.

마다라메는 어떻게든 기억을 더듬으려 노력했다. 후쿠시마 제1원전에 몇 번이나 가본 경험이 있었다. 마다라메는 다케쿠로와 이야기를 나누면서 현장을 그려 내려 안간힘을 썼다.[116]

[혼란] "보안원은 완전히 없는 거나 마찬가지"

믿을 거라곤 텔레비전과 기억뿐

전원이 나간 상태여서 원전에 냉각수를 주입할 수 없었다. 사태는 전혀 개선될 기미가 없었다.

"아, 맞다. 거기 비상용 디젤[발전기] 두 대가 지하에 나란히 있었어. 또 이쪽에는 1호, 2호, 3호, 4호와 공용인 디젤[발전기]을 한 대 증설했을 거야……. 그건 상태가 어땠더라?"[117]

휴대전화는 안 되고, 유선전화는 두 대뿐인데 그마저도 전용 전화가 아니었다. 마다라메는 "한 대는 관저 내 연락용, 또 한 대는 도쿄전력 본사와의 연락용이었습니다."라고 기억했다. 휴대전화로 안전위원회에 연락하려면 위기관리센터 밖으로 나가야 했다. 정보를 얻을 통로라고는 텔레비전과 기억이 전부였다. 마다라메는 점점 화가 치밀어 소리를 질렀다.[118]

"정보가 왜 안 들어오는 거야?"

"보안원 쪽 정보는 대체 어떻게 된 거냔 말이야."[119]

마다라메는 보안원의 대응을 격한 어조로 비판했다.

보안원의 히라오카 차장도 있었지만 차장은 전기 전공이에요. 당연히 사무국인 보안원에서 차장을 전문적으로 뒷받침해야 했지요. 정보를 계속 제공해야 했어요. 그런데 하나도 안 왔어요. 한마디로 그 당시 보안원은

'사라졌다.'고 해야 맞아요. 역할 분담상 원재본부장에게 적확하게 조언해야 하는 일차 기관이 규제행정청인 보안원이에요. 우리 원자력안전위원회는 경우에 따라 보안원에게 조언하거나, 요구가 있을 때 본부장에게 직접 조언하는 역할이고요. 방재 훈련 때는 그렇게 해요. '보안원이 잘하고 있구나. 그러니 나를 안 부르는 거겠지.' 하며 좋게 생각했던 거라고요. 그런데 21시에 나를 부르니, 그게 아니었다는 걸 알게 된 거죠. 보안원은 완전히 없는 거나 마찬가지였어요.

정보가 전혀 없는 상태에서, 마다라메는 "벤트를 실시하고, 소방차로 원자로에 물을 주입하는 수밖에 없겠다."는 결론을 냈다. 다케쿠로 고문과도 의견이 일치했다고 한다. 원자로 내의 압력을 낮추기 위해 파이프를 통해 증기를 밖으로 빼내는 작업이 '벤트'이다. 압력이 높아지면 원자로에 물을 주입하기 어려우므로, 벤트 작업을 통해 압력을 낮추지 않으면 물을 주입해 원자로의 온도를 낮출 수 없고, 따라서 폭발 위험을 제거할 수도 없다.

그런데 벤트를 실시하면 당연히 외부로 방사성물질이 퍼지므로, 광범위한 지역의 주민들이 피폭할 가능성이 있었다. 주민의 피난에 대해서도 따져 봐야 했다. 위기관리와 관련해 의사 결정을 하는 사람은 정부의 핵심 인사들이다. 물론 그들의 의사 결정은 전문적인 식견을 가진 전문가들의 도움을 받아 이루어진다. 그런데 전문가라는 이들이 초기 단계에는 텔레비전 방송과 기억에 의지해 대책을 찾았던 것이다.

"나도 섬뜩합니다"

필자는 마다라메에게 이렇게 물은 적이 있다.

"텔레비전과 기억만으로 초기 대응책을 모색했다는 게 국민들 입장에서는 섬뜩한 일인데요."

그의 대답은 이랬다.

"정말 섬뜩한 일이지요."

기무라(필자) 남의 일처럼 말하시네요.

마다라메 정말 그때는 심각했습니다. 만약 나까지 격납 용기 벤트를 몰랐다면, 무슨 일이 일어났겠느냐는 거죠.

기무라 주민들 입장에서는 더 심각한 일입니다.

마다라메 그러니까 내가 짊어진 겁니다.

기무라 도면도 없이 기억만으로?

마다라메 기억에 의존했습니다. 도쿄전력의 다케쿠로 씨와 둘이서. 그 사람은 후쿠시마 제1원전의 설계 때부터 관여해 오래 봐왔어요. 그래서 서로 이야기를 나눠 가며 했습니다.

기무라 정치인들도 판단할 도리가 없었겠네요.

마다라메 그 사람들도 어떻게든 판단을 내려야 하는데, 다케쿠로 씨가 하는 말만 듣고는 판단할 수 없으니 내 해설이 필요하다는 거였죠. 할 수 없이 내가 가서 해설도 하고, 말도 옮겨 주고……

기무라 섬뜩하네요.

마다라메 그럴 거예요. 나도 섬뜩합니다.

다시 그날로 돌아가자. '중2층'에 있던 가이에다도 초조해 하더니 결국은 소리를 질렀다.

"휴대전화가 안 되면 어쩌란 거야? 어떻게 정보를 수집하냐고!"[120]
총리를 비롯해 원전 대응을 맡은 핵심 인물들은 이 불편한 '중2층'을 버리고, 5층의 총리집무실을 쓰기로 결정했다.

[결단] "벤트를 해야 합니다"

피난은 "반경 3킬로미터면 충분"

히라오카의 기록에 따르면 전문가들이 정치인에게 '벤트' 이야기를 꺼낸 것은 11일 오후 9시경이었다. 보안원 차장인 히라오카가 5층 총리집무실로 불려갔다. 그곳에는 가이에다, 총리보좌관인 호소노가 있었다. 원자력안전위원장인 마다라메, 도쿄전력의 다케쿠로와 가와마타가 동석했던 것도 히라오카는 기억한다. 에다노가 회의를 주재했다.[121] 히라오카는 그 자리에서 이런 대화가 오간 것으로 기억한다.

"원자력 긴급사태를 선언했습니다. 이제 주민 피난을 어떻게 처리할지 논의하고자 합니다."

에다노는 먼저 다케쿠로에게 물었다.

"플랜트는 어떤 상황입니까?"

다케쿠로 자신도 충분한 정보를 확보하지 못한 상황인지라 자세히 설명할 수 없었다.

"최대한 정보를 수집하고자 노력 중입니다."

이어 에다노는 마다라메에게 물었다.

"이대로 가면 어떻게 됩니까?"

"원자로에 물을 주입할 수 없는 상태가 이어지면, 연료봉이 노출돼 노심 손상에 이를 것으로 보입니다."

마다라메·히라오카·다케쿠로 등 세 사람은 원자로에 냉각수를 주입할 펌프를 가동할 전원을 확보하고, 원자로 내에 차오르는 열을 바다로 빼낼 별도의 펌프를 복구해야 한다는 데 의견이 일치했다.[122]

"그게 잘 안 되면 어떻게 됩니까?"

"벤트를 해야 합니다."

그 경우 증기와 함께 방사성물질이 비산해 주민들이 피폭할 우려가 있다. 피난[123] 범위를 얼마로 잡아야 하는가? 안전위원회의 지침에 따르면, 방재 대책을 중점적으로 실시해야 할 범위는 반경 10킬로미터였다. 하지만 마다라메는 국제원자력기구IAEA의 문서에서 제시된 예방적 조치 범위[124]라는 것을 주장했다.[125] 그 범위는 반경 3~5킬로미터였다. 미다리메는 "3킬로미터면 충분해요."라는 견해를 에다노에게 피력했다.[126]

히라오카는 보안원을 중심으로 매년 실시하는 피난 훈련 시나리오를 떠올렸다. "반경 2~3킬로미터를 피난 구역으로 잡고, 바람이 불어

가는 방향으로 5~8킬로미터를 옥내 피난 구역으로 삼는다."는 내용이었다. 결국 오후 9시 23분, 풍향과 지형 등을 고려하지 않은 채, 원전에서 반경 3킬로미터 지역 주민은 피난하고, 3~10킬로미터권은 옥내 피난을 하라는 지시가 떨어졌다. 벤트 실시를 고려한 예방적 피난이었다. 이미 후쿠시마 현 사토 유헤이佐藤雄平 지사는 이에 앞서 오후 8시 50분, 오쿠마마치와 후타바마치双葉町에 대해 후쿠시마 제1원전에서 반경 2킬로미터 내의 주민에게 피난을 지시한 상황이었다.

피난 지시 문안도 안 보내는 보안원

에다노는 이토 위기관리감에게 연락해 피난 구역이 3킬로미터로 설정될 것 같다고 했다. 이토는 피난 준비에 착수했고, 국토교통성 측에 주민 피난에 쓸 버스 수배를 의뢰했다.[127] 데라사카 보안원장은 보안원으로 돌아갔기에 관저에는 없었다. 히라오카 차장은 5층에 가더니 올 기미가 없었다. 위기관리센터 간부회의실에 대기하던 이토는 눈앞에 보이는 보안원 사람을 붙잡고 물었다.

"원자로 상태를 포함해 지금 원전은 어떤 상황입니까?"

"잘 모르겠습니다."

그 신물 나는 소리를 다시 들어야 했다. 히라오카가 위기관리센터 간부회의실로 돌아왔다. 이토는 쓴소리를 했다.[128]

"당신은 이리저리 안 돌아다녀도 되니까 여기 있어요. 제일 중요한 정보원이 자리를 비우면 어떻게 합니까? 보안원장이나 당신, 둘 중 하나라도 있어야 설명을 들을 것 아니오.”

하지만 히라오카는 전직 경시총감이 하는 말을 듣지도 않고 호출이 오는 즉시 5층으로 달려갔다.

피난 구역을 발표하는 단계에서도 보안원의 대응은 엉망이었다. 피난 지시 문안도 관저로 보내지 않았던 것이다.[129] 피난 구역을 설정했으니 에다노는 기자회견을 해야 했고, 여기서 보안원이 제시하는 문안을 근거로 삼아야 했다.

“도대체 언제 보내려는 거지?”

관저에는 초조감이 흘렀다. 보안원 차장이 내보낸 문안은 내각홍보실을 거쳐 심의관인 시모무라에게 전달되어야 했다. 하지만 시간이 지나도 문안은 오지 않았다.[130]

시모무라의 노트에는 다음과 같은 기록이 남아 있다.

〈장관 ‘피난 권고’ 원문 by 보안원 차장 → 내각홍보실 → 시모무라〉

시모무라는 일단 지하에 있는 위기관리센터로 내려갔다. 그 시각 수도권에서는 퇴근길에 발목이 잡힌 이른바 ‘귀가 난민’[131]들로 대혼란이 빚어지고 있었다.

〈요코하마역, 귀가 난민 6만 명〉

〈보고 속속〉

시모무라는 노트에 그런 상황을 메모해 두었다.

시모무라는 다시 5층 총리집무실로 돌아갔다. 아직도 문안이 당도하지 않았다.[132] 시모무라는 당시 집무실 분위기에 관해 끝없이 애만 태우는 상황이었다고 전한다. 다음은 시모무라 노트에서 발췌한 내용이다.

〈시모무라가 작성한 '본문 낭독 후 부연'은 있는데, 보안원에게 받아야 할 '본문'이 없음〉

부연이란 말 그대로 덧붙이는 말이다. 예를 들면 "차분하고 신속하게 피난을 시작하시길 바랍니다", "안전한 장소까지 이동할 시간은 충분합니다." 같은 내용들이다.

피난 지시가 나왔으니 이제는 기다릴 수 없었다. 에다노는 기자회견을 강행하기로 결심했다. 21시 45분경, 문안을 기다릴 수 없었던 시모무라는 에다노와 함께 회견실로 발걸음을 옮겼다.

즉석에서 이루어진 피난 지시 기자회견

회견실로 가는 도중, 관방장관 비서관이 피난 대상인 지자체를 알려 주었다. 복도와 엘리베이터를 거치면서 시모무라는 그 내용을 종이에 받아 적었고, 회견실 문 앞에서 종이를 에다노에게 건넸다. 오후 9시 52분 기자회견이 시작됐다. 에다노는 시모무라가 건넨 종이를 즉석에서 읽어 내렸다.

오래 기다리시게 해서 대단히 죄송합니다. 방금처럼 전체 내용을 들으신 뒤 차분히 대응해 주실 것을 먼저 부탁드립니다. 잠시 전 21시 23분, 원자력재해대책특별조치법의 규정에 따라 후쿠시마 현 지역, 오쿠마마치·후타바마치 주민의 피난 지시를 내렸습니다. 후쿠시마 원자력발전소 반경 3

킬로미터 이내에 거주하는 분들은 피난하시고, 3~10킬로미터 권내의 주민들께는 옥내에서 대피하시라는 지시를 내린 바 있습니다. 대상 지역, 후쿠시마 원전으로부터 3킬로미터 이내의 주민 및 체류자는 차분하고 신속하게 피난을 시작하시길 바랍니다. 3~10킬로미터 권내에 있는 분들은 옥내로 대피하십시오. ……

이것은 만약을 위한 피난 지시입니다. 현재 방사능은 원자로 밖으로 유출되지 않았습니다. 현시점에서는 환경에 위험이 발생하지 않았습니다. 안심하시고 기초 지자체, 경찰, 소방 등의 지시를 따라 주십시오. 안전한 장소까지 이동할 시간은 충분합니다. 이웃에게도 서로 알려 당황하지 말고 차분하게 행동해 주십시오. 현재 자위대를 비롯한 지원 체제를 마련하고자 전력을 다하고 있습니다. 불확실한 소문 등에 현혹되지 마시고, 확실한 정보를 좇아 행동하실 것을 당부하는 바입니다. ……

다시 한 번 말씀드립니다. 후쿠시마 원전 건과 관련해 원자력재해대책특별조치법에 따라 반경 3킬로미터 이내의 분들은 대피·피난하시길 바랍니다. 그리고 금일 21시 23분, 3~10킬로미터 지역에 계신 분들은 옥내 대피하라는 지시가 내려졌습니다. 현재 후쿠시마 현과 오쿠마마치·후타바마치 그리고 각각의 소방·경찰 등에게 이런 지시를 내리고 대응하도록 한 상태이며, 더불어 경찰과 자위대가 이미 현지에 도착해 이번 지시에 따른 대응을 하고 있습니다. 이상으로 발표를 마칩니다. ……

또한 기술적인 부분 등에 관해서는 별도로 경제산업성 관계자 등의 보고가 있을 것입니다. 현시점에서는 이미 일부 보도를 통해 알려졌다시피, 원자로 중 한 곳이 냉각되지 않는 상황이므로, 이 상태가 지속될 경우, 즉

만약의 경우에 대비한 피난을 부탁하는 것입니다. ……

이즈음 간 총리는 발전차가 언제 후쿠시마 원전에 도착할지 몰라 속을 태우고 있었다. 발전차 동원의 윤곽은 잡혔지만, 실제로 발전차가 후쿠시마 원전에 도착해 원자로 냉각 작업에 착수하기까지는 아직도 긴 시간이 필요했다.

[암전] "발전차를 모아라"

총리, 직접 나서다

원자로 내부는 수증기가 차올라 압력이 치솟았다. 여기에 펌프로 물을 주입하려면 강력한 동력이 필요했다. 제1원전 소장인 요시다는 11일 오후 6시경까지는 "발전차가 있으면 냉각 기능은 복구됩니다."라는 내용을 도쿄전력을 통해 관저에 알렸다. 고압 펌프를 가동시키는 데 발전차가 필요하다는 것이었다. 도쿄전력 측의 의뢰를 받고, 관저에서는 서둘러 발전차를 찾는 데 혈안이 되었다.

발전차 수배의 중심 역할은 후쿠야마 관방부장관과 데라타 총리보좌관이 맡았다. 후쿠야마는 지하 '중2층'의 작은 방과 5층 총리집무실을 오가며 정보를 모았고, 데라타는 줄곧 집무실을 지키며 발전차 동원에 열을 올렸다. 수배 상황은 총리에게도 일일이 보고되었다. 이 시점에서는 후쿠시마 원전에 발전차를 보내기만 하면 전원이 복구돼 원자로를 냉각시킬 수 있으니 어떻게든 위기를 수습할 수 있다는 것이 관저의 일치된 견해였다. 총리까지 발전차를 찾는 데 직접 나서서 집무실 큰 책상에 진을 치고 앉아 전화기를 붙들고 있었다.

간 총리의 노트에는 발전차 수배 상황이 시시각각 기록되어 있다. 몇 대는 직접 찾아내기도 했다.

〈도쿄전력 20대, 고압〉

〈가시와자키柏崎 지역, 배터리 수배, 분리, 하루 걸림〉

〈나하那覇 지역, 3대〉[133]

시모무라 심의관은 이런 상황을 보면서 "일개 말단 직원이 할 일을 한 나라의 수장이 해야 하는 상황이라니. 나라꼴이 이게 뭔가 싶어서 오싹했습니다."라고 회상한 바 있다. 시모무라가 쓴 '오싹했다'는 표현은 간 총리에 대해서가 아니라 관료 조직을 향한 말이었다.[134] 발전차를 수배하던 이토 위기관리감은 총리 등이 직접 팔을 걷어붙였다는 사실을 알지 못했다.[135] 후쿠야마와 데라타는 발전차를 이동시키기 위해 고속도로를 선도할 경찰 차량도 수배했다. 8톤가량의 대형 발전차를 자위대 헬기로 공수하는 방법도 검토됐다.[136] 간 총리는 방위성에서 나온 비서관에게 물었다.[137]

"헬기로 나를 수 있나?"

발전차 사양을 알리고는 다시 물었다.

"어때?"

"중량 초과라 불가능합니다."

총리는 미군에 의뢰하기도 했지만 무리였다.[138] 이윽고 총리비서관이 환성을 질렀다.

"제1원전에 첫 번째 발전차가 도착했답니다!"

"도착했구나, 도착했어!"

"세상에!"

총리집무실의 서무 직원은 울먹였다.[139] 그 직원은 관저 관계자들이 '고마쓰 씨'라고 부르는 여성이었다. 데라타와 총리비서관도 "야호!" 하며 일제히 환호했다. 그런데 그 소식이 후쿠야마에게는 전해지지 않았다. '중2층'에 있던 후쿠야마는 아직 발전차가 도착하지 않은 것으로 알고, 필사적으로 수배 상황을 확인 중이었다.

총리집무실에는 순식간에 안도감이 퍼졌다.

"이제 위기는 넘길 수 있겠어."

총리뿐만 아니라 그 자리에 있던 이들 모두의 한결같은 심정이었다. 시모무라는 노트에 이렇게 썼다.

〈도호쿠전력에서 발전차 한 대가 도착했음!〉

〈2호기로 돌진!〉

오후 9시 14분. 시모무라는 노트에 그 시각을 적어 넣었다.

이케다 일행을 태우고 후쿠시마 오프사이트센터를 향하던 헬리콥터는 오후 10시 10분, 후쿠시마 현 가와우치무라川內村의 해발 약 1천 미터 고지대에 있는 오타키네야마 분툰大滝根山分屯 기지에 도착했다. 이케다는 거기서 육로를 이용해 목적지로 이동했다.

산산조각 난 안도감, 얼어붙은 전문가

오후 10시 44분, 보안원은 간 총리에게 2호기에 관한 예측을 보고했다.

예측 : 22시 50분 노심 노출

예측 : 23시 50분 연료 피복관 파손

예측 : 24시 50분 연료 용융

관저의 눈이 2호기에 쏠렸다. 그뿐만 아니었다. 간 총리의 안도감을 산산조각 내는 정보가 잇달아 도착했다. 그 정보가 '시모무라 노트'에 기재되어 있다. 오후 10시 55분의 일이었다.

〈전원(발전차)은 도착하기 시작했으나 케이블 부족. 자위대 헬기로 운송 바람〉

발전차는 후쿠시마 제1원전에 도착했지만, 이번에는 발전차에서 원전까지 연결할 케이블이 부족했다. 애써 조달한 발전차가 무용지물로 변하는 순간이었다. 후쿠시마 현장에서는 케이블 부설 작업 자체도 난항을 겪었다. 여진이 올 때마다 중단됐기 때문이다. 통신을 거의 쓸 수 없어서 원전 대책본부와 연락을 취하는 데도 시간이 걸렸다.

"어떡하지?"

총리는 보안원·안전위원회·도쿄전력의 전문가들에게 물었다. 아무도 총리와 눈을 맞추지 못한 채 묵묵부답이었다.[140] 참지 못한 시모무라가 입을 뗐다.

"발전기를 보내면 그걸 원전에 연결해야 된다는 얘기 정도는 미리 했어야죠. 생각해 보세요. 지금 일어나는 현상의 다음, 그다음을 전문가들이 예상해 줘야 해요. 뭐가 필요한지 아랫사람에게 확인하든지, 제발 무슨 말을 좀 해주세요."

전문가들은 침묵을 지켰다. 시모무라는 이렇게 회상한다.

결국 정치인들이 모든 판단을 했죠. 도쿄전력과 보안원, 원자력안전위원회의 전문가들은 가만히 있다가, 갑자기 "이제 곧 냉각수가 바닥날 겁니다."라는 식으로 얘기하는 거예요. 그러면 "일찍 얘기했어야지!" 하면서 허둥대는 식이었던 거죠. 첫날 밤인가 둘째 날에는 "창고 열쇠가 없어서 안 열립니다." 하는 소리까지 들었다니까요. 제일 무서웠던 건 총리가 "그거 어떻게 되고 있나?"라고 물었는데, 아무 반응이 없는 거예요. 모르면 아랫사람들에게 묻든지, 무슨 행동을 해야 할 것 아닙니까? 그런 행동도 안 하는 거예요. 할 수 없이 총리가 "지금 당장 아는 사람한테 물어 보게."라고 했죠. 그렇게까지 얘기하는데도 안 움직이나 싶어 기가 막혀서 쳐다봤는데, "네." 하는 대답만 하고 꼼짝도 안 하더라고요. "네."라고 했으면 아랫사람한테 물어봐야지 어째서 가만히 있는지 이해가 안 됐어요. 혹시 이 사람이 정신이 나갔나 싶어서, 옆에 가서 슬쩍 말했죠. "손에 든 휴대전화를 들어올려 다이얼 누르고 총리가 지금 하신 말씀을 물어 봐요."라고. 그랬더니 말한 대로 하더라고요. 정신 상태가 그랬어요. 일일이 말해 줘야 했다니까.

전문가들이 일찌감치 멜트 다운 상태에 빠져 있던 그때, 진짜 멜트 다운에 대한 위기감이 관저에 퍼져 갔다. 간 총리는 '열 시간 뒤의 위기'가 점차 현실로 다가오고 있음을 느꼈다.

날짜가 12일로 넘어갈 무렵, 현지대책본부장인 이케다가 오프사이트센터에 도착했다. 정전이었다. 별수 없이 인접한 후쿠시마 현 원자력센터로 갔다.[141] 이케다의 기억에 따르면, 보안원의 원자력보안검사관,[142] 도쿄전력, 현지 소방 직원이 모여 있었다. 이케다는 보안원의 후쿠시마 제1원자력보안검사관 사무소장인 요코타 가즈마横田一磨에게 플랜트의 상황을 물었다. 원자로 내 온도와 압력의 추이 같은 데이터는 계기 고장 등으로 말미암아 계측 불능인 경우가 많았다.

2

3월 12일 토요일

원전 폭발

[합의] "1호기, 벤트 돌입"

수위 높고, 노심 녹지 않음

날짜가 12일로 바뀐 오전 0시 15분, 간 총리는 버락 오바마 미국 대통령과 전화 회담을 했다.

오바마 힘든 하루, 염려스러운 시간을 보내고 계시리라 생각합니다.
간 감사합니다. 격려의 말씀, 마음에 깊이 와닿습니다.[1]

오전 0시 30분 이케다 현지대책본부장은 드디어 연결된 위성 전화를 이용해 가이에다에게 후쿠시마에 도착했다고 알렸다.[2] 그즈음 총리는 비서관인 오카모토 겐지岡本健司에게 "새벽에 후쿠시마로 갈 일이 생길 수도 있으니 준비해 두게."라는 지시를 내렸다.[3]

미·일 정상들이 통화하기 직전, 1호기 격납 용기의 압력이 비정상적으로 높아져 있을 가능성이 제기되었다. 보안원이 멜트 다운의 위험을 예측한 2호기가 아니라 1호기였다. 제1원전 소장인 요시다는 1호기의 벤트를 준비하라고 지시했다. 오전 0시 6분이었다. 그로부터 49분 뒤 요시다는 1호기의 원자로 압력이 설계상 최고 압력인 427킬로파스칼kPa을 크게 웃도는 6백 킬로파스칼을 넘었을 가능성이 있다는 내용의 팩스를 도쿄전력 본사에 보냈다.

총리는 오바마 대통령과의 회담을 마치고 나서 관저 지하의 '중2층'으로 갔다. 벤트를 실시하면 고압 증기와 함께 방사성물질이 방출되므로 주민을 피난시켜야 했다. 관저에서도 논의가 시작됐다.

'1호기 노심은 녹지 않았다. 벤트를 실시해도 방사성물질이 그렇게 많이 유출되지는 않을 것이다.'

오전 0시 57분부터 시작된 회의에서 나온 이 같은 견해가 후쿠야마 관방부장관의 '후쿠야마 노트'에 기록되어 있다. 연료봉 위 1미터까지 물이 차있다는 것이 그 근거였다.

〈노심 녹지 않음〉

〈수위 + 1미터〉

누가 그렇게 설명했을까? 후쿠야마는 보안원 차장인 히라오카와 원자력안전위원장인 마다라메가 설명해 준 것으로 기억한다.

'방사성물질의 대량 유출은 없다.'는 판단에 따라 이 시점에 검토한 내용 가운데 주민 피난 구역 확대는 제외되었다.

〈1호기, 벤트 돌입〉

총리 등 참석자들이 벤트 실시에 합의한 내용이 '후쿠야마 노트'에 그렇게 기록되었다. 그 자리에는 에다노와 가이에다, 도쿄전력의 다케쿠로 고문도 있었다. 다케쿠로는 "벤트 준비에는 두 시간 정도 걸립니다."라고 설명했다. 후쿠야마는 노트에 〈2시간 정도 예상〉이라고 메모했다. 그렇게 해서 오전 3시에 벤트를 실시하기로 결정되었다.

오전 3시, 벤트 실시

'후쿠야마 노트'에 남아 있는 〈오전 0시 57분〉이라는 메모는 매우 중요하다. 적어도 이 시각 이후 관저의 벤트 실시 방침은 흔들리지 않았다. 원자로가 폭발할지도 모르는 심각한 위기 상황을 회피할 방침으로서 '벤트 불가피'는 간·에다노·가이에다 등 관저 핵심 인물들의 확고한 입장이 되었다. 앞서 말했듯이, 원자로의 폭발을 막기 위해 원자로 내 수증기를 의도적으로 방출하는 것이 벤트다. 원자로 내부의 방사성물질은 바깥으로 방출된다. 일본 원전 사고 사상 초유의 사태였다.

'중2층'에 있던 간 총리는 일단 5층 총리집무실로 돌아갔다. 가이에다는 기자회견을 열어 벤트 실시 방침을 공표하기로 했다. '중2층'의 출입구를 나서자마자 후쿠야마는 에다노에게 말을 걸었다.

"한밤중에 방사성물질이 방출되면 후쿠시마를 포함해 일본 전체가 공황에 빠질지도 모릅니다. 그렇다고 날이 밝고서야 발표할 수는 없습니다. 벤트를 은폐했다고들 말할 겁니다."

원자력 행정을 주관하는 경제산업대신뿐만 아니라 관방장관도 기자회견을 해야 할지 말아야 할지 에다노에게 물었다.

"회견을 하세."

에다노가 결정을 내렸다.[4] 간 총리 등은 '중2층'에서 회의를 마친 뒤 오전 1시 30분부터 다시 5층 총리집무실에 모였다. '중2층'에서 이야기한 내용을 재차 확인했다. 그 자리에는 간, 가이에다, 후쿠야마 관방부장관, 호소노 총리보좌관, 히라오카 보안원 차장, 마다라메 원자력안전위원장이 있었고, 도쿄전력에서는 다케쿠로 고문과 가와마타 원자력품질·안전부장이 참석했다.[5] 역시 5층에 있던 이토 위기관리감은 보안원인지 도쿄전력 사람에게 물었다.

"그런데 발전차는 어떻게 됐어요? 후쿠시마 원전에 안 갔나요?"

이토는 아무 보고도 받지 못했다. 발전차를 수배한 것은 좋았지만, 그 뒤 보안원에서는 위기관리 대응을 관장하는 중책을 맡은 이토에게 아무런 정보를 주지 않았다.

"가있습니다. 도착하긴 했는데 발전차의 케이블 접속 부분이 맞지 않아 접속하지 못하고 있습니다. 고생해서 불렀는데 쓰지를 못하고 있어요."

"한 대도?"

"한 대도 못 쓰고 있습니다."

"도쿄전력은 전기회사이니 어떻게 해야 할지 잘 알 것 아니오?"

원자로의 압력이 높아져 있는 상태이므로 피난 구역을 반경 10킬로미터까지 확대하는 안을 검토할지가 그 자리에서 계속 논의되었다. 이와 관련해 마다라메 안전위원장은 다음과 같이 말했다.[6]

스리마일 섬 원전 사고* 때도 피난 구역은 반경 3킬로미터로 충분했으니, 10킬로미터 정도로 잡으면 충분할 겁니다. 일단 원자로의 압력이 상승했고 무슨 일이 터질지 모르니까, 만약의 경우를 대비하는 의미라면 10킬로미터로 잡으면 될 것 같은데……. 뭐, 벤트를 해야 한다고는 해도 스리마일 같은 일은 없을 테니 사실 3킬로미터라도 문제없을 거예요. 그래도 혹시 모르니까 10킬로미터로 잡는 것은 의미가 있겠네요.

'10킬로미터'라는 숫자가 나오자 이토는 놀랐다. 그러고는 그 권내의 주민이 얼마나 될지를 헤아렸다. 그는 총리집무실을 뒤로하고 재차 간부회의실로 돌아오자마자 권내 인구를 조사하라고 지시했다. 7만5천여 명이었다. 게다가 권내에는 병원도 많았다. 입원 환자도 있을 터였다. 이토는 다른 이들과 함께 [피난을 도울] 버스 수배 외에, 권내 병원의 입원 환자를 받아 줄 다른 지역의 병원을 찾기 시작했다.

이케다 현지대책본부장에게도 벤트 실시 방침이 전달되었다.[7] 이케다는 "가이에다 대신 등이 오전 3시에 벤트 실시에 관한 기자회견을

---

* 1979년 미국 펜실베이니아에서 일어났던 노심용융 사고.

합니다."라는 관저의 연락을 받았다.[8] 그는 곧바로 구로키 심의관, 후쿠시마 현 우치보리 마사오內堀雅雄 부지사, 원자력안전위원회 직원과 협의했다. 벤트를 실시하면 주변 주민에게 큰 영향을 미친다고 생각했기 때문이다.[9] 그리고 보안원의 후쿠시마 제1원자력보안검사관 사무소장인 요코다와 도쿄전력 작업반장에게 플랜트 관련 수치 정보를 신속하고 정확하게 파악하도록 지시했다.[10] 그 결과 오전 2시 반경, 방사성물질이 대량으로 유출되지 않으리라는 판단에 도달했고, 이는 관저의 입장과 일치했다.[11] 이케다도 벤트 실시를 받아들였다.[12]

관저에는 판단 자료가 전혀 없었다

그 시각, 총리집무실에 있던 간 총리는 심의관인 시모무라와 잠깐 둘만 남았다. 이미 총리는 현지 시찰을 하기로 결심해, 데라타 총리보좌관을 중심으로 시찰 일정을 작성하던 때였다. 현지 시찰 이야기는 언제부터 검토되었을까? '시모무라 노트'에는 날짜가 바뀔 무렵의 메모에 〈퓨마라면 수송에도 안 쓰니 오케이. 빠르고 작음〉이라는 기록이 남아 있다. 시찰에 쓸 자위대 헬기 '슈퍼퓨마'의 명칭이 나온 것으로 봐서, 그때쯤에는 관저에서 시찰 여부를 검토하기 시작한 것으로 보인다. 데라타의 기억과도 일치하는 시간대이다. 다만 최고 책임자인 총리가 현지에 가는 것이 적절한지에 대해 관저에서도 의견이 갈렸다. 그런 상황에서 총리와 시모무라 둘만 집무실에 남게 된 것이다. 총리는 시모무라에게 물었다.

"정치적으로 두들겨 맞을 테니 안 가는 게 좋겠다는 사람도 있는데, 자넨 어떻게 생각하나?"

"갈지 말지는 총리께서 정하시겠지만, 갔을 때 상공에서 어디를 보셔야 할지 조언해 드릴 수는 있습니다."

시모무라는 TBS 방송국의 아나운서 출신이었다. 헬기 중계 경험도 풍부했다. 시모무라는 "관저에 있어 봐야 정보를 전혀 얻을 수 없는 상황이었으므로, 적어도 어떤 규모의 일이 일어날지를 국가수반이 직접 보는 것이 좋겠다고 생각했습니다."라며 그때를 회상한다.

"그래?"

총리는 짧게 되물었을 뿐, 그 자리에서 결론을 내지는 않았다.[13] 그 사이 벤트 예정 시각이 다가왔다.

오전 3시 6분, 경제산업성에서 가이에다와 도쿄전력 고모리 아키오小森明生 상무 등 두 사람이 기자회견을 시작했다. 그 사실을 확인한 에다노는 후쿠야마 관방부장관과 함께 관저 4층의 기자회견장으로 향했다.

[성난 목소리] "왜 안 되는 겁니까?"

오전 3시 12분, 에다노 관방장관의 벤트 실시 기자회견

12일 오전 3시 12분 에다노는 기자회견을 시작했다.

우선 첫 번째는 당사자인 도쿄전력 및 경제산업대신도 발표한 바와 같이, 후쿠시마 제1원전 원자로 격납 용기의 압력이 높아져 있을 우려가 있어, 원자로 격납 용기의 안전을 확보하기 위해 내부 공기를 방출해 압력을 내릴 조치를 강구해야 한다는 판단에 이르렀다는 보고를 도쿄전력으로부터 받았습니다. 경제산업대신과도 상담한바, 안전 확보를 위해 불가피한 조치라고 생각합니다. ……

그 작업[벤트]을 수행하면 원자로 격납 용기 내의 방사성물질이 대기 중에 방출될 가능성이 있습니다만, 사전 평가에서는 미량에 그칠 것으로 판단되었고, 바다 쪽으로 불고 있는 풍향까지 고려하면 발전소의 반경 3킬로미터 지역에는 피난 조치, 10킬로미터 이내 지역에는 옥내 대기 조치를 하는 것으로 주민들의 안전은 충분히 확보될 것으로 봅니다. 차분히 대처하시기를 바랍니다. 이미 21시 23분, 간 총리가 내린 피난 지시에 따라 반경 3킬로미터 지역의 피난은 완료되었습니다. 이 피난 지시 내용에 변경은 없습니다. 다시 말씀드리지만, 이 피난 지시 내용에 변경은 없습니다. 따라서 현지 주민 여러분은 자위대·경찰·지자체 등의 지시를 차분히 따라 주시기를 바랍니다. 모니터링 차량의 측정에 따르면 현시점에서 방사성물질이 시설 밖으로 누출된 바는 확인되지 않고 있습니다. 방금 말씀드린 조치가 취해진 뒤에도 방사성물질을 정기적으로 확실하게 측정하고, 그 정보를 최대한 빨리 경제산업성 및 관저로 보고하도록 지시한 상태입니다. ……

또 24시를 전후로 경제산업성 이케다 부대신이 현지에 도착했습니다. 현재 이케다 부대신의 진두지휘 아래 전력으로 지원 체제를 마련하고 있습니다. 불확실한 정보에 현혹되는 일 없이, 확실한 정보에 따라 행동하시기를 부탁드립니다.

도쿄전력 고모리 상무가 벤트를 언급

에다노가 회견을 시작하기 6분 전인 오전 3시 6분, 경제산업성에서는 가이에다와 도쿄전력의 고모리 상무가 공동으로 기자회견을 했다. 기자들로부터 "당장 [벤트를] 실시합니까?"라는 질문을 받은 고모리는 이렇게 답했다.

"네, 지금 당장 지시만 떨어지면 가능한 상황입니다."

도쿄전력은 벤트 준비가 끝났다고 기자회견장에서 확실히 밝혔다. 관저 핵심 인물들의 인식과 일치한다. 중요한 발언이므로 주요 대화 내용을 살펴보기로 하자.

기자 몇 시부터 시작하겠다는 목표 시각이 있습니까?

고모리 3시 정도를 목표로, 신속히 절차를 밟을 수 있도록 현장에 지시했습니다.

기자 3시요? 지금이 3시인데요?

고모리 그러니까 여기 계신 분들께 말씀드린 뒤에, 목표로 잡기로는 이르면 3시경부터 할 수 있게 준비했으니, 잠시 돌아가서 순서를 확인하고 실시한다는 뜻입니다.

기자 요컨대 고지한 뒤 작업을 실시하겠다는 것인데, 준비가 되어 있다면 당장 실시합니까?

고모리 네, 지금이라도 지시만 떨어지면 가능한 상황입니다. 그 부분, 그러니까 시간에 관해서는 좀 더 필요하면 다시 알려드리겠습니다.

기자 무슨 말씀인지 잘 모르겠습니다만, 바로 실시하겠다는 말씀이죠?

고모리 네, 이 회견을 포함해 지역 주민에 대한 고지까지 포함한 절차가 끝나면 바로 한다는……

기자 이 회견이 끝난 단계에서 시작한다는 말씀입니까?

고모리 네, 그렇게 생각해 주시면……

기자 지역에는 이미 고지했습니까?

고모리 음, 병행하면서 그런 순서로 지금 움직이고 있기 때문에, 그 상황도 확인해야죠.

가이에다 이 자리를 서둘러 끝내고, 당장 해야 합니다.

기자 현장에서 상황을 잘 이끌어 가는지 저희도 확인하고 싶습니다.

가이에다와 고모리의 기자회견은 오전 3시 48분에 끝났다. 간 총리 등 관저 핵심 인물들의 공통된 인식은 다음과 같았다.

'벤트를 실시하면 폭발 위기는 어떻게든 넘길 수 있다. 남은 숙제는 모여든 발전차를 이용해 냉각 기능을 살리는 것이다.'

총리의 지시를 받은 데라타 총리보좌관이 후쿠시마 제1원전의 현지 시찰 일정을 짜고 있었다.[14] 맨발에 샌들[15]을 신은 데라타는 총리집무실 옆에 있는 비서관실에 틀어박혀 있었다.

후쿠시마에서도 오프사이트센터의 전원이 들어왔기 때문에, 원자력센터에 있던 이케다 현지대책본부장 일행은 인접한 오프사이트센터로 이동할 수 있었다.[16] 오전 3시 17분이었다.

오전 3시 59분, 벤트는 아직

오전 3시 59분. 나가노 현長野県 북부를 진원으로 한 규모 6.7의 지진이 발생했다. '중2층'에 있던 후쿠야마 관방부장관은 위기관리센터의 간부회의실로 서둘러 내려갔다.

"이번 지진은 도호쿠 지진과 관계있습니까, 아니면 전혀 다른 지진입니까?"

후쿠야마가 기상청 간부에게 큰 소리로 물었다. 그 절박한 목소리가 스피커를 통해 방 전체에 울려 퍼졌다.[17] 원전 사고에 대응하던 후쿠야마는 하던 일을 놓고, 나가노에서 발생한 지진의 실태 파악에 매달렸다.[18] 사망자가 없다는 사실을 바로 확인할 수 있었다. 후쿠야마는 다시 원전 사고 업무로 돌아갔다. 후쿠야마가 '중2층'으로 돌아가니 보안원 히라오카 차장, 마다라메 원자력안전위원장, 도쿄전력 다케쿠로 고문이 와있었다.[19]

"벤트는 됐어요?"

아직이었다. 후쿠야마는 화가 나 소리를 질렀다.[20]

"왜 안 되는 겁니까? 3시경에 하겠다고 한 사람들이 누굽니까!"

"관방장관이 기자회견에서 그렇게 말했는데, 국민들에게 거짓말한 셈이 되잖습니까!"

"벤트를 안 하면 폭발한다고 하지 않았어요?"

"괜찮은 거냔 말입니다!"

간 총리는 벤트 작업을 시작하지도 못했다는 사실을 아직 모르고 있었다.[21] 그즈음 후쿠시마 현지대책본부에는 간 총리가 현지 시찰을 한다는 연락이 들어왔다.[22] 총리의 후쿠시마 방문이 결정되었다.

[혼미] "폭발할 가능성이 없지는 않습니다"

1호기 주변의 방사선량 상승

"어째서 아직도 벤트가 안 된 겁니까!"

12일 오전 4시 30분 무렵 관저의 '중2층'에서 후쿠야마 관방부장관이 소리 높여 추궁했다.

"벤트에는 수동과 전동이 있는데, 정전 상태여서 수동 쪽을 열심히 재촉 중입니다."

보안원 히라오카 차장, 마다라메 안전위원장, 도쿄전력 다케쿠로 고문 등이 있었다.[23] 세 명 가운데 누군가가 말했다.

"선량이 높아지고 있어요."

벤트를 실시해야 하는 1호기 주변의 방사선량이 높아져, 작업 인부가 접근할 수 없다는 뜻이었다.

'중2층'을 뛰어나온 후쿠야마는 에다노가 있는 5층으로 갔다. 호소노 총리보좌관이 함께 있었다.[24] 오전 4시 30분의 일이다.

"벤트를 못 하고 있습니다!"

후쿠야마가 에다노에게 보고했다. 에다노의 얼굴이 어두워졌다.[25] 후쿠야마는 보고를 끝내자마자 '중2층'으로 돌아갔다. 그때 시찰 일정을 작성하던 데라타 총리보좌관이 총리비서관실을 나와 집무실에 있는 간 총리에게 물었다.

"시찰은 어떻게 할까요?"

"가세."

오전 5시경, 간 총리는 5층 집무실에서 지하 위기관리센터로 내려갔다. 데라타와 오카모토 겐지 총리비서관도 동행했다. 모습을 드러낸 총리에게 후쿠야마가 달려왔다. 후쿠야마는 총리를 따라 걸으면서 작은 소리로 보고했다.[26]

"총리님, 벤트 작업을 아직 못 하고 있습니다."

총리 옆에는 시찰 일정 작성에 여념이 없던 데라타와 오카모토가 있었다. 둘 다 벤트를 실시하기로 한 사실조차 모르고 있었다.[27] 총리와 후쿠야마의 대화를 듣던 데라타의 입에서 혼잣말이 흘러나왔다.

"벤트가 뭐지?"

반면에 오카모토는 놀란 표정으로 중얼거렸다.

"엇, 벤트를 한다고?"[28]

신음 소리를 내던[29] 총리는 그대로 일행과 함께 '중2층'으로 갔다.[30]

"벤트가 안 되면 어떤 사태가 일어나지? 폭발 위험성은 없나?"

총리의 물음에 마다라메는 폭발 가능성을 부정하지 않았다.[31]

"폭발할 가능성이 없지는 않습니다."[32]

이대로 가면 폭발할 위험이 있다는 말에 에다노와 후쿠야마 관방부장관은 서로의 얼굴을 쳐다보며 의견을 모았다.

"출발하시기 전에 10킬로미터로 피난 구역을 확대시키죠."

총리도 동의했다.[33] 오전 5시 44분 총리는 주민 피난 구역을 3킬로미터에서 10킬로미터로 확대했다. 만일의 경우를 고려한 예방적 조치로 설정한 '반경 3킬로미터'와는 의미가 달라져 있었다. 간 총리는 "10킬로미터권 피난을 부탁하네."라는 말을 남기고 관저 옥상의 헬리포트로 향했다.[34]

마다라메는 5층 총리응접실에서 이토 위기관리감에게 피난 구역을 반경 10킬로미터까지 확대할 필요가 있을지도 모른다고 한 적이 있었다. 지금 그 상황이 현실이 되어 눈앞에 펼쳐지고 있었다.

"체르노빌도 이 정도로 충분했습니다"라는 말의 근거

피난 구역은 어떻게 설정됐는가? 우선 결정을 내려야 할 총리 이하 관저의 핵심 정치인들에게는 그런 판단을 내릴 만한 과학적 지식이 없다. '이과 출신'이라던 간 총리도 마찬가지였다. 전문가의 적확한 조언을 참작해서 정해야 했다. 간 총리는 훗날 이렇게 회상했다.

피난 구역의 반경을 정치인들이 제시하지는 못합니다. 1백 킬로미터인지, 10킬로미터인지, 1킬로미터인지를 정치인은 모르니까요. 전문가들이 말한 숫자 중에서 결정할 수밖에 없어요. 반경이 커질 때 논의하기는 했지만, 기본적으로는 마다라메에게서 그런 숫자들이 나왔다고 기억합니다.

데라타도 이렇게 말한 바 있다.

총리가 직접 몇 킬로미터라고 말한 적은 한 번도 없었습니다. 마다라메 위원장이 피난 구역에 관해 제대로 된 근거를 낸 것은 체르노빌 원전 사고를 예로 든 때였어요. "그때(체르노빌 원전 사고 때)도 이 정도로 충분했습니다", "그러니까 최대로 넓게 잡아도 20킬로미터"라는 말을 했습니다. 이 발언은 12일에 대피 반경을 20킬로미터로 확대할 때의 이야기예요. "어떤 일이 일어나도 20킬로미터면 됩니다."라고. "20킬로미터면 충분합니다." 라는 이야기를 체르노빌의 예를 들어가면서 말한 기억은 있어요. 그 외에는 명확한 근거를 제시하며 말한다는 느낌을 받지는 못했습니다.

피난 구역이 확대되던 그 시각, 원전 부근의 주민들은 어디로 가야 할지 아무런 안내도 받지 못한 채, 승용차나 버스로 피난길에 오르느라 갈팡질팡했다.

"일단은 서쪽으로."

"무조건 멀리."

극심한 도로 정체를 뚫고 도착한 피난소가 만원이면 무작정 더 멀리 떠났다. 주민들은 우왕좌왕했다.[35]

3킬로미터였던 피난 구역이 10킬로미터로 확대되면서 대상 주민의 인원수가 눈에 띄게 늘었다. 오쿠마마치·후타바마치·도미오카마치富岡町·나미에마치浪江町 등 네 개 마을만 따져도 5만 명 규모였다.[36]

나미에마치는 피난 구역 확대를 몰랐다

관저 지하의 위기관리센터. 간부회의실에 위기관리 대응을 지휘하는 책임자들이 모여 있었다. 그곳에 대기하던 이토 위기관리감에게도 피난 구역 확대 소식이 들어왔다. '10킬로미터'로 확대될 가능성을 마다라메에게서 들었던 이토는 사전에 피난 구역 내 주민 수와 가구 수 등을 조사해 두었다. 입원 중인 환자와 곁에서 돌봐야 할 사람들은 얼마나 될까? 그들을 이송할 차량을 어떻게 수배할 수 있을까? 그들을 받아 줄 시설을 확보할 수 있을까?

본격적으로 대응에 나서면서 경찰청과 소방청, 후생노동성에서 속속 보고가 올라왔다. 간부회의실에는 원재본부 사무국을 맡은 보안원의 간부도 있었다. 이토가 그 간부에게 말했다.

"피난 구역이 확대됐으니 현과 시정촌에도 분명하게 전달하세요."

이토는 거듭 확인했다.[37]

"확실히 챙겨요."

원자력 재해가 발생했을 때 피난 등의 권고와 지시를 시정촌에 연락하는 역할은 원전이 있는 오쿠마마치의 오프사이트센터에 설치된 현지대책본부가 맡는다. 현지대책본부에는 후쿠시마 현 우치보리 부지사도 나와 있었다. 일곱 개 반을 편성해 대응 중이었다. 지진의 영향으로 통신수단이 한정되어, 위성 전화 세 대만 사용할 수 있었다.[38] 여기도 혼란스러웠다.

보안원 원자력 방재 과장인 마쓰오카 겐지松岡健志에 따르면, 오전 6시 20분경 현지대책본부가 오쿠마마치·후타바마치에 피난 구역 확대 사실을 알렸다. 현지대책본부가 정리한 기록에는 그렇게 되어 있다고 한다. 그 기록을 보면 도미오카마치·나미에마치와 처음으로 연락이 닿은 것은 오전 7시 48분이다. 그때 피난 상황을 확인했다고 기록되어 있다.

하지만 나미에마치의 지자체장 바바 다모쓰馬場有는 그런 연락을 받은 적이 없다고 단언한다. 적어도 나미에마치의 지자체에서는 텔레비전 보도를 통해 피난 구역 확대를 알았다는 것이다. 그렇게 피난을 결정했다. 방재 무선 시스템으로 피난을 알리고 버스를 수배하느라 지자체와 지역 주민들 모두가 혼란을 겪었다.

피난 지시를 내린 간 총리는 후쿠시마 제1원전의 시찰에 나섰다. 출발하기에 앞서, 총리는 기자단에게 이렇게 말했다.[39]

"현지에서 책임자와 확실한 이야기를 나누어 상황을 파악할 것입니다. 경우에 따라서는 필요한 판단을 현지에서 내릴 수도 있습니다."

오전 6시 14분 총리를 태운 자위대 헬기 '슈퍼퓨마'가 관저 옥상에서 이륙했다. 마다라메 원자력안전위원장, 네라타 총리보좌관, 시모무라 심의관, 기자와 의무관, 비서관 등 12명이 동행했다. 그 외에 자위관 두 명도 탑승했다.[40] 헬기 전방 창 측에 간 총리, 그 오른편에 마다라메가 앉았다. 총리는 때때로 창밖으로 시선을 돌렸으나, 손에 쥔 노트에 무언가를 계속 적으면서 마다라메를 향해 몸을 내밀고 시종 이야기를 나누었다.[41] 중간에 자위관이 은박지에 싼 주먹밥을 내밀자 총리가 한 입 베어 물었다.[42]

미적지근한 도쿄전력, 성난 총리와 경제산업대신

관저를 출발한 지 한 시간쯤 지난 오전 7시 12분, 간 총리 일행이 원전 현장에 도착했다. 관저 방재복을 입고 스니커즈를 신은 총리는 헬기가 내린 자리에 준비된 대형 버스로 옮겨 탔다. 마중을 나온 도쿄전력의 무토 사카에[43] 부사장, 이케다 현지대책본부장이 버스에 동승했다. 총리는 전방 창가 자리에, 그 옆자리에는 무토가 앉았다.[44]

"제일 안정적인 것은 3호기인가?"

총리는 무토에게 물었다. 그러더니 격렬하게 추궁했다.[45]

"벤트는 왜 못하고 있나?"

"서두르란 말이야!"

"됐으니까 서둘러!"[46]

뒷좌석에 앉은 데라타 총리보좌관이 놀랄 정도로 고성이 터져 나왔다. 무토가 뭐라고 대답했다. 데라타는 "워낙 작은 소리여서 속삭이는 소리밖에 못 들었어요."라고 했다. 간 총리도 당시 무토의 대답을 "모기 소리였지."라고 회상한 바 있다. 어쨌든 그 당시 총리는 노여움을 감추지 않았다. 본인도 부정하지 않는다. 그는 이렇게 말했다.

"벤트를 안 하면 나라가 위험한 때에 당사자인 도쿄전력이 미적지

근한 소리를 했으니 큰 소리를 낼 만하지."

3월 11일 이후 간 총리가 감정을 노골적으로 드러낸 얼마 되지 않는 장면 중 하나였다. 그러나 이때의 인상이 '호통치는' 이미지를 부풀렸다. 버스 통로 맞은편에 앉은 이케다도 "[총리개] 어찌나 화를 내던지 무슨 소리를 하는지도 알 수 없을 정도였어요."라고 증언한다.

목청이 커진 사람이 총리만은 아니었다. 관저 '중2층'에 남은 가이에다도 머리끝까지 성이 나 있었다. 도쿄전력의 다케쿠로에게 한 말에는 노기가 서렸다.

"벤트가 왜 안 되는 겁니까!"

"이건 명령입니다!"

"명령이에요!"[47]

총리가 아직 상공에 있던 오전 6시 50분, 가이에다는 원자로등규제법[48]에 따라 1호기와 2호기의 벤트를 실시하라고 요구하는 명령을 내렸다. 벤트를 왜 못 했을까? 관저에는 그 이유가 보고되지 않았다. 이대로 가다가는 원자로가 폭발할 수도 있었다.

오전 7시 19분, 총리 일행이 탄 대형 버스가 현지대책본부가 설치된 면진중요동에 도착했다. 헬기가 착륙한 지점에서 5백~7백 미터 떨어진 곳이었다. 면진중요동은 이중 구조로 설계되었다.

"빨리 들어와요!"

첫 번째 문을 들어서자 총리 일행은 도쿄전력 직원이 고함치는 소리를 들었다.[49] 최고 권력자인 내각총리대신을 정중하게 맞이하는 분위기 따위는 없었다. 함께 있던 시모무라 심의관은 오히려 그런 분위기에 '안도감'을 느꼈다.

옷을 갈아입는 도쿄전력 무토 부사장

안으로 들어서던 총리는 한순간 숨을 죽였다. 복도는 사람을 헤집고 지나지 않으면 앞으로 나아가기 어려울 만큼 작업 인부들로 넘쳤다. 모포를 둘둘 감고 잠에 빠져든 사람도 있었다. 남자들은 녹초 상태였다. 상반신을 풀어헤치고 죽은 듯 잠든 이도 있었다. 웃통을 드러낸 남자들이 걸어 다니고 있었다. 복도에 빈자리라고는 한 사람이 겨우 지나다닐 만한 공간뿐이었다.

2층으로 이어진 계단에도 칸마다 양쪽 모퉁이에는 땀범벅인 사내들이 늘어앉아 벽에 등을 대고 눈을 감고 있었다. 멍한 표정이었다.[50] 총리는 야전병원 같다고 생각했다.[51]

그런데 어찌된 영문인지 무토가 옷을 갈아입기 시작했다. 이유를 알 수 없었다. 그 광경을 본 시모무라도 미심쩍은 생각이 들었다. 안달이 난 총리는 "어서 설명 안 하고 뭐하나?"라고 재촉했다. 무토는 대답도 하지 않고 어찌할 바를 몰라 허둥대고 있었다.[52]

원래는 복도에서 오른쪽으로 꺾어 계단으로 가야 했지만, 안내하던 도쿄전력 직원이 방향을 잘못 잡았는지 직진한 탓에 총리 일행은 어찌지 못하고 멈춰 섰다. 방사선량을 측정하는 작업 인부들 뒤에 줄을 선 것 같았다. 그런데 인부들의 줄이 앞으로 나갈 기미가 없었다. 총리는 이상한 낌새를 챘다.

"무슨 일인가?"

"지금 이러려고 온 게 아니잖아."

"이럴 시간이 없지 않은가 말이야!"[53]

총리는 고함을 질렀다. 그러고는 금세 인부들 행렬을 벗어나더니 사내들 사이를 헤집고 2층 회의실을 향해 걸음을 재촉했다.[54] 안내받은 방에 들어섰으나 아무도 없었다. 테이블과 커다란 모니터만 덩그렇게 놓여 있었다.[55] 테이블 위에는 의자 수만큼 A4 용지가 있었다. 후쿠시마 제1원전 1호기부터 6호기까지의 현재 상황이 적혀 있는 종이였다.[56]

교도통신 기자로 동행한 쓰무라 다다시津村一史도 안으로 들어섰다. 기자가 있다는 것을 알아차린 총리는 "기자는 관계없잖아."라며 밖으로 내보냈다.[57] 쓰무라는 기자 클럽에 시찰과 회의가 예정대로 시작됐다는 일보日報를 보내야 했지만, 통화권 이탈인 탓에 휴대전화를 쓸 수 없어서 연락이 불가능했다.[58] 쓰무라는 기자 클럽을 대표해 취재를 맡은 인물이다. 회의실 옆에 있는 본부에 뛰어들어 전화를 빌린 쓰무라는 동료 기자의 휴대전화 번호를 눌렀다.

"시찰이 시작됐습니다. 오전 7시 23분부터 총리와 도쿄전력 간 회의가 시작됐습니다."

쓰무라는 동료 기자에게 보고하면서 관저 내 기자 클럽에 가입한 다른 언론사에도 연락해 달라고 부탁했다.[59]

대표 취재란 이유가 있어서 취재자 수가 제한될 경우 말 그대로 보도기관을 대표하는 형태로 취재를 맡는 것이다. 대표로 취재한 기자는 그 자리에서 어떤 일이 일어났는지, 참석자는 누구였는지 등을 메모해 기자 클럽에 가입한 언론사들에 배포했다. 언론은 그 메모를 토대로 마치 자신들이 취재한 것처럼 원고를 작성했다. 당시 현지 시찰에 관해 적은 기사들은 이날의 '쓰무라 노트'를 바탕으로 작성된 것들이다.

"결사대를 조직해서라도 해내겠습니다"

조금 전 상황으로 돌아가 보자. 회의실에 체격 좋은 남자가 들어서더니 총리 정면에 앉았다.[60] 후쿠시마 제1원전소장 요시다였다. 총리는 이 자리에서 요시다를 처음 만났다.[61] 도쿄전력 무토 부사장이 요시다 옆에 앉았다. 책상에는 제1원전의 플랜트 지도가 펼쳐졌고, 두 사람은 총리에게 현재 상황을 설명했다.[62] 무토가 말했다.

"수동 벤트를 할지 여부를 한 시간 안에 결정하겠습니다. 예정대로 전동 방식 벤트를 실시하려면 네 시간 정도 걸립니다."[63]

수동으로 한다면 방사선량이 높은 현장에 사람이 들어가 직접 원자로 내 증기를 빼내는 파이프라인 밸브를 열어야 한다.

"계속 그 얘기뿐이로군……."

총리는 지긋지긋하다는 듯 내뱉었다.[64] 그런 총리에게 무토가 이렇게 답했다.

"정말 할 겁니다."

"수동으로 해야만 하는 경우라면, 한 군데에 계속 같은 사람이 있을 수가 없으니 교대해 가면서 하겠습니다."[65]

총리는 강한 어조로 딱 잘라 말했다.

"그렇게는 못 기다리네. 어서 해달란 말이야!"[66]

"원전이 폭발할지 모르는 심각한 상황인데 네 시간이 걸린다고 하면 어쩌란 말인가?"

대화를 듣던 데라타 총리보좌관은 '도쿄전력은 어쩌면 저렇게 느긋할 수 있는가.' 싶어 짜증이 났다고 기억한다. 데라타는 의무관에게서 "선량도 높으니 오래 머물지 않는 것이 좋습니다."라는 말을 들었다. 이 말을 전하려 했지만, 총리의 서슬에 끼어들 틈이 없었다.

무토와 달리 요시다의 설명은 명쾌했다.

"벤트는 할 겁니다. 결사대를 조직해서라도 해내겠습니다."[67]

목소리 톤도 바꾸지 않고 요시다는 잘라 말했다.[68] 이 말에 총리는 '이 사내하고는 말이 통하겠다.'라고 생각했다.[69] 수동 벤트를 실시하기 위해 요시다 일행이 움직였다. 총리는 동석한 우치보리 부지사에게도 비방사성 요오드 화합물[70]을 배포할 필요가 있는지에 대해 물어보았다.[71]

회의는 24분 만에 끝났다. 회의실을 나선 총리는 이케다의 등에 손을 얹고 "애쓰게."라는 말을 건네며 격려했다. 이케다는 총리의 격려했던 반응에 대해 "불쾌하셨을지도 모르겠습니다."라며 잠석자들에게 사과했다.[72] 그리고는 데라타의 등을 두드리며 "총리 좀 가라앉혀 주세요."라고 말했다. 데라타는 "평소보단 나은데요, 뭐."라고 대답했다.[73] 돌아오는 길에 다시 대형 버스를 탄 총리는 옆자리에 앉은 무토에게 강하게 요청했다.

"이쪽은 사람의 일을 생각하고 있단 말이오. 빨리빨리 해야 돼."

"방금 그 건은 오후까지 회답을 줄 건가? 판단을 내릴 겁니까?"[74]

'방금 그 건'이란 수동 벤트 실시를 가리키는 것으로 보인다. 버스 뒷좌석에는 교도통신의 쓰무라 기자가 앉았다. 강하게 밀어붙이는 총리의 목소리에 데라타가 난처한 표정으로 뒤를 돌아보며 "적고 있어요? 미묘한 부분이라서 말이죠."라고 말을 걸었다.[75] 쓰무라는 이렇게 답했다. "미묘한지 어떤지 모르겠지만, 메모하고는 있습니다."[76]

오전 8시 5분 간 총리를 태운 헬기가 후쿠시마 제1원전을 떠났다.

[폭발] "벤트를 실시할 예정"

위기는 제2원전으로까지 퍼지고

총리가 후쿠시마 제1원전을 방문한 12일 아침, 제2원전에서도 원자로 압력을 제어할 수 없어 오전 7시 45분에 원자력 긴급사태 선언이 내려졌다. 이에 따라 제2원전도 반경 3킬로미터가 피난 구역으로, 3~10킬로미터가 옥내 대피 구역으로 지정되었다. 이때 간 총리는 시찰 중이었으나, 도쿄전력과의 회의 중 짬을 내어 구로키 심의관이 총리 결재를 받았다.[77]

사태는 전방위적으로 확산되고 있었다. 총리는 후쿠시마 원전을 떠난 뒤 미야기 현과 이와테 현의 이재 지역을 헬기로 시찰했다. 해안선은 모조리 수몰된 상태였다. 마을을 집어삼킨 바닷물이 그대로 넘실대고 있었다. 건물 옥상에 대피해 있는 사람들도 보였다. 불길에 휩싸인 목조 가옥, 'SOS'라고 써놓은 학교 운동장도 눈에 들어왔다.[78] 굉음으로 가득 찬 헬기 안에서 대화하기란 거의 불가능했다. 총리는 시종 미간을 찌푸리고 있었다.[79]

제1원전에서는 벤트 준비가 한창이었다. 오전 8시 29분, 도쿄전력은 보안원에 "오전 9시경부터 1호기에서 벤트를 실시할 예정"이라고 보고했다. 오전 9시 4분, 1호기에서 벤트 작업을 시작하고자 운전원이 현장으로 출발했다. 일본 역사상 최초로 방사성물질이 의도적으로 방출되기 직전이었다. 후쿠시마 제1원전을 떠나 이재 지역 상공에서 시찰하던 총리는 15분 뒤인 오전 9시 19분에 관저로 헬기를 돌렸다.

파이프라인 밸브를 수동으로 열어야 했다. 피폭량을 줄이기 위해 2인 1조 세 개 반을 편성했다. 방사선 방호복을 입고 손전등을 준비했다. 통신수단은 없다. 칠흑 같은 어둠, 높은 방사선량……

1반에 편성된 두 사람은 예정대로 밸브를 25퍼센트 열고 중앙제어실로 돌아왔다. 다음은 2반 차례였다. 그런데 진입하는 도중에 선량계 경보음이 울렸다. 방사선량이 90밀리시버트mSv를 넘는다는 경고였다. 2반은 그 길로 돌아왔다. 3반은 현장 진입 자체를 단념했다.

방위대신, 도쿄전력 사장에게 "비행 중지 지시"

도쿄전력 사장인 시미즈 마사타카[80]는 간사이 출장을 마치고 오전 10시경 본사로 돌아왔다. 지진 발생 때는 부인을 동반하고 나라 시奈良市를 방문하고 있었다. 『마이니치 신문』에 따르면, 시미즈는 3월 10일 오후에 2박 예정으로 나라 시의 호텔에 체크인했다. 11일에 부인과 함께 나라 시에 있는 도다이지東大寺의 연례행사를 관광할 예정이었다. 시미즈가 전기사업연합회 회장으로서 문화재 시찰을 하는 동안 대지진이 발생했다. 시찰을 서둘러 마무리하고 숙박과 관광 일정을 중단했다.

『아에라』에 따르면, 그 뒤 시미즈는 나고야 공항으로 갔고, 그곳에서 도쿄전력과 주부전력이 출자한 신일본헬리콥터사의 헬기를 이용해 도쿄로 돌아오려 했다. 그런데 날이 저물고서야 나고야 공항에 도착해 헬기 비행을 할 수 없었다. 그래서 공항에 인접한 항공자위대 고마키小牧 기지의 자위대 비행기를 이용하기로 했다. 일단 이륙했지만 도쿄 방위성에서 '비행 중지' 지시를 내렸다. 시미즈는 12일 오전 0시를 조금 지난 시각에 고마키 기지로 돌아왔다. 다음 날 아침 7시, 신일본헬리콥터사의 헬기를 타고 나고야 공항을 출발해 오전 8시 15분 도쿄 신키바新木場의 헬리포트에 도착해 심각한 도로 정체를 뚫고 본사로 갔다.

이 공식적인 경위에도 속사정이 따로 있었다.

"도쿄전력 사장이 지금 나고야에 있습니다. 신칸센 운행 시간도 놓

처서 돌아올 수 없다고 합니다. 도메 고속도로도 현재 꽉 막힌 것 같고요. 황급히 돌아와 상황을 지휘해야 하는데 어떻게 안 되겠습니까?"

위기관리센터 간부회의실에서 부하 직원의 이 같은 보고를 받은 이토 위기관리감은 "자위대 비행기나 헬기로 이동하면 되지 않나?"라고 물었고, 방위성 운용기획국장인 사쿠라이는 속히 조치하겠다고 대답했다.[81] 잠시 뒤 이토에게 "고마키 기지로 오면 대응하겠습니다."라는 연락이 도착했다. 이토는 그 소식을 도쿄전력 측에 전했다.[82] 이로써 이토는 일단락됐다고 생각했다. 하지만 그렇지 않았다.

"방금 그 건 말씀인데, 도쿄전력 사장을 자위대 헬기에 태울 수는 없다고 (기타자와 방위성) 대신께서 말씀하십니다. 자력으로 오라고 하십니다만."

사쿠라이의 보고였다.[83] 사쿠라이는 이때 정확하게는 다음과 같이 말했던 것으로 기억한다.

"시미즈를 태운 헬기는 돌려보냈습니다. 대신께서 다른 우선 사항 운송에 쓰신다고 합니다."

"어떻게 좀 안 돼요?"

이토는 놀라서 되물었지만 사쿠라이의 대답은 단답형이었다.

"대신께서 그렇게 말씀하십니다."

결국 이토의 제안은 물 건너갔다. 어쨌든 시미즈는 부인을 동반한 '출장'에서 돌아와 가까스로 본사에 도착했다.

바로 그때 후쿠시마 현장에서는 중앙제어실에서 원격조작으로 밸브를 여는 작업을 시도하고 있었다. 수동 벤트 조작을 한 사람 중에는 피폭량이 1백 밀리시버트를 넘는 사람이 있었다.

오전 10시 30분, 이케다 본부장이 있는 현지대책본부는 1차 전체회의를 열고, 비방사성 요오드 화합물의 반입 준비와 주민 피난 상황 파악 등 오프사이트센터의 활동 방침을 정했다. 이 전체회의가 열리던 시각인 오전 10시 47분, 제1원전 시찰을 끝낸 간 총리가 관저로 돌아왔다.

"폭발하는 것 아닐까요?"

오후 12시 8분, 제3차 원재본부 회의가 관저 4층 대회의실에서 열렸다. 가타야마 총무대신은 국가전략담당 대신인 겐바 고이치로[84]가 총리에게 이렇게 질문했던 것을 기억하고 있다. 겐바는 후쿠시마 지역의 중의원이다. 다음은 가타야마의 증언이다.

"폭발하는 것 아닐까요?"

의사록을 작성하지 않았다는 언론의 지적을 받고 훗날 뒤늦게 작성된 의사록에는 겐바가 다음과 같이 말한 것으로 나온다.

"멜트 다운 가능성이 있습니다. 피난 지역을 10킬로미터로 잡아도 될지 모르겠네요. 재고할 필요는 없을까요?"

겐바의 걱정을 듣고 총리는 플랜트 상황을 세밀하게 설명한 뒤 딱 잘라 말했다.

"폭발은 없네."

그리고 뒤에 선 마다라메를 향해 고개를 돌렸다. 마다라메는 본부

원은 아니지만, 참고인 자격으로 회의에 출석했다. "마다라메 씨, 그렇죠?"라는 말에, 마다라메는 의자에서 슥 일어나더니 차려 자세를 하고 단호하게 말했다. "말씀하신 대로입니다!"

그 대답에 겐바는 이어서 하려던 말을 도로 삼켰다.

회의는 33분 만에 끝났다. 가타야마는 회의가 끝난 후 쓴소리했다. 상대는 에다노 또는 후쿠야마 관방부장관이었다고 기억한다.

"그럴 때 총리가 먼저 나서면 안 돼요. 전문가가 설명하게 한 다음에, 그걸 판단 재료로 삼아서 '이렇게 가자.' 그래야지. 총리가 처음부터 단정하면 무슨 말을 할 수 있단 말입니까?"

그즈음 도쿄 소방청은 총무성 소방청으로부터 다음과 같은 의뢰를 받았다.[85] 총무성 소방청 사람은 보안원에서 상담받고 있었다.[86]

"원전 냉각 작업을 하는데 물이 부족합니다. 도쿄 소방청에 있는 슈퍼 펌프를 동원할 수 없을까요? 도쿄 소방청과 센다이 시 소방국이 보유한 슈퍼 펌프를 썼으면 합니다."[87]

부하 직원의 보고를 받은 아라이 유지新井雄治 총감은 "물이 없으면 안 되지."라며 쾌히 승낙했다.

슈퍼 펌프란 '원거리 대량 송수 장비'라 불리는 특수 장치로, 바다나 하천 등에서 화재 현장까지 대량으로 물을 공급해 소방 활동을 지원한다. 최장 2킬로미터 떨어진 곳까지 물을 송급할 수 있다.

아라이는 부대를 지원하기에 앞서 총무성 소방청에 세 가지 조건을 제시했다. 부대를 이끌 방사선 전문가를 붙일 것, 도쿄 소방청의 방사선 방호복보다 성능 좋은 방사선 방호복이 있으면 준비할 것, 비방사성 요오드 화합물을 준비할 것 등이었다.[88] 아라이는 모두 수용하겠다는 답을 받았고, 부대를 출동시킨다는 결단을 내렸다.

"위험 요소를 모두 열거하게"

이날 오후쯤부터 총리와 가이에다 등 원전 사고 대책의 핵심 인물들은 휴대전화도 연결되지 않는 지하 '중2층'을 포기하고, 5층의 총리 집무실과 그 옆 응접실을 사령부로 본격 이용하기 시작했다.[89] 총리는 훗날 이렇게 회상했다.

이례적인 일이었습니다. 오프사이트센터도 제 기능을 못했어요. 원래는 오프사이트센터가 사령부가 되어야 합니다. 그런데 오프사이트센터가 제 대로 움직이지 못한 거죠. 관저 위기관리센터도 두 가지 요소가 동시에 움직였어요. 결국 5층에서 할 수밖에 없었던 겁니다. 별도로 방을 마련했어도 좋았겠지만, 어쨌든 직접 정보를 파악하자는 생각이었어요. 그 결과 모두가 모이는 형식이 거의 정착된 셈입니다.

응접실에 화이트보드 두 대를 들여놓았다.[90] 총리가 앉는 자리 뒤쪽에 설치했다.[91] 관저의 정부 관계자들이 '고마쓰 씨'라고 부르는 여직원이 응접실에 있던 집기를 다른 장소로 옮겼다.[92] '고마쓰 씨'는 총리비서관에게 "여기는 그렇게 쓰려고 만든 장소가 아니에요."라며 샐쭉거렸다.[93]

총리는 화이트보드 앞에 서서 보안원과 도쿄전력 사람들에게 말했다. 데라타 총리보좌관은 당시의 대화를 다음과 같이 기억한다.

"위험 요소를 모두 열거하게."

"동시다발적으로 방도를 찾아."

이때 동석했던 사람은 보안원 히라오카 차장 또는 네이 히사노리[94] 심의관과 도쿄전력의 다케쿠로 고문 또는 가와마타 원자력품질·안전부장이었다. 총리가 지시를 내린 상대가 보안원과 도쿄전력의 누구였는지는, 총리를 비롯한 관계자들의 기억이 정확하지 않다. 총리가 "보드 두 군데에 문제 안건을 적게."라고 하자 보안원과 도쿄전력 측은 검은 펜으로 써내려 갔다. 후쿠시마 제1원전 4호기의 상황을 적을 공간이 없었다. 간은 득달같았다.

"왜 4호기는 없지?"

"몇 호기까지 있는 거야?"

"4호기는 가동하지 않아서." 누군가가 대답했다.

"어째서 4·5·6호기는 안 적느냐니까?"

"사용후연료 저장조에는 연료봉이 잔뜩 있잖아?"

후쿠시마 제2원전도 없었다.

"제2원전은 어디 갔어?"

"제2원진도 적어."

"전부 무조건 다 적어."

"일단 모든 위험 요소를 적고, 그에 대해 동시다발적으로 대책을 세워."

사령부는 보고가 들어오면 화이트보드에 적기부터 했다. 간 총리는 이렇게 회상했다.

후쿠시마 제2원전은 결과적으로 별일 없었지만, 피난 구역을 10킬로미터까지 확대하는 사태를 빚었습니다. 어쨌든 위태로운 상황이 벌어지고 있는데, 보고도 안 하다가 나중에 가서야 "그게 말입니다."라는 식이었단 말이지. 그래서 일단은 무조건 다 쓰라고 했어요. 일단 적어 놓고, 문제없는 데는 문제없다고 쓰면 되니까. 설명만 들으면 정말 위험해요. 나중에서야 "그게 어떻게 된 거냐면 말입니다." 하면서 보고가 오니까. "그게 말입니다." 하면 "미리 얘기했어야지."라고 답하는 식이 계속됐어요. 전국의 원전 상황을 다 쓸 수는 없지만, 적어도 지금 문제가 되고 있는 후쿠시마의 경우는 제2원전까지 위험했으니까 당연히 전부 써놓고 확인해야 했습니다. 상황이 어떻게 돌아가고 있는지도 파악되지 않았으니 말이에요.

데라타는 당시 보안원과 도쿄전력의 대응을 '초등학생 동네 축구'에 비유했다. "공이 있는 데로 이리 몰리고 저리 몰리는, 애들 동네 축구 같았어요. 그다음에 어떤 사태가 예상되는지, 거기에 대처할 방안은 무엇인지에 대한 의견은 하나도 없었으니까요."

보안원 심의관, 기자회견에서 노심용융을 언급

관저 5층에서 총리 일행이 상황 파악과 대책 마련에 분주할 무렵,

보안원 심의관인 나카무라 고이치로[95]는 오후 2시 15분부터 시작된 기자회견에서 "후쿠시마 제1원전 1호기에서 노심용융이라고밖에는 생각할 수 없는 일이 일어나고 있습니다."라고 말했다.

처음으로 멜트 다운의 가능성을 언급한 것이다. 이날 오전에 있었던 회견에서는 "연료의 일부가 노출되고 피복관 일부가 녹기 시작한 것으로 생각됩니다."라고 설명했다. 한 발 나아간 표현이었다. 데라사카 보안원장의 사전 양해를 얻고 쓴 표현이었다.

나카무라의 발언에 보도기관들도 긴박감에 휩싸였다. 이 발언이 나온 직후, 아사히신문의 도쿄 본사는 기자들에게 주의를 당부하는 메일을 뿌렸다. 오후 2시 22분이었다. 제목은 "절대 원전에 다가가지 말라"였다.

그 뒤 회견 담당자는 나카무라를 대신해 네이 심의관으로 바뀌었고, 다시 니시야마 히데히코[96] 심의관에게 바통이 넘어갔다. 점차 '노심용융'에 관한 구체적인 표현에서 후퇴하고 있었다.[97] 오후 9시 30분부터 열린 기자회견에 등장한 사람은 수석총괄안전심의관인 노구치 데쓰오[98]였다. 그 뒤로도 몇 번이나 회견자가 교체되다가 노심용융에 관해서는 "어느 정도 일어나고 있는지 현시점에서 알지 못합니다."라는 표현 등으로 굳어졌다. 13일 오전 5시에 열린 기자회견에 모습을 드러낸 네이 심의관은 회견자가 바뀌는 이유를 묻자 "간부 지시에 의한 것"이라고만 답했다. 그리고 "연료 파손의 가능성을 부정할 수 없습니다."라는 표현을 썼다. '노심용융'이라는 단어는 없었다. 회견자는 니시야마로 다시 교체되었다. 14일 오전 9시 25분에 열린 회견에서

니시야마는 "1호기는 안정되었고, 3호기는 노심용융 단계는 아니며 피복재가 손상된 상태라는 것이 적절한 표현"이라고 밝혔다.[99] 표현은 자꾸 바뀌었다.

'공유'에서 '승낙'으로, 보안원의 곡해

데라사카는 나카무라를 교체한 사실에 관해 필자가 취재할 때 "나카무라 심의관이 피곤한 상태라서 그랬습니다."라고 설명했다.

기무라(필자) 나카무라 심의관은 왜 교체했습니까?

데라사카 거의 24시간을 일하느라 피로가 쌓이기도 했고, 산적해 있는 국제 관계 업무도 있어서 상당히 지쳐 있다는 느낌이 들었습니다.

기무라 단순히 지쳐 있었기 때문에 교체한 건가요?

데라사카 뭐, 본인도 피곤해했어요.

기무라 '멜트 다운'이라는 구체적인 표현을 썼기 때문은 아닌가요?

데라사카 특별히 그런 이유로 교체하라는 지시가 있었거나, 나카무라 심의관이 무슨 말을 들은 것은 아닙니다.

하지만 사실은 그렇지 않았다. 나카무라의 발언을 둘러싸고 데라사카는 "발표 내용은 사전에 관저에 전달할 것을 요망한다는 이야기가 있었습니다."라는 말을 들었고, 그에 따라 나카무라에게 주의를 주었다.[100]

하지만 "발표 내용은 사전에 관저에 전달할 것을 요망한다는 이야기가 있었습니다."라는 말은 온당치 못하다. 관저 측의 압력이라고도 볼 수 있는 상황인데 실제로는 말이 전달되는 과정에서 '관저의 요망'은 곡해를 불러일으켰고, 그 곡해가 보안원 내에 퍼졌다. 보안원 홍보과장인 요시자와 마사타카古澤雅隆는 나중에 이렇게 밝혔다.

노심용융에 관해서도, 선량 등을 가지고 노심용융 가능성이 있다고 판단해 [보안]원 내에서 공유한 다음 발표하는데, 관저에서는 "관저 측과 공유한 다음에 발표해야 하는 것 아니냐"라고 지적했습니다. 원내에서는 공유하고 있었는데, 관저와는 충분한 공유가 이루어지지 않았어요. 관저의 지적은 '공유'하자는 것이었는데, 어느 시점부턴가 내부적으로 다르게 받아들이더니, '승낙받으라.'는 식으로 흘러가더군요. 승낙과 공유는 관청의 대응 측면에서 차이가 큽니다. 전달뿐만 아니라 전달한 내용을 승낙한다는 회답을 받아야 발표할 수 있게 되니 말이죠. 나는 14일 낮부터 긴급시대응센터ERC 활동을 맡았는데, 그때는 관저의 승낙을 받아야 기자회견 내용을 발표할 수 있는 상태로 분위기가 바뀌어 있었습니다.

사고 발생 후 1년쯤 지난 2012년 3월 15일에 열린 제1차 원자력안전 규제정보 공청·홍보사업 종합평가위원회(위원장은 기무라 히로시木村浩 도쿄 대학 대학원 공학계 연구과 원자력 전공 준교수[부교수])의 의사록에 나온 요시자와의 발언이다. 다시 말해 보안원은 '공유'와 '승낙'을 곡해한 것이다. 주민들은 안중에 없었다. 심각한 사고가 한참 전개되는 동안에도 관료들의 눈은 정치인의 눈치를 살피는 데 쏠려 있었다. 이야기를 다시 돌려보자.

나카무라 심의관이 기자회견을 하던 오후 2시 30분, 도쿄전력은 원자로 내 압력이 떨어지고 있음을 확인했고, 이를 근거로 1호기 벤트가 성공했다고 판단했다. 관저에도 보고가 올라갔다. 핵심 인사들이 5층에 모여들었다. 총리는 오후 3시부터 시작된 여야 대표 회담에 참석하고 있었다.

하지만 1호기가 폭발했다.

[결의] "영상으로 위기를 전할 수 있다"

후쿠시마 중앙TV의 무인 카메라에 포착된 연기

3월 12일 오후 3시 36분, 1호기가 폭발했다. 폭발을 감지한 것은 현지 방송국인 후쿠시마 중앙TV_{FCT}였다. 후쿠시마 중앙TV는 후쿠시마 제1원전의 남남서 약 17킬로미터 지점 산중에 무인 카메라를 설치해 두고 제1원전과 제2원전을 24시간 감시했다. 이 카메라는 JCO 사고를 계기로 2000년에 설치한 것이다. 원자력 사고가 일어나면 일정 범위가 출입금지 구역으로 지정되었기 때문이다. 이 감시 카메라는 이번 지진의 영향으로 원격조작이 불가능해졌지만, 렌즈는 후쿠시마 제1원전을 향하고 있었다. 후쿠시마 제2원전과 태평양 등을 촬영하기 위해 각도를 바꿀 경우에도 이후에 반드시 노후한 제1원전 방향으로 원위치시켜야 한다는 애초의 규칙이 10년 이상 지켜졌다.

후쿠시마 현 나카도오리[101] 지역에 위치한 상업 도시 고오리야마시郡山市. 그 중심부에 있는 후쿠시마 중앙TV 본사 1층의 뉴스센터에 '편집 책상'이라 불리는 곳이 있다. 이곳에 감시 카메라가 촬영한 영상이 들어오면 하드디스크에 저장된다. 하드디스크에는 24시간 지속적으로 영상이 저장된다. 이 영상은 작은 모니터를 통해 볼 수 있다. 하드디스크에 담긴 영상을 그대로 방송에 쓸 수는 없기 때문에, 대개 하드디스크에서 VTR 테이프나 녹화 편집용 디스크XDCAM로 더빙해 편집을 거친다. 급할 때는 더빙 작업을 하는 수고를 덜기 위해 하드디스크 녹화를 하는 동시에 VTR 테이프나 녹화 편집용 디스크에 담아 그대로 편집 책상에서 편집한 뒤 뉴스에 쓸 영상으로 만든다.

우연히 편집 책상 앞을 지나던 수석 카메라맨 야나이 후토시前内太의 눈길이 모니터 화면에 멈췄다. 희미한 연기가 피어오르고 있었다.

"뭐지, 저 연기는?"

폭발 4분 전이었다. 평소에는 편집 책상에 카메라맨과 편집자가 모여 있었는데, 그날따라 아무도 없었다. 동일본 대지진이 발생한 지 24시간여. 모두가 취재나 중계를 하러 나가거나 어쩌다 들어오면 누구라도 쓰나미 피해 현장 영상의 편집 작업에 쫓기는 실정이었다. 야나이는 감시 카메라에서 들어오는 영상을 녹화 편집용 디스크로 더빙하는 버튼을 누르고 그 자리를 떠났다. 그리고 '그 순간'이 왔다.

"연기다!"

뉴스센터의 '컴퓨터 그래픽'cG을 만드는 쪽에서 누군가가 소리쳤다. CG는 자막 등을 만드는 부서다. 그 부서에서도 감시 카메라의 영상을 모니터로 볼 수 있었다. 크지도 작지도 않은 목소리였다. 하지만 뉴스센터에 있던 사람은 누구나 들을 수 있을 만한 크기였다. 뉴스센터가 일순 술렁거렸다. 그러나 고함을 지르는 자도, 큰 소리를 내는 자도 없었다. 조용한 술렁임이었다. 잠시 뒤 희미하게 여자의 비명 소리가 들리기 시작했다. 한 사람, 또 한 사람.

도쿄전력과 현청에 전화하는 기자가 있었다. 데스크의 마쓰카와 오사미松川修三는 "원전에서 연기가 납니다", "폭발했을지 몰라요."라며 키국key局민방 네트워크의 중심귀인 닛폰TV의 네트워크 담당 데스크에게 전화로 1보를 넣었다.

사토 다카시佐藤崇 보도제작국장도 자리를 박차고 편집 책상 앞으로 가서 모니터 화면을 주시했다. 하얀 연기가 북쪽으로 흘러갔다. 연기 때문에 1호기와 그 옆 5호기가 보이지 않았다. 폭발 순간을 본 사람은 없다. 하지만 화염은 아니었다. 폭발 중인 듯했다. 무엇이 폭발을 일으켰는지는 알 수 없었지만, 어쨌든 폭발하는 것 같았다. 사토는 '영상으로 위기를 전할 수 있다. 판단은 시청자의 몫이다.'라고 생각했다.

전국 방송으로 컷인

방송할지 여부에 관해 그 자리에 있던 사람은 누구 하나 망설이지 않았다. 스태프 전원이 방송 준비에 뛰어들었다. 준비가 끝났다. 그때 방송 화면에서는 닛폰TV가 미야기 현의 쓰나미 이재민을 헬기로 구출하는 장면을 생중계하고 있었다. 전국 방송을 끊고 후쿠시마 현을 대상으로 자체 영상을 내보낼 수밖에 없었다. 웬만해서는 내릴 수 없는 결단이다. 업계 용어로는 '컷인'cut in(긴급 삽입)이라고 한다.

"컷인 하겠습니다."

고바야시 노리코小林典子 보도부장이 데스크 자리 근처에 있던 사토의 승낙을 얻으러 왔다. 사토는 허락했다. 고바야시는 헤드폰과 마이크가 결합된 헤드세트를 쓰고 외쳤다.

"초침이 정각일 때 컷인 하겠습니다."

시계 초침이 정각을 가리키기를 기다리는 것은 아나운서들이 방송을 시작할 때 호흡을 맞추기 쉽게 하기 위해서다. 그러더니 사토가 갑자기 정정했다.

"아닙니다. 지금 당장 들어갑니다."

열 명이나 되는 아나운서들은 거의 모두 소마 시相馬市와 이와키 시いわき市 등 이재 지역으로 취재하러 나가고 없었다. 뉴스센터에 남아 있던 오하시 사토코大橋聡子가 카메라 앞에 앉았다. 오하시보다 경험이 십 수 년은 많은 선배 아나운서인 도쿠미쓰 마사히데德光雅英가 옆에서 보조하기로 했다. 사토는 두 사람에게 말했다.

"폭발이라고는 하지 마. 본 내로만 말하면 돼. 쓸데없는 소리 하지 말고. 똑같은 말이라도 좋으니까 오로지 반복하라고."

원전에서 무슨 일이 일어나고 있는지는 알 수 없다. 사실만 담담히 방송하자는 방침이었다.

폭발이 일어난 지 4분 뒤인 오후 3시 40분, 방송 중이던 전국 방송을 자르고 컷인 했다. 방재용 흰색 헬멧을 쓴 오하시가 방송을 시작했다. 오하시의 눈동자가 흔들렸다. 폭발 순간을 포착한 영상은 아직 편집 중이었다. 감시 카메라가 보내 주는 현재 시각의 영상을 내보내는 동안 오하시가 잘 버텨야 했다.

"1분 전, 후쿠시마 제1원전 1호기에서 대량의 연기가 피어올랐습니다. 대량의 연기가 분출했고, 그대로, 음, 북쪽을 향해 흘러가고 있는 모습을 보고 계십니다."[102]

연기만 보였다. 논평과 해설도 전혀 없었다. 오하시는 보이는 모습만을 몇 번이고 중계했다. 폭발 순간을 잡아낸 영상은 아직 소식이 없었다. 편집하려면 녹화 편집용 디스크의 녹화를 중단해야 한다. 방송이 최우선이지만 이 충격적인 영상의 녹화를 어느 시점에서 중단하고 편집 작업에 들어가야 할지 카메라맨들도 중대한 판단을 내려야 하는 상황에 몰려 있었다.

오하시가 방송을 시작하고 나서 약 1분 뒤, 폭발 직후의 정지 화면이 편집 책상에서 도착해 방송 화면을 탔다. 뉴스센터에서 "연기다!"라는 소리가 나오자마자 야나이는 폭발 전부터 녹화해 둔, 편집 책상의 24시간 녹화 하드디스크 영상과 녹화 편집용 디스크에 저장된 영상 외에 따로 VTR 테이프 영상을 만들어 두도록 편집 책상과 그 옆 편집실에 지시했었다. 방송 화면을 탄 것은 추가 녹화된 VTR 테이프였다. 야나이는 도중에 녹화를 중단하고, 연기가 가장 크게 퍼진 순간을 찾아 정지 화면을 잡았다. 그래서 아직 폭발 순간은 방송되지 않은 상태였다. 그리고 다시 1분이 흘렀다. 폭발 순간을 담은 녹화 편집용 디스크의 영상이 가까스로 준비되었다. 곧바로 내보냈다. 오하시는 영상을 보면서 멘트를 했다.

"지금 보시는 것이 연기 또는 수증기가 분출된 3시 36분의 영상입니다."

폭발 여부를 분명히 알 수 있었다. 하지만 사토로부터 '폭발'이라는 단어는 사용하지 말라는 주의를 받은 상태였다.

"후쿠시마 제1원전 1호기에서 대량의 연기가 퍼지는 순간입니다."

폭발 영상을 보면서 오하시는 필사적으로 중계했다. 도쿠미쓰도 "연기가 흐르는 방향을 말해! 화면의 오른쪽이 이와시 방면, 왼쪽이 센다이 방면", "이 연기가 위험한지 아닌지 확인 중."이라고 알려 주면서 오하시를 보조했다.

정보는 없었다

그 모습을 데스크 자리 근처에서 지켜보던 사토는 오른쪽 소매를 누군가가 잡아당기는 느낌을 받았다. 야나이였다.

"잠깐 와서 보시죠."

사토는 즉시 야나이와 함께 뉴스센터 옆 '편집실'로 갔다. 편집실은 편집기 아홉 세트를 갖춘 방으로 뉴스센터에 있는 편집 책상과는 다르다. 야나이는 디지털 줌으로 확대한 영상을 사토에게 보여 주었다.

"이 안은, 건물 안은 어떻게 된 거야? 격납 용기는?"

사토는 몇 번이나 야나이에게 물었다. 무슨 일이 일어나고 있는지를 알기 위해 수차례 되돌려 보고 나서야 맨 처음 고속으로 되돌렸을 때 터져 나온 물체의 정체를 알았다. 건물이었다. 이번에는 슬로모션으로 재생해 보았다. 폭발한 뒤 건물 속에 검은 음영이 보였다. 사토는 그것이 원자로 격납 용기일 것으로 짐작했다.

"터져 나간 것은 건물이야. 격납 용기가 남아 있어."

확증은 없었다. 하지만 사토는 그렇게 판단했다. 영상 아래쪽으로 오쿠마마치가 보였다. 사토가 중·고등학교를 다닌 고향의 이웃마을이었다. 야나이도 후쿠시마 출신이다. '원전 주변에는 수만 명이 산다. 텔레비전 방송을 보고 서둘러 피난해야 할 텐데.' 두 사람은 마음속으로 그렇게 빌었다.

사토는 당장 뉴스센터로 돌아가 방송 중인 오하시와 데스크를 향해 지시를 내렸다.

"뭐든 상관없으니까 영상을 계속 내보내! 똑같은 그림이라도 되니까 최대한 오래, 여러 번 알려야 해!"

허둥대는 사람은 한 사람도 없었다. 긴장과 공포가 뒤섞여 있었다. 원자력 긴급사태 선언이 나왔고 벤트도 실시했다. 그럼에도 모니터가 보여 주는 이런 상황이 일어날 줄은, 그 자리에 있는 누구도 상상하지 못했다.

오하시의 멘트는 7분 55초 동안 계속되었다. 이제 전국적으로 방송될 것이다. 멘트를 마친 오하시는 말했다.

"정보 없어요? 정보 없냐니까요?"

정보는 없었다.[103] NHK 등 다른 방송국도 감시 카메라를 설치했지만, 지진의 영향으로 촬영된 것이 없었다. 지진의 영향은 원전에 가까울수록 커서 후쿠시마 중앙TV의 감시 카메라도 세 대 중 한 대만 작동했다. 결과적으로 가장 멀리 있었던 카메라가 유일한 정보를 보낸 것이었다.

폭발에 관해서도 "모르겠습니다", "못 들었는데요"

후쿠시마 현경 본부도 폭발한 것일지 모른다는 정보를 확보하고 있었다. 총무과 홍보실의 시기하라 아쓰시嶋原厚 홍보관은 그 경위에 관해 이렇게 설명한다. 폭발 1분 전인 오후 3시 37분, 현경 본부에 세워진 경비본부의 무선이 울렸다.

"긴급, 긴급."

'긴급'이라는 단어가 흘러나오면 다른 데서 들어오는 무선 연락은 차단된다. 후타바 경찰서에서 온 연락이었다. 후쿠시마 제1원전이 있는 후타바마치의 후타바 위생병원에서 환자 이송 작업을 하던 도중이라고 했다.

"후쿠시마 제1원전에서 폭발음이 들렸다. 연기가 보인다. 솜 같은 것이 흩날리고 있다."

6분 뒤 이 연락이 경찰청 경비본부에 전화로 알려졌다. "관저 위기관리센터에 말해 확인해 주십시오." 응원하러 온 가나가와 현경의 헬기도 오후 3시 41분에 "연기가 납니다."라고 보고했다. 후쿠시마 현경의 헬기는 오후 3시 47분에 "건물 외부가 무너져 내부가 보입니다."라고 후쿠시마 현 경찰 본부의 경비 본부에 연락했다. 현경 본부는 반경 10킬로미터 지역부터 긴급 피난을 실시하도록 주민들에게 당부했다.

경찰청은 후쿠시마 현경 본부의 보고를 받은 즉시 관저 지하 위기관리센터의 간부회의실에 대기 중인 경찰청 간부에게 연락했다. 경비국장이거나 경비국 심의관이었을 것이다. 어쨌든 경찰청 간부는 함께 있던 이토 위기관리감에게 말을 전했다.

"지금 폭발음이 났습니다. 진동도 있었다고 합니다. 흰 연기 같은 물질이 날아다니는 것 같습니다. 경찰관이 목격했다고 합니다."

이토는 그 보고를 받은 때가 오후 3시 45분경이라고 기억한다.

"뭐라고요? 상세한 상황을 알아봐요."

이토의 대답이었다. 곧바로 이토 눈앞의 전화가 울렸다. 후쿠야마 관방부장관에게서 걸려 온 전화였다. 용건은 폭발이 아니었다. 이토는 물었다.

"1호기에서 폭발음이 있었다고 하는데, 들었어요?"

후쿠야마는 전혀 모르고 있었다.

"아무 소리도 못 들었습니다. 올라와서 총리에게 설명해 주시겠습니까?"

이토는 자리에서 일어났다. 5층의 총리집무실로 향하기 전에 보안원 사람에게 상황을 물었다. 아니나 다를까 이번에도 똑같은 대답이었다.

"모르겠습니다." "못 들었는데요."[104]

그때 현지대책본부에도 자위대로부터 "제1원전에서 큰 소리가 났습니다."라는 연락이 들어왔다.[105] 오프사이트센터는 제1원전에서 5킬로미터 떨어진 지점에 있었다. 이케다와 함께 있던 이들 모두 얼어붙었다. 같은 시각, 관저에서는 오후 3시부터 열린 여야 대표 회담이 한창이었다.

도쿄 소방청 부대는 원자로 냉각 작업을 지원하기 위해 후쿠시마로 향했다. 출발 시각은 폭발하기 11분 전이었다. 이들은 도네가와利根川 너머의 이바라키 현茨城県 조반常磐도로 모리야守谷 휴게소에서 대기했다.[106] 그동안 도쿄 소방청에는 "원전이 폭발한 것 같습니다."라는 류의 연락은 없었다.[107] 도쿄에서는 폭발 영상이 아직 텔레비전으로 방송되지 않고 있었다.[108]

[낭패] "아차!"

폭발 정보에도 도쿄전력 본사는 "그런 이야기 들은 적 없다"

총리가 여야 대표 회담을 끝낸 시각은 1호기가 폭발한 지 27분이 지난 12일 오후 4시 3분이었다.

이토 위기관리감에게 "폭발음이 난 것 같습니다", "연기가 난다고 합니다."라는 보고를 받은 총리의 반응은 이랬다.

"그런 얘기 못 들었는데."[109]

당장 관계자들을 집무실로 불러 모았다.[110] 다시 정보를 모으도록 지시했다.[111] 베이징에 있던 도쿄전력의 가쓰마타 쓰네히사 회장이 마침 본사로 돌아온 시간대였다. 가쓰마타 회장의 중국 방문을 다룬 기사인 "중국 시찰 당시 주요 언론사 접대, 참석자 명단 입수!"가 주간지 『슈칸분슌』에 실렸다. 이 '제10회 애화방중단'愛華訪中團의 단원은 『슈칸분슌』의 하나다 가즈요시花田典凱 전 편집장, 또 다른 주간지 『슈칸겐다이』의 모토키 마사히코元木昌彦 전 편집장, 『마이니치 신문』의 히라노 히로시平野裕 고문, 같은 신문 주부中部 본사의 가토 준이치加藤順一 전 편집국장, 『니혼 신문』의 쓰치야마 아키노리土山昭則 전 도쿄 지사장, 『시나노마이니치 신문』의 쓰네카와 마사히사恒川昌久 전 마쓰모토 본사 대표, 『주니치 신문』의 오바야시 슈이치大林主一 상담역 등 언론 관계자를 포함한 26명이었다.[112] 가쓰마타 회장은 2011년 3월 30일 오후 3시 도쿄전력 본사에서 열린 기자회견에서 이 문제에 관한 질문을 받았는데, 언론사 출신들과 함께 출국한 사실을 인정한 바 있다. 또한 "도쿄전력이 (여행 경비를) 많이 부담했습니다."라고 밝혔다. 기자회견 당시 오간 질의응답은 다음과 같다.

기자 사고 당시 당신은 언론사 간부들과 함께 해외여행 중이었습니다. 도쿄전력이 그 비용을 댔나요?

가쓰마타 전액을 부담한 것은 아닙니다.

기자 그러면 언론사 간부들의 경비를 일부 부담했습니까?

가쓰마타 도쿄전력이 많이 부담했습니다. 간부가 아니라 언론사 출신 인사들이에요. 사적인 부분이므로 개개인의 이름은 말할 수 없습니다. 나는 못 밝히니, 그쪽 책임자에게 문의하고 확인하기를 바랍니다. 2~3일 안에 조회하세요.

기자 그런 일이 있었으니 국민들에게 깨끗한 원자력이라고 보도된 것 아닌가요?

가쓰마타 그렇게 생각하지는 않습니다.

그 뒤 가쓰마타가 언급한 '조회'가 얼마나 이루어졌는지는 확실치 않다.

다시 이야기를 되돌려보자. 1호기에서 일어난 사태는 총리에게도 전해졌으나, 상세한 내용을 알 수는 없었다. 아직 구체적인 보고가 없었다. 총리가 이토 위기관리감에게 한창 설명을 듣고 있을 때, 위기관리센터에서 보낸 새로운 정보가 집무실로 들어왔다. "공중에서 검은 물질이 떨어졌습니다다. 상당한 양이 후드득후드득 쏟아졌습니다."라는 내용이었다.[113] 맨 처음 언급됐던 '하얀 솜 같은 물질'이 아니라 이번에는 '검은 물질'이었다. 무언가가 파괴되었고, 무언가가 터져 나왔을 터였다. 모두 그렇게 확신했다.

"그럼 뭔가 있었다는 얘기지?"

총리는 집무실로 부른 도쿄전력의 다케쿠로에게 물었다.

"어떻게 된 건가?"

다케쿠로는 말했다.

"들은 바 없습니다.[114] 본사에 물어보겠습니다."

다케쿠로는 도쿄전력 본사 측에 전화를 걸어 상황을 알아보았다. 통화가 끝나자 다케쿠로는 "본사에 전화해 봤습니다만, 그런 이야기 들은 적 없다고 합니다."라고 설명했다.[115]

폭발 영상은 전국 방송으로

그때였다. 오후 4시 49분 닛폰TV가 전국 방송으로 폭발 영상을 내보냈다. 후쿠시마 중앙TV가 잡아낸 영상이 닛폰TV 계열의 네트워크를 통해 전국으로 방송된 것이었다. 우연히 채널이 닛폰TV로 맞춰져 있던 집무실 텔레비전에 그 영상이 나오기 시작했다.

닛폰TV 스튜디오의 사회자가 "이어서 후쿠시마에서 전해 드립니다. 후쿠시마 중앙TV의 보도입니다."[116]라고 소개하자 화면이 전환되더니 오하시 아나운서가 등장했다. 이때 멘트의 내용은 엔도 가오루의 저서 『언론은 대지진·원전 사고를 어떻게 말했나』에 자세히 분석되어 있다. 발췌해 소개하면 다음과 같다.

후쿠시마에서 전해 드립니다. 음, 원전에 관한 뉴스를 말씀드리겠습니다. 후쿠시마 제1원자력발전소 사고로 정문 부근에는 평소보다 약 20배 높은 방사선량이 확인된 바 있습니다. 교도통신에 따르면 방사선량은 현재 더욱 높아져 평소의 70배에 달한다고 합니다.[117]

오하시는 이렇게 멘트를 시작했다. 이어서 한 시간 전 사토가 편집실에서 확인한 폭발 순간의 확대 영상이 나왔다.

정부 원자력안전·보안원에 따르면, 음…… 보시는 영상은 3시 36분경의 후쿠시마 제1원전의 모습입니다. 음…… 수증기로 생각되는 물질이 후쿠시마 제1원전에서 '펑' 하는 소리와 함께 터져 나왔습니다. 분출된 위치는 후쿠시마 제1원전 1호기 부근으로 보입니다. 화면 왼쪽이 후쿠시마 제1원전 1호기가 있는 건물입니다. 이곳에서 수증기로 생각되는 물질이 분출했습니다.[118]

집무실에 있던 총리는 꼼짝하지 않고 화면을 바라보았다. 그 영상을 집무실 옆 총리비서관실에서 본 데라타 총리보좌관은 곧바로 총리 집무실로 달려가 큰 소리로 알렸다.[119]

"총리님 텔레비전을 보십시오."

후쿠야마 관방부장관과 마다라메 원자력안전위원장도 있었다.

"이게 뭐야. 폭발 아닌가?"

총리는 낯빛이 변해 있었다. 다케쿠로가 말했다.

"그러게 말입니다. 폭발입니다."

데라타는 그 자리에 있던 마다라메가 '아차!' 하는 표정을 지었던 순간이 기억에 남는다고 했다. 데라타는 '총리가 마다라메에게 호되게 해대지는 말아야 할 텐데.' 하고 생각했다. 마다라메가 "수소 폭발은 일어나지 않습니다."라고 호언장담했기 때문이다.

데라타는 지진 발생 첫날인 11일 저녁 무렵의 일로 기억했다. 당시 관저 5층 집무실에 있던 간 총리는 마다라메에게 "수소 폭발은 안 일어나겠나?"라고 거듭 확인했다. 그는 그런 일은 없다고 딱 잘라 대답했다. 데라타는 당시의 대화를 이렇게 증언한다.

총리의 지시로 관계자들이 모인 자리에서 마다라메 위원장이 플랜트 구조를 설명할 때였습니다. 총리가 "여기 수소는 없는가?", "폭발할 기체는 없는가?" 등을 물었습니다. 총리는 폭발 가능성을 우려했습니다. 걱정이 상당했죠. 그런데 마다라메 위원장이 "그런 일은 없습니다", "수소는 존재하지 않습니다."라고 말했습니다. 아마 11일 저녁이었을 겁니다. 총리는 "정말 존재하지 않느냐?" 하고 두 차례쯤 확인 차원에서 물었고, 마다라메 위원장은 "여기에는 없지만 연결된 지점에는 있습니다."라고 대답했습니다. "그럼 (수소가) 있으면 폭발하지 않느냐?"고 총리가 물었더니, 건물 자체에는 수소가 없지만, 연결된 곳에는 있을 수도 있고, 없을 수도 있다는 식으로 대답했어요. 요컨대 피복관이 녹아서 수소가 나온다는 얘기는 그때는 없었어요. 옆 건물에는 수소가 존재할 수도 있다고 했지요.

바닷물로 수몰시킵시다!

폭발 영상을 보고 '아차!' 하는 표정을 지었던 마다라메는 설명을 요구하자 막혔던 말문이 터진 듯 자기 생각을 또렷이 개진했다. 그 자리에 있던 시모무라 심의관이 메모한 내용은 다음과 같다.

냉각수가 없으면 원자로 안은 마치 빈 주전자를 가열하는 것과 같은 상태가 되는데, 이때 수증기와 피복관이 화학반응을 일으켜 수소가 발생했을 것이다. 압력 용기의 안전밸브가 계속 열려 있었으므로 격납 용기로 수소가 빠져나갔다. 그런데 격납 용기는 질소로 가득 차있다. 산소가 없어서 폭발하지 않았다. 하지만 격납 용기가 오랫동안 고압 상태에 있으면서 (조금씩) 새기 시작했고, 그러자 수소가 작은 구멍 등을 통해 산소가 있는 건물 내로 나갔다. (나간) 수소는 가볍기 때문에 건물 내 상부에 머물렀는데, 그곳에 산소가 있었기 때문에 폭발한 것으로 보인다. 따라서 격납 용기 내부의 폭발은 아니다. (격납 용기는) 안전하다. 격납 용기였으면 뚜껑이 날아갔을 것이다. (그런데) 모니터링 결과를 봐도 그리 큰 변화가 없다. (따라서 이를 보면) 격납 용기는 파손되지 않았다.

이어서 마다라메는 총리에게 이렇게 제안했다.

〈바닷물로 수몰시킵시다!〉

'시모무라 노트'에는 느낌표가 달려 있다. 원자로를 바닷물로 채우는 방법을 제안한 것이었다. 이 제안이 나오자 원자로에 바닷물을 주입하는 안에 대해 관저 내에서도 본격적으로 검토하게 되었다.

마다라메는 "건물 안의 작은 공간마다 아직 수소가 차있을 것"이라고 말했다. 당시 상황에 내해 마다라메는 나중에 이렇게 말했다.

수소 폭발은 예상하지 못했어요. 수소 폭발이 일어나자마자 '아차!' 싶었고, '하긴 방사성 가스가 나왔으니 동시에 수소도 나왔을 것이다.'라는 생각이 들었습니다. 순간적으로 해설은 할 수 있겠지만, 망연자실해 아무런 설명도 하지 못할까 봐 걱정도 됐습니다. 나는 '벤트가 점점 늦어졌음에도 격납 용기가 파열되지 않았다는 것은 유출이 있었기 때문일 것'이라고 생각했어요. 방사성 가스가 점점 건물 속으로 빠져 나와 급기야 건물에 사람이 들어가지 못하면 더 큰일이라는 생각도 들었어요. 벤트에 성공하면 유출도 멈추고 다 좋은 방향으로 해결될 거라고 믿었습니다. 수소 폭발은 생각하지 않았죠.

어쨌든 마다라메가 간 총리에게 호된 욕을 먹는 일은 없었다. 나중에 그 이유를 물었더니 간 총리는 이렇게 말했다.

"예측하지 못한 사람한테 그 이상 무슨 말을 하겠어요?"

폭발 방송 뒤에도 관저에는 보고 없어

총리를 비롯한 관저의 핵심 인물들은 '아무래도 연기 같은 게 나는 것 같다.'는 정도의 정보만 가지고 있다가, 텔레비전 영상을 보고서야 폭발이 있었음을 확신했다. 하지만 닛폰TV가 전국 방송으로 폭발 영상을 내보낸 뒤에도 관저에는 보도된 내용 이상의 상세한 보고가 전혀 들어오지 않았다.

"어떻게 되고 있는 건가?"

옆에 있던 시모무라 심의관은 그때의 심경을 이렇게 회상한다.

"전국에서 텔레비전을 보고 폭발 사실을 알고 있는데, 정작 관저가 공식적으로 아무것도 파악하지 못했던 거예요. 이렇게 순서가 뒤바뀔 수 있나……."

폭발을 예측하지 못해 마다라메와 다케쿠로 같은 전문가의 권위는 바닥으로 떨어졌다. 이들에 대한 관저 핵심 인물들의 불신은 이때 극에 달했고, 이는 결정적으로 작용했다.[120]

도쿄 소방청의 4층 작업실에 있던 아라이 총감도 폭발이 있었다는 사실을 텔레비전 뉴스를 보고 알았다. 대원들이 후쿠시마로 가는 중이었다. 걱정 끝에 아라이는 총무성 소방청에 알아보기로 했다. 총무성 소방청도 보안원에 알아보던 참이었다. 총무성 재해대책본부에 있던 총무성 소방청 장관인 구보 신보久保新保는 상황을 파악하지 못하고 있었다. 구보는 총무성 소방청 특수재해실장인 아키바 히로시秋葉洋로부터 "상황을 잘 모르겠습니다."라는 답변을 받았다. 총무성 소방청의 회답을 도쿄 소방청 경방警防부 참사 또는 과장에게 받고 총감인 아라이에게 보고했다.

"상황을 모르겠습니다."

"정보가 거의 없습니다."

아라이는 텔레비전에서 시선을 떼지 않았다.

다시 관저. 이날 저녁때부터 원자력안전위원회 위원장 대리인 구키타 유타가久木田豊노 관서에 대기했다.[121] 마다라메는 당시 상황을 이렇게 말한다.

"총리께서 '앞으로 어떻게 될지를 아는 사람은 위원장 한 사람뿐이다. 위원장이 없어지면 어떻게 되는 건가?'라는 말씀을 하셨어요. 그래서 '구키타 선생이 잘 압니다.'라고 말씀드렸더니 '그럼 당장 부르게.' 하시더군요."

간 총리는 예정된 원재본부 회의를 연기하고, 관계자들을 집무실로 모이도록 지시했다.[122]

전국 방송이 늦어진 이유

닛폰TV가 전국 방송을 내보낸 것은 후쿠시마 중앙TV가 현지 방송을 통해 폭발 영상을 내보낸 지 한 시간 9분이나 지나서였다. 후쿠시마 중앙TV는 닛폰TV에 전국 방송을 하도록 몇 번이나 요청했다. 쌍방 협의 내용을 알고 있는 닛폰TV 관계자의 말에 따르면 양측 사이에 이런 말이 오갔다고 한다.

"후쿠시마 제1원전에서 폭발이 있었던 것 같습니다. 영상을 보시면 알 겁니다."

"뒤를 모르니(정보 확인이 안 됐으니) 기다려 주십시오."

전국 방송은 왜 '한 시간 9분'이나 뒤늦게 방송된 것일까? 그 이유를 닛폰TV에 알아보았다. 닛폰TV 종합홍보부의 홍보 담당 부부장은 종합홍보부의 견해라며 다음과 같이 설명했다.

"후쿠시마 중앙TV는 속보성을 중시했습니다. 닛폰TV에도 즉시 영상을 보내 주었습니다. 하지만 무슨 일이 일어나고 있는지를 분석하지 않은 채 영상을 내보내면 패닉이 일어날지 모른다는 점을 우려했어요. 전문가에게 영상을 보여 주고 해설을 붙이느라 방송이 늦어진 거죠."[123]

그 '한 시간 9분'에 관해 닛폰TV 간부에게 질문할 기회가 있었다. 2012년 3월 3일 도쿄 대학의 후쿠타케 홀에서 일본 매스커뮤니케이션 학회가 열렸을 때였다. 그 자리에 닛폰TV 보도국 네트워크뉴스 부장인 다니하라 가즈노리谷原和憲가 패널로 참석했다. 필자의 질문에 다니하라는 이렇게 대답했다.

기억이 잘 안 나는 사람도 많을 겁니다. 폭발 사태를 확인하는 데 시간이 걸렸어요. '시간이 이렇게 많이 걸리는구나.' 하는 게 솔직한 심정이었지요. 방송국 입장에서야 생방송으로 하는 게 편하긴 하죠. 그런데 후쿠시마 중앙TV에 24시간 영상이 들어오는 카메라라고는 해도, 닛폰TV에 24시간 들어오는 영상은 아니었으니까. ……

후쿠시마 중앙TV에서 닛폰TV로 그림과 소리를 보내는 창구는 하나뿐이에요. 그런 사태가 있다는 것은 방송 사이사이에 보내는 영상을 봐야 알 수 있죠. 어쩔 수 없이 시간차가 발생해요. 후쿠시마 중앙TV에서는 실시간으로 봤겠지만, 닛폰TV 측은 그 즉시 볼 수 있는 상황이 아니니까요. 그때 마침 지진·쓰나미 관련 보도를 하고 있었고, 다음 정보로 내보내려고 대기하는 상태였어요. 그런데 그 영상에 오디오가 없는 거예요. 영상을 보면 대부분의 사람들이 분명히 폭발이라고 할 만했어요. 두말할 나위 없이 폭발이다 싶은데, 폭발음이 없었죠. ……

그래서 우리는 폭발이라고 단정할 만한 정보를 수집하기 시작했어요. 오디오에 관한 정보가 들어오면 폭발로 보이는 현상이 발생했다고 보도

할 수 있었을 텐데, 그때는 공식 정보가 거의 없었죠. 영상만 방송했다가 오보로 끝나는 경우가 방송에는 많이 있습니다. 영상만으로 모든 것을 판단하면 위험해요. 우리는 벤트라는 현상을 본 적이 없습니다. 그러니 뭐라고 할 수가 없는 거죠. 그 현상을 보고 전문가가 폭발이라고 확인해 줬으면 저희도 그렇게 알았겠죠. 벤트가 순조롭게 이루어지고 있다는 정보도 있었거든요. 사실 그 장면을 보고 벤트 작업 영상이라고 한 전문가도 있었어요. 과학적인 전문성이 떨어지는 방송국 입장에서는 그 순간에 "이것은 벤트가 아닙니다."라고 말할 만한 상태가 아니었다는 거죠.

"의도적이라고 생각합니다"

그때 닛폰TV에 해설자로 초대받았던 전문가는 도쿄 공업대학 원자로공학연구소의 아리토미 마사노리 소장이었다. 이날 새벽부터 닛폰TV의 출연 요청을 받고 대기 중이었다. 폭발이 있던 시간대에는 스튜디오 한쪽에 딸린 넓은 방에 있었다고 한다.[124] 사회자였던 시모카와 미나下川美泰 기자가 "폭발이 일어났습니다. 이에 대해 설명을 부탁드립니다."라고 했을 때 해설자석에 앉은[125] 아리토미가 해설한 내용을 살펴보자. 오후 4시 52분부터 시작된 대화이다.

사회자 저건 수증기인가요?
아리토미 증기입니다.
사회자 이쪽 그림을 봐주세요.

아리토미 뭔가 폭발한 느낌이네요. 음…… 증기가, 증기인 것 같은데, 밖으로 나오고 있습니다.

사회자 우리가 보기에는 걱정스러운데, 그 폭파 밸브라는 것을 이용해서 증기를 배출한, 의도적 행위에 의한 현상이라고 생각해도 될까요?

아리토미 그렇습니다. 의도적이라고 생각합니다. 음…… 그게 보통은 스태그라는 곳에서 방출되거든요. 굴뚝이 보이시죠? (중략) 거기서, 거기가 배기관인데, 거기서 나올 경우에는 필터를 통해 나오기 때문에 이렇게 세차게 방출되지는 않을 것 같은데……

사회자 지금까지 이런 경우를 본 적이 있습니까?

아리토미 어, 그러니까, 아니, 본 적 없습니다. 이런 식의 방출은 폭파 밸브를 이용해 배출한다는 것도 심상치 않은 일이라……. 음…… 잘 모르겠습니다.

사회자 긴급 피난이 필요한……

아리토미 네, 긴급 피난이 필요한 상황인 것 같습니다.

이때쯤 화면 좌측 하단에 "폭파 밸브를 사용해 내압을 줄였을 가능성"이라는 자막이 들어갔다.

사회자 그리고 방금 전 후쿠시마에서 보고한 내용에도 있던 것처럼 방사선량이 평소의 20배라는 이야기가 있었습니다.

아리토미 음…… 만약에 그만큼의 양이 필터를 통하지 않고 한꺼번에 배출되면 그 정도로 올라갈 가능성은 충분합니다.

사회자 어…… 지금 보는 영상은 현재 상황이 아니고 오후 3시 36분이니까, 정확히 한 시간 20분쯤 전 영상입니다. 한 시간 20분 전에 실시한 가스 배출 작업으로 인해 격렬하게 이처럼…… (중략) 음…… 얼마나 위험한가요?

아리토미 그러니까…… 예를 들어 이른바 최악의 가능성이라면 격납 용기의 파괴일 텐데, 그것을 피한다는 의미에서는 성공한 것 같습니다. 다만 이 작업을 하기 전에, 조금 더 전에, 뭐랄까, 그 스태그를, 방출을, 밸브를 써서 서서히 할 수는 없었을까 싶네요.

아리토미가 해설하는 중에 화면 좌측 하단에는 "폭파 밸브를 사용해 내압을 줄였을 가능성"이라는 자막이 다시 들어갔다.

사회자 지금 정보가 들어왔습니다. 도쿄전력 측이 원자로 내 수치는 비정상이 아니라고 발표했네요. (중략)

아리토미 원자로 내 수치가 만약 비정상이 아니라고 한다면…… 원자로는, 노심은 용융되지 않은 것 같습니다.

사회자 3시 36분경에 일어난 일인데 그 직후에, 만약을 위해서였겠지만, 반경 10킬로미터 이내에 있는 분들의 피난을 당부했다고 합니다. 해설 감사합니다. 계속해서 미야기TV의 보도를 보시겠습니다.

이 대화는 약 2분 만에 끝났다.[126]

폭발 영상을 벤트라고 한 전문가도 있었나?

전국 방송은 왜 한 시간 9분이나 늦어졌는가? 다니하라는 "전문가가 폭발이라고 확인해 줬으면 저희도 그렇게 알았겠죠", "그 장면폭발 영상을 보고 벤트 작업 영상이라고 한 전문가도 있었어요."라고 한 바 있다. 방송 전에 닛폰TV와 아리토미 사이에 방송을 망설였던 사실이 있었을까? 필자는 그 부분을 확인하고 싶었다. 그래서 아리토미에게 직접 물었다. 그는 이렇게 답했다.

저를 담당하는 여성 스태프가 "원전 폭발 영상이 들어왔습니다."라고 하기에 한구석에 있는 모니터 앞으로 갔습니다. 폭발 영상이 나오더군요. 모니터가 작아서 원자로 건물이 폭발했는지, 보조 건물이 폭발했는지 그 순간에는 판단할 수 없었어요. 보조 건물이기를 바랐지요. 큰 화면 앞으로 옮겨갔는데, 처음 본 화면으로는 수증기 폭발인지, 수소 폭발인지 구별되지 않는다고 스태프에게 말했어요. 그다음 영상을 보고 푸르스름한 불길이 보이기에 수소 폭발이라고 확신했습니다. 사회자가 "폭발이 일어났습니다. 이에 대해 설명을 부탁드립니다."라고 해서 해설자석으로 이동했습니다. 전문가는 그때 저뿐이었는데, 모니터 화면 앞에서 "이게 벤트일 가능성이 있습니다."라고 발언한 적은 없습니다. 그 직전에 벤트가 성공했고, 압력이 떨어졌다는 정보를 들었기 때문입니다. 모니터 화면을 통해 폭발 영상을 보고 나서 해설자석으로 이동할 때까지 그렇게 오래 걸리지는 않은 것으로 기억합니다.

해설자석으로 이동하도록 재촉받았을 뿐이라고 했다. 아리토미가 본 모니터 영상은 후쿠시마 중앙TV가 방송한 프로그램이었을 것으로 보인다.[127]

'한 시간 9분'을 둘러싼 논평에 정답은 없다. 닛폰TV의 홍보 담당 부부장이 설명한바, "영상을 전문가에게 보이고 해설을 붙여서 방송" 하는 신중한 접근도 있을 수 있고, 후쿠시마 중앙TV처럼 속보성을 중시할 수도 있다. 다만 영상 저널리즘의 길을 고려할 때 중요한 사례라고 생각한다. 이 책에서 많은 지면을 할애한 것도 그래서다. 한편 닛폰TV가 폭발 영상을 독점하면서 해외 언론에는 사용을 허락한 반면, 국내의 다른 방송국에는 사용을 허락하지 않은 문제점을 지적하는 방송 관계자도 있다.[128] 영상을 검증할 수 없기 때문이다.

덧붙여 닛폰TV는 14일에 폭발한 3호기 영상을, 후쿠시마 중앙TV가 방송한 지 몇 분 뒤에 전국 방송으로 내보냈다.[129] 여기서는 그 사실만 지적하기로 한다.

[간청] "어렵더라도 와주게"

관저, 텔레비전 이상의 정보를 확보하지 못해

12일 오후에 1호기에서 일어난 수소 폭발에 관해 간 총리가 입수할 수 있었던 확실한 정보는 닛폰TV가 오후 4시 49분부터 방송한 후쿠시마 중앙TV의 영상뿐이라 해도 과언이 아니었다. 보안원·원자력 안전위원회·도쿄전력 모두 총리에게 텔레비전 방송 이상의 정보를 전달하지 않았기 때문이다.

도쿄전력 본사에서도 오후 5시가 넘어서야 홍보 담당자가 구두로 "오후 3시 36분경 직하형 상하 진동이 있었습니다. 후쿠시마 1호기 건물 부근에서 '펑' 하는 소리가 났으며 흰 연기가 발생했습니다. 플랜트 복구 작업 중이었던 직원 두 명, 협력 업체 직원 두 명 등 총 네 명이 부상을 입고 병원으로 이송되었습니다. 자세한 상황은 현재 조사 중입니다."라는 내용만 기자들에게 발표했다.[130]

총리가 텔레비전을 통해 폭발을 알게 되기 20여 분 전, 도쿄전력은 후쿠시마 제1원전에서 방사선량이 시간당 1,015밀리시버트나 측정된다고 보안원 측에 통보했다. 방사선량은 왜 올라갔으며, 무슨 일이 일어난 것인가? 흰 연기는 폭발에 의한 것인가? 애초에 폭발은 정말 있었던 것일까?

관저는 정보 수집을 위해 이리저리 뛰었지만 구체적인 사실을 얻지는 못했다. 간 총리는 오후 5시 직전[131]에 비서관에게 지시를 내려 이시카와 현石川県 노미 시能美市에 있는 호쿠리쿠 첨단과학기술대학원대학의 히비노 야스시日比野靖 부총장에게 전화를 넣었다. 히비노는 사이타마埼玉에 위치한 자택에 있었다(간 총리와는 도쿄 공업대학 동창으로, 대학 개혁을 요구하는 학생운동을 함께했다.[132] 그는 나중에 간 내각의 내각관방참여 자리에 앉는다). 총리비서관은 전화를 받은 히비노에게 총리의 의향을 열심히 전달했다.

히비노는 이미 두 차례 전화 요청을 받고도 거절한 바 있었다. 그는 전날 도쿄 도 분쿄 구文京区에 있는 주오 대학 이공학부에서 열린 세미나에 참가했을 때 지진을 겪었다.[133] 하룻밤을 꼬박 샌 뒤 귀가한 참이었다. 잠을 거의 자지 못한 상태였기에 "피곤해서 안 되겠습니다."라고 거절한 터였다. 하지만 비서관은 그날 세 번째 통화에서는 끈질기게 부탁했다.

"총리께서 어렵더라도 와주십사 하십니다. 힘드신 걸 알지만 부탁드린다면서요."

히비노는 뉴스를 보고서 1호기 폭발 사태를 알고 있었다. 원전 사고 때문에 총리가 부른다는 것도 짐작하고 있었다. 컴퓨터 기술인 히비노의 전공은 원자력과 거리가 멀었다. 그럼에도 총리의 절박한 요청에 결국 의지를 꺾었다. '내가 가더라도 큰 도움은 안 될 텐데.'라고 생각했지만 일단 가보기로 했다.

아내는 잠도 거의 못 잔 남편을 걱정했다. 히비노는 저녁을 먹은 뒤 택시를 타고 관저로 향했다.

[각외] "아니, 회견하겠네"

변함없는 한마디 "모르겠습니다"

관저. 위기관리센터 간부회의실에 대기 중이던 이토 위기관리감은

'혹시 피난 구역이 20킬로미터로 확대될지도 모른다.'는 생각에 주민 수가 얼마나 되는지를 사전에 파악하려 했다.[134] 피난 구역은 여러 시정촌에 걸쳐 있었기에 시정촌 단위의 인구 현황으로는 피난민 수를 정확하게 산출할 수 없었다.

"20킬로미터 권내에 몇 명이나 있습니까?"

이토의 물음에 보안원 관계자는 변함없이 짧게 답했다.

"모르겠습니다."[135]

보안원의 입장에서도 방재 훈련 때조차 피난 구역이 20킬로미터로 확대되는 상황을 상상한 적이 없었다. 하는 수 없이 이토는 내각관방 직원에게 "인구수를 알려면 어떻게 해야 합니까?"라고 물었다. 국토교통성 출신 참사관이 격자 모양으로 구획을 나누어 각 지역별 인구를 추산하는 방법이 있다고 답했다.

"옳거니, 그 방법이 있군."

이토는 후생노동성에도 병원과 개호 시설 수가 얼마나 되는지를 사전에 파악해 두도록 지시했다.[136]

관저 5층의 집무실. 간 총리는 에다노, 후쿠야마 관방부장관과 1호기 폭발의 의미를 협의하는 중이었다. 방송사가 폭발을 보도했음에도 관저에는 폭발 상황에 관한 자세한 보고가 전혀 들어오지 않았다. 초조한 탓인지 총리의 목소리는 자꾸만 기졌다.[137]

"도쿄전력과 보안원에서 보고가 안 올라오는 이유는 뭔가?"

"요시다 소장이 현장에 있지 않은가? 어떤 폭발인지 현장에서는 알 것 아냐?"[138]

관방장관이 기자회견을 할지를 놓고 논의가 벌어지기도 했다. 후쿠야마는 조심스러웠다.

"폭발 상황을 모릅니다. 설명할 방법이 없어요. 회견을 늦출까요?"

하지만 에다노는 단호했다.

"아니, 회견하겠네. 텔레비전에서 폭발 영상을 방송했는데 회견까지 늦추면 국민들의 불안이 커져. 회견은 해야지."

대화를 듣던 총리는 잠시 생각에 잠겼다가 결론을 내렸다.[139]

"하게."

오후 5시 39분, 이미 10킬로미터권의 피난을 지시한 후쿠시마 제1원전뿐만 아니라 제1원전 남쪽으로 약 10킬로미터 지점에 있는 후쿠시마 제2원전도 반경 3킬로미터에서 10킬로미터로 피난 구역이 확대되었다.

궁여지책으로 생각해 낸 단어, '폭발적 사태'

에다노는 오후 5시 47분부터 기자회견을 열었다.

이미 보도된 바와 같이 후쿠시마 제1원자력발전소에서 어떤 폭발적 사태가 있었다는 보고를 받았습니다. 원자로 자체인지 여부는 아직 확인되지 않고 있습니다. 잠시 전에 있었던 당대표 회담 이후, 현재 총리, 그리고 경제산업대신을 포함해 전문가들을 모셔서 상황 파악과 분석, 대응 방안 마련에 총력을 기울이고 있습니다.

방사능 측정은 빈틈없이 이루어지고 있으며, 잠시 뒤 6시가 지나서도 새로운 측정치가 나올 것입니다. 냉각수 양을 늘리거나 압력을 낮추기 위해서 관리하에 일부 방출을 실시할 계획이었습니다. 방사성물질이 포함되어 있기는 하지만, 현재로서는 예상 가능한 수치 범위라고 판단하고 있습니다. 그렇더라도 이 방사성물질의 수치를 확실히 파악해 주변 주민 여러분의 안전을 보장하고자 만전을 기하고 있습니다. 그 맥락에서 이번 사태는 제1원전의 사태이기는 합니다만, 만약을 위해 제2원전에 대해서도 기존에 3킬로미터권에 내려진 피난 지시를 10킬로미터권으로 수정하는 바입니다. ……

마지막으로 한 번 더 첫 번째 사항에 대해 말씀드리겠습니다. 간 총리와 가이에다 경제산업대신, 원자력보안원, 원자력안전위원회, 당사자인 도쿄전력이 후쿠시마 제1원전에서 발생한 폭발적 사태의 사실을 정확하고 상세하게 파악·분석·대응하는 데 총력을 기울이고 있습니다. 주민 여러분이 피해를 입지 않도록 온 힘을 쏟고 있습니다. 지금까지 방사성 수치는 확실하게 측정해 왔으며, 그에 따라 국민 여러분에게 내리는 지시 등을 결정하고 있다는 점을 말씀드립니다.

에다노는 폭발에 관한 자세한 상황을 모르는 와중에 '폭발적 사태'라는 단어를 사용했다. 스스로 생각해 낸 단어였다.

기자들은 원자로 본체가 파손됐는지 여부를 거듭 질문했다. 에다노는 '분석 중'이라고 대답하며 얼버무렸다.

오후 6시경. 보안원에서도 나카무라 심의관이 1호기의 폭발에 관해 기자회견을 열었다. 나카무라는 서두에 이런 설명을 했다.

금일 15시 36분경, 후쿠시마 제1원자력발전소에서 1호기 원자로 건물과 터빈 건물 주변에서 세로 방향의 진동과 함께 폭발음이 발생했다고 도쿄 전력이 밝혔습니다. 상세한 내용을 확인 중입니다. 정보를 모으면서 대응 책을 검토하겠습니다. 아직 구체적인 정보를 얻지 못한 상태입니다.

그것이 전부였다. "지금 건물은 어떻게 됐습니까?"라는 기자의 질문에 나카무라는 이렇게 답했다.

"(텔레비전) 영상 이외의 정보를 얻지 못했습니다. 어떤 식의 대책을 마련할지 고민하겠습니다."

원자로 자체에 중대한 손상이 있느냐는 질문에 대해서는 이렇게 답했다.

"선량 상황과 격납 용기 등의 정보를 모아야 합니다."

기자가 재차 확인했다.

"(원자로에 중대한 손상이 발생했을) 가능성이 있다는 점을 감안한 조사인가요?"

나카무라는 확답을 계속 피했다.

"객관적인 정보를 하나하나 모으겠습니다."

폭발이 일어난 지 두 시간이 넘은 시점이었다. 이때쯤 도쿄 소방청에는 후쿠시마로 향하던 부대의 출동 요청을 취소한다는 연락이 들어왔다. 보안원의 의향을 전달받은 총무성 소방청의 연락이었다. 부대는 원전의 냉각 작업을 지원하기 위해 후쿠시마로 출발했으나, 도중에 조반도로 모리야 휴게소에서 대기 중인 상태였다. 도쿄 소방청의 아라이 총감은 이렇게 회상한다.

출동 요청을 취소한 이유는 명확히 알려 주지 않았습니다. "요청 취소입니다."라는 연락이 들어왔기에, 아마도 폭발이 있었기 때문에 도쿄전력의 원전 냉각 활동 자체가 불가능한가 보다 생각했죠. 그래서 우리가 가서 후방에서 물을 끌어다 줘도 소용이 없어 취소한다고 생각했습니다. 어디까지나 추측입니다. 그렇게 이해했다는 얘기예요.

오후 6시 25분, 피난 구역은 후쿠시마 제1원전으로부터 반경 20킬로미터 지역으로 확대되었다.

[명령] "바닷물을 주입하라"

"담수를 포기하고 바닷물을 주입하라"

간 총리와 가이에나 등이 바닷물 주입에 대해 이야기를 나눈 것은 12일 오후 6시경이었는데,[140] 그때까지만 해도 관저에서는 조기에 바닷물을 주입하자는 의견이 나오기는 했다.

12일 이른 오후 관저 지하의 위기관리센터에서 이토 위기관리감

과 보안원 간부 직원이 바닷물 주입 안건을 놓고 대화하고 있었다.[141]

> 이토 냉각수를 주입한다 해도 그냥 물은 양이 모자랄 것 아닌가. 바닷물을
> 주입할 수는 없나?
> 보안원 원자로에는 바닷물을 넣으면 안 됩니다. 원자로를 못 쓰게 됩니다.
> 이토 그럼 담수는 어디서 얼마나 끌어와야 하나?
> 보안원 ……

1호기에는 12일 새벽부터 소방차를 이용해 1천 리터 단위로 담수를 주입하고 있었다. 담수 주입량에는 한계가 있다. 원전이 바다 가까이에 있는 것에 착안해, 대량의 해수를 주입해 원자로를 물에 잠기게 하자는 것이 바닷물 주입 계획이다.

또한 시간대는 확실치 않으나 데라타 총리보좌관은 냉각수 주입을 둘러싸고 총리와 도쿄전력 측 사이에 다음과 같은 대화가 오간 것을 기억하고 있다.

> 총리가 도쿄전력에 필요한 것은 전부 적어 오라는 지시를 내렸어요. 그때
> "24시간만 주십시오."라고 하자, 총리가 "지금 그렇게 맘 편한 소리를 할
> 때인가? 당장 가지고 와요."라고 했죠. 다케쿠로 고문한테 한 말이었을 기
> 예요. 한나절 만에 필요한 것을 적은 종이가 올라왔어요. 그때 저도 그 자
> 리에 있었는데, 내용 중에 "냉각에 적합한 전문적인 물"이라는 게 있었어
> 요. 목록 중에요. 총리가 "이거 냉각만 할 수 있으면 되잖아? 이런 물이 아

니라도 수돗물이든 바닷물이든 상관없지 않아?"라는 말을 했어요.

마다라메가 간 총리에게 해수 주입을 제안하기 몇 시간 전, 도쿄전력의 시미즈 사장은 바닷물 주입에 대해 납득한 상태였다. 그때가 오후 2시 50분이었다. 그런데 시미즈는 그 사실을 관저에 알리지 않았다.[142] 4분 뒤 후쿠시마 제1원전의 요시다 소장은 소장 권한으로 바닷물 주입을 지시했다.

오후 3시 20분경 도쿄전력은 1호기에 "향후 준비가 되는 대로 소화 시스템을 통해 원자로 내에 바닷물을 주입할 예정"이라는 연락을 보안원과 (긴급한 중요 정보를 24시간 체제로 수집해 총리 등에게 보고하는) 내각관방 내각정보집약센터 등에 팩스로 알렸다. 하지만 벤트 실시 상황을 보고하는 "연락양식서"라는 문서에 '참고 정보'로 기재한 것이 연락의 전부였다. 그 팩스에 적힌 내용은 총리와 에다노에게 전달되지 않았다.[143] '참고 정보'로 기재되었기 때문에 접수한 사무직원이 빠뜨린 것으로 보인다.

도쿄전력이 바닷물 주입을 준비하고 있다는 사실을 몰랐던 관저에서는 가이에다가 "끝까지 바닷물 주입을 하지 않겠다면 명령을 내릴 겁니다."라는 발언까지 하게 된다.[144]

현장에서는 발전차를 이용해 선원을 복구했다. 바닷물을 주입할 준비도 완료했다. 그때였다. 오후 3시 36분에 1호기가 폭발했다. 바닷물 주입 작업은 중단되었다. 오후 5시 55분에 가이에다는 원자로등규제법에 의거해 응급조치로 1호기 원자로에 바닷물을 주입하라는 명령을 내린다. 동시에 보안원에 바닷물 주입을 본격적으로 명하는 문서를 준비하라고 지시했다. 오후 6시에는 가이에다의 명령에 따라 "담수를 포기하고 바닷물을 주입하라."는 간 총리의 지시 메모가 위기관리센터에 있던 이토의 손에 전달되었다. 이토는 투덜거렸다.[145]

"뭐야, 결국 바닷물이잖아. 보안원은 무슨 일을 그렇게 하는지."

바닷물 주입에 이의 없음

그때 바닷물 주입을 둘러싼 논의가 시작됐다. 총리응접실에 간 총리와 가이에다, 후쿠야마 관방부장관, 호소노 총리보좌관이 모였다. 그 밖에 히라오카 보안원 차장, 마다라메 안전위원장, 그리고 도쿄전력 쪽에서는 다케쿠로와 가와마타가 참석했다.[146]

경제산업성의 마쓰시타 부대신과 대신관방 총무과장인 야나세 다다오[147]도 왔다. 경제산업성에서도 정보가 들어오지 않으니 야나세가 마쓰시타에게 관저로 가는 것이 좋겠다고 했고, 부대신을 혼자 가게 할 수 없어 분위기상 야나세도 따라나선 것이었다. 마쓰시타와 야나세는 "가이에다가 있다."고 들은 5층 총리응접실로 들어섰다.[148] 바닷물 주입을 주제로 한 논의가 한창이었다.

야나세는 두 사람이 들어섰을 때 마다라메가 일어서며 했던 말을 기억한다. 야나세는 방 한구석에 서서 '내가 여기 뭘 하러 왔나? 상황이 어떻게 되는 거야?'라는 생각을 하며 그 긴박한 대화를 들었다.

"담수를 다 쓰면 바닷물이라도 대량 주입해야 됩니다. 지금은 냉각수를 주입하는 것이 제일 중요합니다. 한시라도 빨리 넣어야 돼요."

다른 의견을 내는 사람은 없었다. 마다라메가 열심히 설명하는 사이에 총리가 들어왔다.[149] 총리도 회의에 동참했다. 마다라메는 "서둘러 바닷물을 주입하는 것이 좋습니다."라고 거듭 말했다.

총리는 그 자리에서 바닷물에 포함된 염분에 의해 원자로가 부식할 가능성이나 연료봉이 녹아 재임계상태에 달할 위험성 등을 질문했고 전문가의 의견을 들었다.[150] '시모무라 노트'에도 이때의 대화가 남아 있다.

〈제어봉이 엉망이 되어 붕산과 엉겨도 임계상태를 초래하지는 않는다〉

마다라메의 발언으로 추측되지만 시모무라는 발언자가 누구인지 명확히 기억하지 못한다고 했다. 이 발언 중에 등장한 "임계상태를 초래하지는 않는다."라는 부분에는 밑줄이 그어져 있다. 시모무라는 중요한 논의였기 때문에 그었다고 말한다.

총리는 정말 괜찮은지 물었다. 그러자 그 자리에 있던 전문가들은 이렇게 답했다. 다시 '시모무라 노트'에서 발췌한다.

〈주입하는 물이 담수든 해수든 마찬가지〉

〈붕산수 추가 주입은 당장은 필요 없음. 해수 주입 후라도 무방〉

붕산은 중성자를 흡수하는 성질이 있어서 원자로 내의 연쇄적인 핵반응을 억제하는 효과가 있다.

그리고 바닷물을 채우는 데 필요한 시간과 용량이 나왔다. 압력 용기를 바닷물로 채우는 데 다섯 시간, 격납 용기를 채우는 데 10일이 소요되며, 그 양은 압력 용기가 150톤, 격납 용기가 1만 톤이었다. 바닷물을 주입하는 방향으로 본격적인 검토가 이루어졌다.

"폭발로 기자재가 손상을 입었기 때문에 바닷물 주입을 시작하기까지 한 시간 반에서 두 시간 걸릴 겁니다."

다케쿠로가 이렇게 지적하자 간 총리의 지시가 곧 떨어졌다.

"준비하는 데 걸리는 두 시간 동안 임계상태가 찾아올지 여부를 검토해 주게."

회의는 20분 만에 끝났다.[151] 다케쿠로는 자리에서 일어나 후쿠시마 현장을 지휘하는 후쿠시마 제1원전의 요시다 소장에게 전화를 걸었다.[152]

[무대책] "다음 할 일이 뭔지, 제안이라고는 전혀 없어"

다케쿠로와 도쿄전력은 무슨 말을 했나

요시다는 오후 7시 4분 1호기에 소방차를 이용해 바닷물 주입을 개시했다.[153] 다케쿠로가 요시다에게 연락한 때가 이 시가 이후인 듯하다. 다케쿠로는 수화기 건너편의 요시다에게 이렇게 전했다.

"바닷물 주입에 관해 총리는 재임계를 포함해 우려를 나타냈네. 총리의 이해를 얻는 것이 중요해."[154]

요시다는 "이미 바닷물을 주입하기 시작했습니다."라고 보고했다. 이 이야기를 듣고 다케쿠로는 "관저에서 검토 중이니까, 좀 기다려 주게."라고 했다. 요시다에게 전해 들은 본사 측도 중단이 불가피하다는 의견이었다. 하지만 요시다는 중단하지 않고 그대로 계속 주입했다. 정부사고조의 '중간보고'는 그 정도 선에서 적고 있다.

관저에서는 다케쿠로와 도쿄전력 사이에 오간 일련의 대화를 알지 못했다.[155] 다케쿠로가 그런 대화를 나누는 동안 야나세에게 관저 직원이 다가와 말을 건넸다.

"어떻게 좀 해봐요. 결론이 안 나면 진짜 큰일 나니까."[156]

어쩌다 관저까지 오게 된 야나세는 '왜 나한테 그래?' 하고 생각했다. 하지만 '책임 소관과 잘못을 일일이 따지다가는 진짜 큰일이 벌어지겠지. 위기관리는 속도가 생명인데.'라고 생각을 고쳐먹고 잠자코 들었다.[157] 그러고는 총리가 말한 논점을 '총리의 의문점 1', '총리의 의문점 2' 등 서너 개 항목으로 정리해 적어 나갔다. 경제산업성의 마쓰시타 부대신은 그 종이를 보고서는 "자네는 글자가 이게 뭐야."라며 어이없어 했는데 그 말투가 묘한 뉘앙스를 풍겼다.[158]

야나세는 보안원·안전위원회·도쿄전력 관계자가 있는 대기실의 작은 방으로 가서 그 종이를 내밀고 "이 사항들에 관해 소견을 말해 주세요."라고 각사에 보여 주면서 한 바퀴 돌았다.[159]

오후 7시 35분 호소노 총리보좌관이 총리집무실에 들어가 바닷물을 주입할 수 있다고 총리에게 보고했다. 이미 그로부터 한 시간 10분 전에 후쿠시마 제1원전에서 피난 구역이 10킬로미터에서 20킬로미터로 확대된 터였다. 후쿠야마 관방부장관의 노트에는 이렇게 적혀 있다.

〈펌프 가동〉

〈관(파이프) 살아 있음〉

호소노는 바닷물 주입 외에 1호기 폭발이 격납 용기가 폭발한 것이 아니었다는 내용도 보고했다.

"폭발 직후에는 선량이 올라갔지만, 오후 4시 15분부터는 급속히 떨어지고 있습니다. 폭발은 격납 용기가 아니라 건물에서 일어난 것입니다."[160]

순간 안도감이 흘렀다. 핵심 인사들의 회의가 집무실 옆 응접실에서 재개되었다. 사회를 보게 된 야나세가 회의를 진행했다.

"방금 총리가 말씀하신 첫 번째 논점에 대한 견해는 어떠십니까?"

보안원에서는 히라오카 차장과 네이 심의관이 참석했다. 야나세는 네이가 이 후반 회의부터 참가했다고 기억한다. 그리고 안전위원회 측에서는 마다라메와 위원장 대리인 구키타가 참석했고, 후반 회의는 구키타가 중심이 되어 설명했다. 도쿄전력 측은 다케쿠로 고문이 참석했다. 이들에게 순서대로 의견을 구했다.

"그럼 두 번째……"

각 논점에 관해 전문가들은 "문제없습니다", "바닷물을 주입하는 편이 압도적으로 리스크가 적어요."라는 의견 등을 냈다.[161] 회의는 일사천리로 진행됐다. 총리는 설명이 나올 때마다 "알겠네. 그렇게 하지."라고 정리했다.[162] 야나세는 이렇게 회상한다.

"바닷물 주입을 주저하는 이야기는 전혀 없었습니다. 도쿄전력의 다케쿠로도 이를 당연하게 받아들이는 느낌이었어요. 전혀 이견이 없었습니다. 총리가 납득했고 바로 끝났습니다. 그런 분위기에서 바닷물 주입을 망설이는 의견이 나올 수는 없죠."

오후 7시 55분, 간 총리는 가이에다에게 바닷물 주입을 지시했다. 잠시 뒤 바닷물 주입을 시작했다는 보고가 총리에게 올라갔다. 이상이 나중에 "총리가 바닷물 주입을 중단시켰다."고 야당의 비판을 받게 된 소동의 경위다.

간 총리는 바닷물 주입을 중단시켰나

그 소동에 관해 말하자면 다음과 같다. 아베 신조安倍晋三 전 총리[•]는 뭔가가 알려지는 족족 자신의 블로그를 통해 지적하며 간 총리의 책임을 추궁했다. 사실 관청가인 나가타초에는 야나세가 그 배후에 있었다는 소문이 파다했다. 야나세가 아베에게 정보를 슬쩍 흘렸다는 거였다. 아베 전 총리가 2011년 5월 22일 블로그에 올린 글은 "진실은 하나입니다"라는 글이다.

3월 12일 20시 20분의 바닷불 주입은 간 총리의 결단이 아니었습니다. 이

• 2012년 12월부터 총리 재임 중인 그는 2006년 9월부터 이듬해 9월까지 총리를 역임했다.

점에 관해 이미 관저는 거짓말했음을 사실상 인정하고 있습니다. 그러나 19시 25분의 바닷물 주입 중단에 관해서는 마다라메 원자력안전위원장이 재임계의 위험성을 지적한 의견에 따라 도쿄전력이 마음대로 중단했다고 어제 정부는 발표했습니다. 여러분! 거짓말은 오래가지 않습니다. 그날 저녁 마다라메 위원장은 보도기관의 취재에 대해 "전문가로서 그런 발언을 하지 않았습니다."라며 관저의 발표를 전면 부정했습니다. 마다라메 위원장은 "물을 주입한다고 재임계가 발생할 가능성이 없지는 않지만, 이미 담수를 주입하고 있는 가운데 담수를 해수로 바꾼다고 해서 재임계를 우려할 이유는 전혀 없습니다. 이는 원자력에 관한 기초 중의 기초예요."라고 잘라 말했습니다. 관저는 기초 중의 기초도 모르고 거짓말을 한 것입니다. 저는 그것도 무섭습니다. 소리만 질러 대다 치명적인 문제가 있는 판단을 한 총리. 거짓말에 거짓말을 덧칠하는 데 급급한 관저. 추하고 슬픈 모습입니다. 간 총리, 당신은 3월 11일 원자력재해대책특별조치법에 의해 원자력 긴급사태 선언을 발령했습니다. 그 결과 큰 권한을 가졌습니다. 도쿄전력도 당신의 지휘 아래 들어갔습니다. 모든 책임은 총리에게 있습니다. 바닷물 주입을 한 시간 가까이 중단한 책임은 누구에게 있습니까? 간 총리, 당신 말고 다른 사람에게 책임이 있는 것이 아니지 않습니까? 진실은 분명합니다. 우리는 그것을 알고 있습니다.

이에 앞서 TBS 방송국과 『요미우리 신문』은 특종을 보도했다.

"바닷물을 주입하는 줄도 몰랐는데 중단하라고 했을 리가 없죠"

정보 출처가 단지 '정부 관계자'라고만 되어 있는 『요미우리 신문』 2011년 5월 21일자 기사는 이랬다.

도쿄전력 후쿠시마 제1원자력발전소 1호기에서 동일본 대지진 발생 직후에 이루어진 해수 주입이 간 총리의 의향에 따라 약 55분간 중단되었다는 사실이 20일 밝혀졌다.

바닷물을 주입할 경우에 원자로 내에서 재임계가 일어나지는 않을지 총리가 걱정했기 때문이라고 정부 관계자는 설명한다.

임계는 우라늄의 핵분열이 꼬리를 물고 일어나는 상태다. 원자로 내에서 임계가 발생하려면 물이 필요한데, 1호기는 대지진 직후에 제어봉이 삽입되어 물이 있어도 임계에는 도달하기 어려운 상태였다.

도쿄전력이 (5월) 16일에 발표한 자료에 따르면, 1호기 원자로에 대한 해수 주입은 지진이 일어난 다음 날인 3월 12일 오후 7시 4분에 시작되었다. 그 이전에 주입하던 담수가 부족했기 때문에 도쿄전력이 결정을 내린 것이었다.

여러 명의 정부 관계자에 따르면, 도쿄전력으로부터 담수에서 해수로 변경하는 방침에 관해 사전 보고를 받은 간 총리는 내각부 원자력안전위원회 위원장인 마다라메 하루키에게 "해수를 주입할 경우 재임계의 위험은 없느냐?"고 질문했다. 마다라메 씨가 "있을 수 있습니다."라고 하자 총리는 12일 오후 6시 원자력안전위원회와 경제산업성 원자력안전·보안원에게 지시해 해수 주입으로 인한 재임계 가능성을 상세히 검토하게 했다. 이와 더불어 후쿠시마 제1원전에서 반경 20킬로미터 이내의 주민들에게 피난 지시를 내렸다.

총리가 해수 주입에 관해 우려를 표명한 것을 감안해 도쿄전력은 해수 주입을 시작한 지 약 20분 만인 오후 7시 25분에 일단 주입을 중지했다. 이후 7시 40분 원자력안전위원회가 "해수 주입으로 인한 재임계의 우려는 없습니다."라고 총리에게 보고하고서야, 7시 55분 총리는 가이에다 경제산업대신에게 해수 주입을 지시했다. 가이에다의 지시를 받은 도쿄전력은 오후 8시 20분 주입을 재개했다. 그 결과 해수 주입은 약 55분간 중단된 것이라 한다. ……

필자는 야나세에게 물었다. "당신이 아베 전 총리에게 정보를 흘린 배후 인물이라는 말이 있는데, 사실입니까?" 그는 이렇게 답했다.

우선 아베 전 총리와는 이야기를 나눈 적도 없습니다. 갑자기 제 휴대전화로 기자들이 전화를 걸어와서 "총리가 해수 주입을 중단시킨 겁니까?", "중단하라고 했나요?"라고 묻더군요. 바닷물을 주입하는 줄도 몰랐는데 (해수 주입을) 중단하라고 했을 리가 없죠. 많은 기자들이 "아베 전 총리가 자세한 내용은 그 자리에 있었던 (보안원장인) 데라사카 또는 야나세에게 물어보면 안다고 하던데요?"라는 거예요. 그때 데라사카는 관저에 없었어요. 저는 "아베 전 총리가 하신 말씀은 사실이 아닙니다."라고 했지요. 일언지하에 "그런 일은 있을 수 없어요."라고 부정했어요. 그랬더니 더 물어봤자 소용없겠다 싶었는지 전화를 끊더군요. 무척 유감스럽습니다. 정말이지 장난도 아니고, 다들 웃긴다 싶더라고요.

그 일련의 경위를 묻고자 아베 전 총리에게 취재를 요청했지만 답이 없다.

국민의 단결을 : 총리의 대국민 메시지

간 총리는 해수 주입이 정식으로 실시되었다는 보고를 받고 기자회견을 통해 대국민 메시지를 낭독하기로 했다. 집무실에서 항상 사용하는 노트에 본인이 생각하는 중요한 내용들을 메모했다. '간 총리의 메모'는 이렇다.

〈국민에게 드리는 당부, 국민의 단결을, 극복하는 것이 중요〉

그리고 오후 8시 32분 기자회견이 시작됐다.

지진이 발생한 지 하루 반이 지났습니다. 피해를 입은 분들께 진심으로 위로의 말씀을 드리며, 구호·지원·구출에 총력을 기울이고 있는 자위대, 경찰, 소방, 해상보안청, 각 지자체 등 모든 관계자 분들의 그야말로 몸을 사리지 않는 노력에 마음 깊은 곳에서 우러나오는 감사의 말씀을 드립니다. 저는 금일 오전 6시에 자위대 헬리콥터를 타고 현지를 시찰했습니다. 우선 후쿠시마 제1원자력발전소로 가서 현장 관계자로부터 정확한 실태를 들었습니다. 또 센다이·이시마키石巻 등의 지역도 헬리콥터를 타고 자세히 시찰했습니다. 이번 지진은 대형 쓰나미를 동반해 대단히 심대한 피해를 낳았다는 것이 이번 시찰을 통해 분명해졌습니다. ……

우선은 인명 구출이 중요하므로 어제, 오늘, 그리고 내일, 무엇보다 인명 구출·구호·지원에 전력을 기울여야 합니다. 자위대에도 당초 2만 명 체제에서 5만 명 체제로, 그리고 조금 전 기타카와 방위대신에게는 전국적 동원을 당부해 현재 검토 중입니다. 먼저 한 사람이라도 더 많은 생명을 구하고, 그러기 위해 온 힘을 다하고, 특히 오늘, 내일, 모레는 모든 힘을 기울여야 할 것으로 생각합니다. 그리고 이미 피난소 등에 많은 분들이 피난 중이십니다. 식사, 물, 그리고 굉장히 추운 시기이기 때문에 담요와 난방기, 나아가 화장실 같은 시설을 마련해 지금 최선을 다해 이재 지역으로 보내고 있는 중입니다. 어떻게 해서든 이재민 여러분이 이번 사태를 잘 극복하시기를 바랍니다. ……

더불어 후쿠시마 제1원자력발전소, 그리고 제2원자력발전소에 관해 많은 분들이 심려하고 계십니다. 이번 지진으로 기존에 예상한 쓰나미의 한도를 훨씬 뛰어넘는 대형 쓰나미가 닥쳤으므로, 원래대로라면 원전이 멈추더라도 백업 태세가 가동되어야 하는데, 그런 부분들에 문제가 발생했습니다. 그래서 저희는 우선 주민 여러분의 안전을 가장 우선시해 대책을 강구해 왔습니다. ……

또 특히 후쿠시마 제1원자력발전소의 1호기는 새로운 사태, 이 부분은 나중에 관방장관이 자세한 설명을 할 것입니다만, 그런 사태도 발생했기에 이미 10킬로미터 권내에 거주하시는 분들의 피난을 부탁드린 바 있고, 그 뒤에 다시 후쿠시마 제1원자력발전소를 중심으로 20킬로미터 권내의 거주민 여러분의 피난을 당부드렸습니다. 이 부분을 포함해 확실하게 대응함으로써 한 사람이라도 인체에 피해를 미치지 않도록 있는 힘을 다해 노력하고 있습니다. 따라서 아무쪼록 여러분들도 정부의 보고와 언론의 보도에 주의를 기울여 차분히 행동하실 것을 진심으로 당부하는 바입니다. ……

그뿐만 아니라 이번 지진에 대해서는 미국 오바마 대통령의 전화를 비롯해 전 세계 50개국 이상의 국가원수가 지원을 약속했습니다. 국제적인 온정을 고맙게 생각합니다. 효과적으로 부탁할 수 있는 부분에 대해서는 순차적으로 부탁할 생각입니다. 무엇보다 지금 중요한 것은 생명을 구하는 일입니다. 피난 생활에 대한 대응 또한 필요한데, 이는 과거 고베 대지진의 경험을 살려 가설 주택을 세우는 식의 다양한 시책이 중요할 것으로 생각합니다. 다음으로 재건을 위해 여러 수단을 생각해야 합니다. 야당도 어제에 이어 오늘 당대표 회담에서 특히 재건에 관해 열심히 힘을 보태겠다는 의사를 표명해 주셨습니다. 대단히 감사합니다. ……

아무쪼록 국민 여러분께 그야말로 사상 초유의 국난이라고 할 수 있는 이번 지진을 국민 여러분 한 사람, 한 사람의 힘을 통해, 또한 그 힘에 의해 지탱되는 정부 및 관계 기관의 노력을 통해 잘 극복하고, 미래에 지난날의 고난을 뛰어넘었기 때문에 오늘의 일본이 있다고 말할 수 있을 만한 노력들을, 각자의 입장에서 해갔으면 합니다. 목숨을 걸고 선심선력으로 이번 일에 매진하겠다는 약속으로 국민 여러분께 드리는 당부 말씀에 갈음하고자 합니다. 감사합니다.

에다노, 해수 주입을 발표하다

총리에 이어서 이번에는 에다노가 회견장에 올라와 원자로에 해수를 주입하는 방침을 밝혔다.

그럼 지금 총리께서도 언급한 도쿄전력 후쿠시마 제1원자력발전소 건에 대해 보고하겠습니다. 우선 금일 15시 36분에 일어난 폭발에 대해 도쿄전력의 보고를 감안해 설명하겠습니다. 원자력 시설은 철강으로 만든 격납 용기에 둘러싸여 있습니다. 그 밖을 다시 콘크리트와 철근 건물이 싸고 있습니다. 이번 폭발은 이 건물의 벽이 붕괴된 것이고, 속에 있는 격납 용기가 폭발한 것은 아니라고 확인되었습니다. 노심에 있는 물의 양이 적어지면서 발생한 수증기가 이 격납 용기와 외측 건물 사이에 있는 공간으로 나오는 과정에서 수소로 변해 산소와 결합하면서 폭발한 것으로 추정됩니다. 참고로 격납 용기 안에는 산소가 없기 때문에 수소 등이 있어도 폭발을 일으키지 않습니다. 실제로 도쿄전력에서 확인해 보고한 바에 따르면 격납 용기는 파손되지 않았습니다. ……

한 번 더 말씀드리지만 이번 폭발은 원자로의 격납 용기 안에서 발생한 것이 아니기에, 방사성물질이 대량으로 유출되지 않습니다. 도쿄전력과 후쿠시마 현의 방사성물질 모니터링 결과도 확인했습니다만, 폭발 전과 비교해 방사성물질의 농도는 상승하지 않았습니다. ……

15시 29분에 1,015마이크로시버트$_{\mu Sv}$라는 수치가 검출되었다는 보도가 있었습니다만, 그 지점의 숫자를 보면 이후 15시 36분에 폭발이 있었는데 15시 40분에 860마이크로시버트, 18시 58분에 70.5마이크로시버트를 기록하고 있습니다. 폭발 전후로 오히려 숫자가 낮아졌습니다. 그 외의 지점에 대해서는 이렇습니다. 오늘 새벽 이후로 계속 말씀드리고 있습니다만, 벤트 작업, 즉 용기 내 압력이 높아지는 것을 막기 위해 용기 속 수증기를 밖으로 빼내는 작업을 14시경부터 시작했습니다. 작업 전후로는 일단 수치가 높아졌지만, 그 뒤 15시 36분에 폭발이 있었음에도 역시 수치가 떨어졌고, 현재는 낮은 수준에 머물고 있습니다. 따라서 현시점에서는 폭발 전부터 살펴볼 때 방사성물질의 외부 유출에 큰 변화는 없는 것으로 보이므로, 부디 차분히 대응해 주시기를 바랍니다. ……

현재 상황 및 여러 사항을 고려했을 때 향후 우려되는 원자로 용기 및 격납 용기의 파손에 의한 재해를 미연에 방지하기 위해, 도쿄전력이 용기에 해수를 주입하는 조치를 취하겠다고 판단했고, 가이에다 경제산업대신이 관련 지시를 내렸습니다. 차제에 붕산을 함께 사용해 재임계 등 만의 하나라도 우려되는 사태가 발생하지 않게 하는 방법도 확인했습니다. 정부는 경제산업성, 원자력안전·보안원과 함께 확인해 이런 조치의 준비·절차가 적절하고 타당하다고 평가했습니다. 이 절차는 이미 20시 20분부터 실시되었습니다. ……

다음으로 이번 도쿄전력 후쿠시마 제1원자력발전소 사태와 관련한 피난 지시에 관해 말씀드리겠습니다. 폭발 상황, 그리고 그에 대한 대응책 등을 고려하는 단계에서 여러 가능성을 고려해 피난 구역을 20킬로미터 권내로 확대할 것을 지시한 바 있습니다. 기존의 대응 방침과 마찬가지로 10킬로미터에서 20킬로미터 사이에 거주하시는 분들에게 구체적 위험이 발생한 것은 아니지만, 새로운 대응을 취해야 할 가능성이 있다는 점에 비추어 만약을 위해, 더욱 만전을 기하기 위해, 20킬로미터로 확대한 것입니다. 이런 사정, 경위, 판단이 있으므로 주민 여러분께서는 경찰·지자체 등의 지시에 따라 차분히 대응해 주시기를 바랍니다.

"최악의 시나리오를 그려야 합니다"

오후 9시가 지난 시각, 간 총리가 "어렵더라도 와주게."라고 부탁한 호쿠리쿠 첨단과학기술대학원대학의 히비노 부총장이 관저에 도착했다. 총리는 기자회견을 마치고 나서 4차 원재본부 회의에 참석해야 했다. 히비노는 총리집무실 옆 작은 방에서 한 시간 넘게 기다렸다.

이 회의는 관저 4층의 대회의실에서 오후 10시 5분부터 열렸다. 회의석상에 있던 겐바 국가전략담당 대신의 눈이 붉게 충혈되어 있었다.[163] 가타야마 총무대신은 그 자리에서 나온 대화를 선명하게 기억한다.

"저는 하고 싶은 말이 정말 많지만, 말해 봤자 소용없기 때문에 입을 다물겠습니다."

겐바는 이렇게 시작하더니 "최악의 시나리오를 그려야 합니다."라고 다그쳤다.[164] 가타야마도 겐바의 뒤를 이어 질문했다.

"겐바 대신은 [후쿠시마 현이] 고향이라서 물론 걱정되시겠지요. 하지만 고향이 아닌 사람들도 걱정되기는 마찬가집니다. 최악의 경우에 어떻게 될지를 그려 두는 편이 좋지 않겠습니까?"

총리는 이렇다 저렇다 대꾸가 없었다고 가타야마는 말한다. 의사록에는 간 총리가 "체르노빌 같은 사태가 일어날 수도 있는가? 스리마일 같은 멜트 다운이 일어날 수 있는가?"라고 물었다고 기록되어 있다. 회의는 약 20분 만에 끝났다.

"다음 할 일이 뭔지, 제안이라고는 전혀 없어"

총리는 집무실로 돌아가 작은 방에 대기 중인 히비노를 불렀다. 배석자는 없었다. 총리는 입을 열자마자 푸념했다.

"하는 말들이 다 달라. 다음 할 일이 뭔지 제안해 주면 좋겠는데, 제안이라고는 전혀 없어."

히비노는 한 가지 아이디어가 떠올랐다.

"냉각 수단이 없으면, 발전기의 증기를 내보내서 에너지를 밖으로 뺄 수 있지 않을까?"

간 총리는 그 제안을 듣고는 즉시 수화기를 들어 제1·제2원전 소장과 통화를 시도했다.[165] 먼저 제2원전 소장인 마스다 나오히로増田尚宏에게 연락이 닿았다. 총리는 히비노가 낸 아이디어의 개략적 내용을 전하다가 "직접 이야기하게."라며 수화기를 히비노에게 넘겼다. 수화기 건너편의 마스다는 "확실히 그런 생각도 가능하지만, 제2원전은 전원 복구에 우선 힘을 쓰는 것이 좋을 것 같습니다."라고 답했다.[166]

제1원전의 요시다 소장과도 통화가 되었다. 요시다는 히비노에게 이렇게 말했다.

"원칙적으로는 옳지만 지금은 그렇게 안 됩니다. 에너지는 거의 안 빠집니다."[167]

정상 시라면 발전기의 터빈을 경유한 증기는 수증기 응축기인 콘덴서로 유도되어 물로 변한 뒤 다시 원자로로 돌아간다. 그런데 대형 쓰나미로 인해 콘덴서에 냉각수를 보내는 냉각용 해수 펌프는 파괴되고, 콘덴서는 제 기능을 하지 못하는 상태였다. 히비노의 아이디어는 이 냉각용 해수 펌프의 기능이 살아 있어야 가능한 방법이었다.

이번에는 간 총리가 말했다.

"그래도 한번 관련 삼자의 이야기를 들어보지 않겠나?"[168]

간 총리는 원자력안전위원회의 구키타 위원장 대리, 히라오카 보안원 차장, 도쿄전력의 가와마타를 집무실로 호출했다.[169] 총리는 세 사람에게 말을 꺼냈다.

"이쪽은 히비노라고 하네. 이번에 내각관방참여*를 맡길 예정일세. 자, 이야기해 보지."

"핵분열 반응으로 열을 내서……"

원자력발전의 원리부터 이야기를 시작한 구키타의 말을 간이 끊고 나섰다.

"이 사람도 그런 부분은 잘 알고 있으니 지금 상황이 어떤지를 설명하게."

• 내각관방의 비상근 국가공무원으로서 총리 상담역이라고 할 수 있다.

가와마타가 전원이 나가 원자로를 냉각시킬 수 없는 상황을 설명했다. 먼저 원자로에 해수를 주입해 냉가시키는 방법에 관해 논의했다. 세 사람 모두 의견이 일치했다.

"리스크는 없습니다. 나트륨 이온이 존재한다고 새로운 핵반응이 촉진되거나 예기치 못한 반응이 일어날 우려는 전혀 없습니다."

냉각이라는 의미에서는 담수이든 해수이든 차이가 없다는 것이었다. 히비노가 물었다.

"그렇다면 (해수 주입은) 원자로를 쓰지 못하게 된다는 것만이 유일한 리스크군요."

세 사람은 다른 의견을 제기하지 않았다. 2호기와 3호기에 대해 해수 주입을 전제로 하여 조기에 벤트를 실시해야 하지 않겠느냐는 논의까지 진척될 만큼 이야기는 무르익어 갔다. 요시다 소장은 오후 5시 30분에 벤트 조작 준비를 개시하라는 지시를 내렸지만, 이 시점에서는 아직 실시되고 있지 않았다. 1호기 폭발로 인해 발전차와 케이블도 손상돼 버린 상태였다. 히비노는 A3 용지에 그려진 원전 계통도를 가리키며 질문을 던졌다.[170]

"이 계통은 살아 있습니까?"

"죽었습니다."

"이쪽은 어떻습니까?"

"그쪽도 죽었습니다."

"2·3호기는 격리 냉각 시스템이 작동하고 있습니다."

원자로 격리 냉각 시스템RCIC이란 원자로 가동이 중단된 후에도 노심에 남은 열로 인해 발생하는 냉각수의 증기를 이용해 터빈을 돌려서 물을 원자로 안으로 주입하는 냉각장치다. 비상사태를 피하는 '마지막 보루'로 여겨지며, 비상용 발전기 등의 전기를 사용하지 않아도 가동된다.

간 총리는 대답 도중에 끼어들었다.

"격리 냉각 시스템이 돌아간다지만 밀폐된 공간 안에서 물이 그저 빙빙 돌고만 있다는 뜻이니까 언젠가는 온도와 압력이 다 높아질 것 아니야? 그러니까 냉각 시스템이 움직이는 동안에 서둘러서 벤트를 하고, 물을 주입해야 하는 것 아닌가?"[171]

"대체 원자력 행정조직은 뭘 하는 거야?"

총리는 조기에 벤트를 실시해야 하는 것이 아닌지를 몇 번이고 되물었다. 히비노도 같은 생각이었다. 그래서 가와마타에게 왜 지금 하지 않는지를 물었다. 히비노는 가와마타가 설명한 내용을 이렇게 기억한다.

"가급적 온도와 압력이 올라갔을 때 벤트를 실시해야 많은 에너지를 밖으로 뺄 수 있습니다. 자세한 계산을 여기서 보여 드리지 못합니다만, 이론적으로 그렇습니다. 그래서 지금은 안 하는 게 좋습니다. 마지막 수단으로 써야 합니다."

구키타와 히라오카는 가와마타의 설명에 이렇다 저렇다 말이 없었다.[172] 히비노는 컴퓨터 전공이었다. 간 총리도 전문가가 그렇게 설명하니 어딘지 꺼림칙한 면도 있었지만 반론도 못 하고 납득했다.

대체 어떻게 해야 한단 말인가? 다른 원자로가 1호기 같은 폭발 사태를 일으키지 않게 하려면 무엇을 해야 하나? 총리의 의문에 히라오카·구키타·가와마타 등 세 사람은 '다음 대책'에 대한 답을 전혀 제안하지 못했다.[173]

세 사람이 방을 나가자 히비노는 또 다른 제안을 했다.

"후쿠시마의 원전을 실제로 만든 것은 도시바와 히타치야. 자세한 사항은 도쿄전력이나 보안원보다 만든 사람들이 더 잘 알걸세. 불러서 이야기를 들어보는 것이 좋겠어."

"그래?"

총리는 비서관에게 일러 당장 제조사 사장을 불러오게 했다. 총리는 히비노에게 털어놓았다.

"대체 원자력 행정조직은 뭘 하는 거야. 보안원은 대체 뭘 하느냐 말이야."

원자력보안검사관에게도 이야기가 전달되었다. 문부과학성 홈페이지에 따르면 원자력보안검사관은 1999년 9월에 발생한 JCO 임계사고를 계기로 신설된 자리이다. 평상시에는 원자력 시설이 보안 규정을 준수하는지 여부와 운전 관리 상황을 확인하고, 정기적으로 자체 검사에 참식하는 등 보안 검사를 실시한다.

간 총리는 집무실 컴퓨터로 보안원 홈페이지에 접속하면서 히비노에게 말을 건넸다.

"뭐니 뭐니 해도 원자력보안검사관들은 모두 전문가겠지?"

히비노가 답했다.

"2·3호기에 바닷물을 주입할 수 있다면 모든 것이 해결되겠군."

총리는 고개를 끄덕였다.[174] 두 사람은 "도쿄전력이 원자로를 망가뜨리기 싫은 걸 수도 있다."는 이야기까지 나누었다. 총리는 오후 11시 반쯤 관저에서 가까운 도시센터호텔에 방을 잡아 히비노를 머물게 했다.[175]

"내일 또 오라는 얘기군."

히비노는 쓴웃음을 지었다.[176]

3

3월 13일 일요일

원전 암전

[격분] "도쿄전력이 문제예요!"

3호기, 냉각 기능 상실

날짜는 13일로 넘어갔지만 사태는 호전되지 않았다. 2호기와 3호기의 벤트 작업이 이루어지지 않은 탓에 관저에는 긴박감이 흘렀다. 1호기처럼 폭발이 일어나지는 않을까 하는 두려움 때문이었다.

오전 2시 42분 3호기의 고압 냉각수 주입 시스템HPCI을 수동으로 정지시켰다. 이는 원자로 내의 압력이 높아도 단시간에 대량의 물을 주입할 수 있는 긴급 장치이고 배터리로 가동할 수도 있었다. 원자로를 냉각할 수 있는 '마지막 보루'일 만큼 중요한 장치였다. 그럼에도 정지시킨 것은 운전자가 기기가 파손돼 방사성물질이 유출될 것을 걱정해서였다. 그런데 정지 사실을 아는 사람은 일부였다. 요시다 소장과 [도쿄전력] 본사에서 인지한 것은 약 한 시간 뒤인 오전 3시 55분경이었다.[1]

운전자는 HPCI를 정지시킨 후 '디젤 구동 소화 펌프'로 냉각수를 주입할 생각이었다. 하지만 그 펌프는 물을 주입하는 힘이 HPCI보다 약했다. 따라서 원자로 압력을 낮춰 냉각수를 주입하기 쉬운 상태로 만들어야 했다. 그런데 감압은 실패했다. 오전 3시 35분에 HPCI를 재가동하려 했지만 그마저 수포로 돌아갔다. 훗날 정부사고조사위원회는 그 이유 중 하나로 배터리 잔량이 모자랐을 가능성을 지적했다.

오전 5시 10분 원자로의 냉각 기능이 상실됐다고 판단한 도쿄전력은 48분 뒤 경제산업성에 연락했다.

이날 아침 자원에너지청의 야스이 에너지절약·신에너지부 부장은 보안원의 긴급시대응센터ERC를 응원차 방문해 원자로의 상황을 파악하려 했다. 정장 차림이었다.[2] 데라사카가 야스이에게 말을 걸었다.

"아는 범위에서 가급적 정확하게 플랜트 상황을 설명하게. 관저에 가서 말이야."

"어떤 상황 말인가요?"

야스이가 되물었다. 데라사카는 "도무지 상황 설명이 안 되네."라며 관저로 가줄 것을 다시 부탁했다.

"도움이 될 수 있다면 가겠습니다."[3]

야스이는 당장 관저로 향했다. 그 경위에 대해서는 1장에서도 자세히 기술한 바 있다.

오전 9시를 넘은 시각, 전날에 이어 호쿠리쿠 첨단과학기술대학원대학의 히비노 부총장이 관저에 도착했다. 곧이어 히비노가 있던 집무실에 호소노 총리보좌관이 긴장한 얼굴[4]로 들어섰다. 호소노는 A4 용지를 간 총리에게 보여 주었다.

히비노의 기억에 따르면, 거기에는 "벤트를 하지 못하면 빈 주전자에 계속 불을 때는 것과 다름없어서 노심용융이 일어난다."는 예측이 적혀 있었다. 총리는 담담하게 내용을 살폈다. 그러고는 핵심 인사들과 협의하기 위해 관계자들이 모인 총리응접실로 히비노를 데리고 갔다. 응접실은 소란스러웠다. 아연실색한 표정으로 서있는 사람도 있었다. 침착하게 협의할 만한 상황이 아니었다.

"큰일이군."

총리는 이렇게 중얼거리고는 곧바로 응접실을 나와 집무실로 돌아갔다.[5]

오전 9시 24분 3호기의 압력 저하가 확인되었다. 집무실로 온 호소노가 "벤트가 성공했습니다."라고 총리에게 보고했다. 히비노는 "야호!" 하고 환성을 지르며 박수를 쳤다. 하지만 밸브는 다시 닫히고 말았다.

그 뒤로도 상황은 호전되지 않았다. 시간대를 특정할 수는 없으나, 호소노가 "하다못해 밸브에 대나무 장대라도 꽂아서 계속 열어 둘 수는 없는 겁니까?"라고 물을 정도였다.[6] 그 자리에 있던 도쿄전력 간부는 "반드시 열겠습니다. 벤트 밸브가 여럿 있으니 꼭 열겠습니다."라고 했다.[7]

해결책과 재발 방지책을 내놓지 못하는 기술자·과학자·경영자

총리는 관저 4층의 대회의실에서 개최될 5차 원재본부 회의에 참석하기 위해 일단 집무실을 나왔다. 그 직전에 총리는 히비노에게 "도쿄 공업대학에 아는 원자력 전문가는 없나?"고 물었다.[8] 당장 떠오르는 사람은 없었지만, 히비노는 바로 알아보겠다고 대답했다. 히비노는 작은 대기실로 갔다. 노트북을 가져오지 않은 탓에 휴대전화로 인터넷 검색을 시작했다. 그러고는 모교인 도쿄 공업대학 원자로공학연구소에 있는, 학창 시절 동기였던 시마다 류이치嶋田隆一를 떠올렸다.

대책본부 회의는 오전 10시 4분부터 시작됐다. 원자력안전위원회의 마다라메도 참고인으로 출석했다. 그보다 30분쯤 전인 오전 9시 25분, 총리는 3호기에서 마침내 붕산을 포함한 담수를 다시 주입하기 시작했다는 보고를 받았다. 배터리를 중앙제어실로 가져가 제어판에 접속해 원자로를 감압하고 소방차 펌프로 물을 주입한 것이었다. 도쿄전력은 주입을 재개했다는 소식을 전하는 한편, 벤트를 시행한 결과 원자로 내 압력이 떨어졌음을 확인했다고 경제산업성에 보고했다.

대책본부 회의에서 가이에다는 원전의 플랜트 상황을 보고했다. 다음은 '시모무라 노트'에서 발췌한 내용이다.

〈3호기는 11시 벤트 실시를 위해 노력〉

〈1호기는 해수를 채워 만수 수위를 유지하기 위해 노력〉

〈어제 15시 20분 1,015마이크로시버트 → 40으로 떨어짐〉

이때 우정개혁 담당 대신인 지미 쇼자부로自見庄三郎가 발언했다.

"마이크로시버트인지 뭔지, 그런 숫자를 말해도 몰라요. 피폭 시간으로 따져서 몇 시간까지 괜찮은지, 엑스레이 몇 번 찍는 양인지로 말해 주세요."[9]

지미의 이 같은 발언에 이어 간 총리 또한 앉은 자리에서 분통을 터뜨리며, 그간 쌓였던 불만을 각료들에게 털어놓았다.

"여하튼 도쿄전력이 문제예요!"[10]

그리고 총리는 원전에 관한 질문 또는 정보 요청을 에다노·후쿠야마·호소노·데라타 등 네 사람에게 하도록 각료들에게 요구했다.[11] 총리가 각료들 앞에서 전문가를 욕보인 것과 다름없었다. 마다라메를 비롯한 전문가들은 간 총리의 지적에 어떻게 반응했을까? 시모무라 심의관은 당시의 느낌을 노트에 이렇게 남겼다.

〈싫은 소리를 듣고도 아무 말 없이 고개 숙인 채 꼼짝 못함. 해결책이나 재발 방지책을 좀처럼 내놓지 못하는 기술자·과학자·경영자〉

본부 회의는 오전 10시 20분에 끝났다. 총리는 4층 대회의실에서 집무실로 돌아갔다. 바로 그 시각, 훗날 보안원의 해석 결과로 밝혀진 사실이지만, 3호기에서 노심 손상이 일어나고 있었다.

[지적] "폭발할 가능성이 있습니다"

"제2의 의견이 필요해"

13일 오전, 보안원 간부 야스이가 관저로 달려갔다. 먼저 비서관이 있는 5층 대기실로 갔고, 얼마 후 응접실로 이동했다. 총리 등 관저 핵심 인물들에 대한 기술적인 설명은 이날 이후 야스이가 보안원을 대표해 맡았다.

총리가 돌아오자, 히비노는 도쿄 공업대학의 시마다 류이치를 원자력 전문가로 추천했다. "대학 동기인데, 지금 원자로공학연구소에 있네."

총리는 당장 휴대전화로 부인인 노부코信子에게 전화를 걸었다.[12] 노부코는 관저와 같은 부지 내에 있는 공저公邸에 머물고 있었다.

"도쿄 공대의 동창회 명부를 뒤져서 도쿄 공대 시마다 선생의 연락처를 알아 봐요."[13]

총리는 비서관에게도 연락처를 찾도록 지시했다. 얼마 지나지 않아 비서관이 시마다의 자택 연락처를 찾아와 총리에게 알려 주었다. 총리는 "자네가 걸어 보게."라며 전화번호가 적힌 종이를 히비노에게 넘겼다. 우선 오카모토 겐지 비서관이 전화를 걸었다. 시마다의 부인이 받았다. 부인은 "관저에서 온 전화예요."라며 시마다를 바꿨다. 시마다는 "관저? 관저에서 전화 올 일이 없는데. 잘못 건 전화 아닌가?"라며 의아해했지만, 곧 수화기 너머로 히비노의 목소리를 확인했다.[14]

"빨리 좀 와줄 수 있나? 원전 일로 총리가 상담할 일이 있다고 하네. …… 제2의 의견이 필요해. …… 1시까지 와주게. 오카모토 비서관이 내려갈 거야. 뒷문으로 살짝 왔으면 좋겠네."

시마다는 즉시 알겠다고 대답했다. 원자로 자체가 아니라 전기 전공이었기 때문에 시마다는 '자신이 무슨 도움을 줄 수 있을지' 알 수 없었다. 어쨌든 흔쾌히 수락했다.

"이삼일 잡혀 있겠군." 배낭에 노트북과 갈아입을 옷, 칫솔 등을 챙겼다. 10분도 안 돼 채비를 마쳤다. 약속한 오후 1시까지 한 시간 넘게 남아 있었다.

"시간 내에 도착하겠군."

도쿄 도내에 있는 자택을 나선 시마다는 지하철을 탔다.

3호기, 한 발 늦은 대처

히비노와 시마다의 통화가 끝나고 얼마 지나지 않은 시각이었다. 오전 11시 8분 원자로 건설 업체인 도시바에서 사사키 노리오佐々木則夫 사장이 도착했다. 총리가 히비노에게 말했다.

"동석할 수 있나?"

사사키는 지진 발생 직후부터 12일까지 이틀 동안 후쿠시마 제1원전을 복구하는 데 쓸 기자재를 전국에서 끌어 모아 제1원전으로 보냈다. 주요 기자재 목록은 다음과 같다.[15]

고압 케이블 2천 미터

저압 케이블 2만3,400미터

고압 변압기 6대

가설 분전판 36대

수중 펌프 52대

사사키가 집무실로 들어섰다. 원자력 전문가인 사사키는 원자로에 대해 이렇게 진단했다.

"2호기와 3호기도 폭발할 가능성이 있습니다."

간 건물 천장에 구멍을 뚫어 수소를 뺄 수는 없습니까?

사사키 잘못하면 불꽃 때문에 폭발할 수 있습니다. 고압수로 절단하시죠.

다음 날인 14일 고압수로 천장을 절단할 준비를 마쳐 갈 무렵,[16] 3호기는 폭발을 일으켰다. 결국 한 발 늦고 만 것이다.

이날 13일 오후 1시경 배낭을 멘 시마다가 관저에 도착했다. 입구에서 오카모토 비서관의 이름을 대자 직원은 "연락받았습니다. 이쪽으로 오세요."[17]라며 시마다를 안으로 안내했다. 시마다는 5층 집무실 앞에서 5분쯤 기다린 뒤 안으로 들어갔다. 간 총리, 히비노와 시마다가 총리집무실에서 서로 마주했다. 셋은 졸업 연도가 같은 대학 동기였다.

총리는 현지 방문 때 확인한 상황부터 말을 꺼내면서 시마다에게

"비상용 발전기가 물에 잠겼더라."라고 이야기했다. 전기 전공인 시마다는 "그럴 거야. 비상용 발전기를 그렇게 바다 가까이에 둔 것이 잘못이지. 전원은 가장 중요한 '마지막 보루'니까. 예를 들어 비상용 전원을 지금의 소장실 위치에 두었어야 해. 소장실이야말로 지하로 들어갔어야지."라는 의견을 피력했다. 총리는 고개를 끄덕였다.[18]

직류 배터리 전원을 후쿠시마 제2원전에서 옮겨왔기 때문에 커넥터가 맞지 않아 연결에 실패한 이야기도 나왔다.

"어차피 플러스·마이너스뿐이니 커넥터를 떼어 내고 연결하면 됐을 텐데……."

시마다는 탄식했다. 물론 그는 후쿠시마 제1원전의 1호기는 미국 규격으로 만들어졌으므로 특수 스패너가 필요하다는 사실도 알고 있었다. 시마다는 "40년이나 사용하면 온갖 문제가 생겨. 사실 설계 수명이 지나 폐쇄해야 하는데 '아직 쓸 수 있다', '괜찮다.' 하는 의식이 있었던 것 아니겠나. 그게 첫 번째 문제일지도 모르지. 서둘러 폐쇄하는 방향이 옳아."라고 의견을 밝혔다.

총리는 "음, 음." 하며 연신 고개를 끄덕였다.[19]

"원자로 압력이 계속 올라가면 어딘가로 샐 수밖에 없어."

"해수 주입을 결심했네. 바닷물을 넣어서라도 식혀야지."

총리는 히비노와 그런 대화를 나누면서 시마다에게도 의견을 물었다. 시마다는 "그 방법이 좋아. 도쿄전력 입장에서는 해수 주입을 결심하기가 어려울 거야. 해수 주입은 원자로 폐로를 의미하니 경영 문제가 발생하지 않겠나? 총리가 결심해야 제대로 된 방향으로 갈 수 있

을 것 같네."라고 답했다.[20]

이야기를 나누는 도중에 도시바의 사사키 사장이 집무실에 들어왔다. 총리는 히비노와 시마다에게 그대로 있으라고 했다.[21] 다른 두 사람이 있는 자리에서 사사키가 말했다.

"이미 모든 기자재를 반입할 수 있게 조치를 취했습니다. 도시바로서는 완벽한 체제를 갖추어 대응하겠습니다. 언제든 달려갈 수 있습니다."[22]

총리도 관련 차량이 긴급 차량인 만큼 순조롭게 통행할 수 있게 협조하라고 비서관에게 지시를 내렸다.[23] '순조로운 통행'은 오전에 있었던 간·사사키 회담이 계기가 된 것이었다. 히비노는 당시 대화를 이렇게 기억했다.

"사사키 사장, 철저하게 대응해 주십시오."

총리의 말에 사사키가 상황 설명을 했다. "사실은 구호물자를 전국에서 모으는 중인데, 일부는 후쿠시마 동남부의 [나라하마치에 있는 축구 연습장인] J빌리지까지 수송한 상태입니다. 그런데 그다음부터는 통행 금지령이 내려져 원전에 더 접근할 수가 없습니다."

"그건 말이 안 되죠!"

총리가 언성을 높이고는 곧바로 관련 차량을 통과시키라고 지시했던 것이다.

시마다는 사사키에게 "도시바는 히타치가 만든 원자로도 잘 알고 있지 않습니까? 협력해서 대책을 강구하면 좋겠네요."라고 말했다.[24] 그 사이 사사키와 함께 온 도시바 측 통괄기사장과 원자력사업부 기

술감독관이 여기저기 연락을 했다.[25] 사사키는 10분쯤 지나서 집무실을 나왔다.[26]

"원자력 전문가를 모으겠네"

총리는 시마다에게 "도쿄 공업대학 차원에서 힘을 실어 주길 바라네."라고 제언했다.[27] 이날은 도쿄 공대의 후기 입시가 끝나는 날이었다. 시마다는 이가 겐이치伊賀健- 총장과 부총장 등 대학 책임자들이 학내에 남아 있으리라고 생각했다. 집무실에서 두 시간 정도 머문 시마다는 "원자력 전문가를 모으겠네."라고 말하고 일단 학교로 가기로 했다.

총리는 집무실 입구까지 시마다를 배웅하고 "이쪽 출구로 나가면 보도진이 몰려들 거야. 이 자리에서 무슨 일이 있었는지는 말해도 괜찮아."라고 일러주었다.[28] 시마다는 총리의 배려에 감사를 표하고 집무실을 나왔다. 시마다는 현관홀에서 기다리던 수많은 보도진 사이를 뚫고 밖으로 나왔다. 말을 거는 사람은 아무도 없었다.[29]

도큐전철 메구로선의 오오카야마역 바로 앞에 위치한 도쿄 공대에는 이가 총장과 부학장 두 사람이 남아 있었다. 시마다는 "도쿄 공대 차원에서 총리에게 힘을 실어 줍시다."라고 제안했다. 이가 총상은 흔쾌히 승낙하고 비서에게 전문가들을 모으도록 지시했다.[30]

시마다는 총장에게 총리의 의향을 전한 뒤 원자로공학연구소장인 아리토미 마사노리의 연구실로 발걸음을 옮겼다. 연구실에 있던 부교수를 통해 아리토미에게 연락을 시도했는데 다행히 휴대전화가 연결되었다. 아리토미는 이날도 아침부터 종일 닛폰TV에 출연 중이었다.

시마다는 "어서 관저로 가주세요. 오카모토 겐지 비서관에게서 연락이 왔으니 다녀오세요."라고 부탁했고, 아리토미도 "알겠습니다."라고 바로 답했다.[31] 이가 총장도 아리토미 소장에게 정식으로 요청했다. 원자력 시스템 안전공학을 전공한 사이토 마사키斎藤正樹 연구원도 아리토미와 함께 전문가 자격으로 간 총리의 사고 대응 관련 결단을 후방에서 지원하기로 했다.

히비노도 강의가 있어 근무처인 호쿠리쿠 첨단과학기술대학원대학이 있는 이시카와 현 노미 시로 일단 돌아갔다.[32]

[무지] "사망자가 나오면 일이 커진다"

계획 정전 실시 시각을 알리지 않은 도쿄전력

이날은 계획 정전*을 두고 관저의 핵심 인물들 사이에 큰 혼란이 일기도 했다. 도쿄전력은 14일 오전 6시 20분부터 계획 정전을 실시하려 했다. 관저도 14일부터 실시할 가능성이 있다고 파악했지만 정

---

* 지역별로 전력 공급을 순차적으로 중단·재개하는 것으로 윤번 정전을 말한다.

확한 시각까지는 알지 못해 일대 소동이 일었다. 관저와 관계 중앙 성청 측이 '오전 6시 20분'이라는 시각을 알게 된 것은 13일 오후 8시 20분에 시작된 도쿄전력 본사의 기자회견을 통해서였던 듯하다.

계획 정전을 둘러싼 경위는 이랬다. 도쿄전력은 이튿째인 12일 오전 11시 56분에, 전력이 부족하므로 일부 지역에 한해 '윤번 정전'을 실시할 가능성이 높다고 발표했다. 도쿄전력의 전력 수급 담당 부사장인 후지모토 다카시[33]는 12일 오후 7시 30분 도쿄전력 본사에서 열린 기자회견에서 이렇게 발표했다.

오늘 오전에 실시 가능성을 언급했던 13일의 윤번 정전에 대해 말씀드리겠습니다. 오늘 저주파수계전기UFR, 즉 주파수가 저하된 경우에 자동으로 부하를 차단하는 시스템의 상황을 확인한 결과, 윤번 정전은 피할 수 있을 것 같습니다. 저희는 계속 설비를 복구해 정전을 피할 수 있도록 힘껏 노력할 생각입니다. 그러나 다음 주 월요일인 14일 이후를 예측할 수 없는 상태입니다. 이런 상황을 감안하면 다음 주 월요일 이후 윤번 정전을 실시할 가능성이 있습니다. 불필요한 점등과 전기기기 사용을 자제해 주실 것을 소비자 여러분께 간곡히 부탁드립니다.

언론 보도에는 다음 날인 13일 오후 1시 46분에 도쿄전력의 시미즈 사장이 관저를 찾아가 간 총리와 에다노에게 계획 정전 실시에 관해 양해를 구했다고 나왔지만, 이후 에다노는 그가 원전 사고의 발생에 대해 사과하러 왔다고 밝힌 바 있다. 이 부분에 대해서는 간 총리의 증언도 같다. 에다노는 13일 오후 4시 58분에 렌호[34] 행정쇄신담당 대신을 절전계발담당 대신에 임명한다고 발표했다. 원전 이외의 대응에 대한 지휘권을 에다노에게 맡긴 간 총리도 오후 7시 49분부터는 기자회견에서 "갑작스러운 대규모 정전은 국민 생활 및 경제활동에 지대한 타격을 줄 것입니다. 어떻게 해서든 그 같은 상황을 피해야 하므로, 저는 도쿄전력 측이 내일부터 도쿄전력 관내에서 계획 정전을 실시하는 것을 양해했습니다."라고 밝혔다.

다시 말해 [관저는] 14일부터 계획 정전이 실시된다는 사실을 인지했으나, 개시 시각과 실시 구역에 관해서는 도쿄전력의 사전 보고를 받은 적이 없었다. 최소한 에다노와 위기관리담당인 후쿠야마에게는 그랬다. 감독관청인 경제산업성 산하 자원에너지청 전력·가스사업부 정책과 과장보좌인 오가와 가나메小川要의 설명에 따르면, 자원에너지청은 '12일 토요일 시점에서는 일요일에도 계획 정전이 실시될 수 있다고 예상했으나 실제 실시되지는 않았다. 하지만 전력 수요가 높아지는 월요일에는 실시될 것이다.'라고 예상했다고 한다. 월요일은 아침 7시부터 9시 사이에 전기 수요가 많아지므로, 이른 아침 시간대에 [계획 정전이] 실시될 가능성이 있다고 생각했다는 것이다. 다만 상세한 개시 시각과 대상 구역을 어느 시점에 확실히 파악했는지는 명확하지 않다.

그런 가운데 도쿄전력은 '오전 6시 20분'부터 실시한다는 내용을 발표했다. 도쿄전력이 기자회견을 하고 한 시간 뒤인 오후 9시 20분, 관저에서 1차 전력 수급 긴급대책본부가 열렸다. 간·에다노·가이에다 등 각료들이 한자리에 모였다. '오전 6시 20분'부터 실시한다는 보고가 나왔다. 총무대신 가타야마는 재택 요양 중인 사람들에게 특별 당부가 필요하다고 발언했다.

후쿠야마는 가타야마의 발언에 위기감을 피부로 느꼈다고 밝힌 바 있다. '신경성 난치병 등으로 집에서 요양 중인 사람들은 인공호흡기용으로 배터리를 쓸 텐데, 계획 정전 때문에 특정 지역에 갑자기 전기가 나가면 큰일 아닌가?' 하고 생각했다는 것이다.

그 회의에 참석한 후생노동성 출신의 관방장관 비서관 오시마 가즈히로大島—博도 마찬가지였다. 그는 회의가 10분 만에 끝나자 곧바로 관방장관실로 달려갔다.[35] 에다노와 후쿠야마도 와있었다.[36] 총리는 원전 사고 대응을 이 두 사람에게 전담시킨 바 있다. 계획 정전에 관해서는 에다노가 중심이 되어야 했다.

에다노는 후생노동성 부대신인 오쓰카 코헤大塚耕平와 전화 통화를 했다.[37] 수화기를 내려놓은 에다노에게 후쿠야마는 강한 어조로 이야기했다.[38]

"재택 요양자들이 쓰는 배터리는 가정용 전기로 충전합니다. 정전이 되면 생명이 위태로워질 수 있습니다."

오시마도 곧 후생노동성에 연락을 했다. 후생노동성 담당자도 제대로 된 답을 하지 못했다.[39]

"사실 이 이야기가 오늘 오후부터 나온지라…… 대상 지역도 분명치 않고, 안전 여부도 확신할 수 없는 상황입니다."

후쿠야마와 오시마의 설명을 들은 에다노는 위험을 감지했다.[40]

에다노는 오시마에게 정보 수집을 지시했다.[41] 오시마는 후생노동성 의정국囊政局 재택의료추진실의 여성 담당자에게 호소했다.[42]

"신형 인공호흡기는 배터리나 축전지가 있어서 몇 시간쯤 버티겠지만, 구형은 한두 시간밖에 안 가는 것도 있습니다. 인공호흡기 말고도 가래 흡인기는 배터리가 딸린 모델이 얼마 없기 때문에 주의가 필요합니다."

도쿄전력의 기자회견에서 '오전 6시 20분'이라는 시각이 공식적으로 발표된 후, 후생노동성의 9층 회의실에서는 밤늦게 재해대책본부의 긴급간부회의가 열렸다. 후생노동성 국장급이 참석했다. 의료 분야를 담당하는 성청에서는 계획 정전에 따른 대응책을 마련하느라 분주했다. 이 회의에 참석한 후생노동성 의정국 경제과의 가와바타 히로유키川端裕之 과장보좌는 다음과 같은 대화 내용을 기억한다.

"당장이라도 전체 환자와 의료 기관에 연락해야죠."

"생명을 지키는 게 우리 임무다. 즉시 움직이게."

후생노동성은 오후 10시를 전후해 도쿄전력 관내의 행정기관 담당과 의료 기기 단체에 구체적인 지시를 내리기 시작했다. 자택에서 의료 기기를 사용하는 환자에게 의료 기관이 대체 기기를 배포하고, 산소 농축 장치를 쓰는 환자에게는 배포되는 산소 탱크로 교체하라는 내용이었다. 오후 10시 30분에는 일본의사회 회원들에게도 협력을 요청했고, 오후 11시경에는 텔레비전 방송에 총무성 이름으로 "자택에서 전기 의료 기기(인공호흡기 등)를 쓰는 환자 분들은 정전 시간대의 대응 방법에 관해 주치의에게 상담하십시오."라는 자막을 내보내도록 요청했다.

또한 오시마는 "각 세대에 확실하게 연락을 취할 방법이 있는지"를 담당자에게 물었다.

담당자 저희가 도쿄전력 관내의 모든 재택 요양 지원 진료소에 직접 연락
하면, 진료소들이 사용자 세대로 연락하게끔 준비하고 있습니다.
오시마 그래도 누락되는 세대가 있을 것 아닙니까?
담당자 사실 저희도 그 부분이 걱정입니다.[43]

오시마와 담당자는 재택 요양 지원 진료소뿐만 아니라 방문 간호 스테이션에도 연락을 취하자는 이야기를 나눴다. 오시마는 전화를 끊고 나서 에다노와 후쿠야마에게 보고했다.[44]

"정전 실시에 관해 대상 세대에게 확실하게 전해진 상황은 아닙니다. 재택 요양자들은 진료소나 방문 간호 스테이션과 연락이 되니까 우선 후생노동성은 도쿄전력 관내의 모든 기관에 전화를 하고, 그 기관을 통해 모든 대상 세대에 알릴 생각입니다. 그런데 그 작업을 이제부터 해야 하니, 아침 6시 20분까지는 도저히 못 끝낼 것 같습니다."

에다노와 후쿠야마는 "어떻게 안 되겠습니까?"라고 물었다.[45] 참다 못한 오시마가 목소리를 높였다.[46]

"계획 정전이 내일 아침 6시 20분부터 시작된다는데, 적어도 10시, 가능하면 11시까지 연기할 수 없겠습니까? 후생노동성이 밤새 인원을 총동원해 전화 연락을 한다고는 하는데, 아침이 되어야 연락되는 경

우가 있습니다. 연락만 되면 배터리를 가지고 출동하든, 긴급 입원을 투입하든 손써 보겠습니다."

에다노와 후쿠야마는 '2차 피해 탓에 사람이 죽으면 큰일'이라는 결론을 내렸다. 그래서 도쿄전력의 후지모토 부사장을 관저에 부르기로 했다.[47] 에다노는 후지모토와 통화를 시도했지만 좀처럼 연결되지 않았다.[48]

갑작스러운 정전은 인명을 위협한다

위기관리센터에 있던 이토 위기관리감도 새벽부터 계획 정전이 실시된다는 것을 알고 이렇게 말했다.

"큰일인데. 인공호흡기 쓰는 사람도 있고, 집중 치료실에 입원한 사람도 있을 것 아냐. 신호등 차단기가 올라간 상태에서 정전되면, 전철이 와도 차단기가 안 내려가. 잘못하다가는 사망자가 대량으로 발생할 수도 있다고. 갑자기 실시하면 안 돼."

이토는 급하게 계획 정전을 실시할 경우에 발생할 수 있는 문제점을 조사하라는 지시를 각 성省의 국장들에게 내렸다. 후생노동성 20층에 있는 의정국 경제과에서는 귀가한 직원들에게 복귀 지시를 내렸다. 지도과에서는 이미 도쿄전력 관내 행정구역의 담당과 앞으로 "인공호흡기, 산소 농축기, 재택 투석기, 흡인기 등의 재택 의료 기기를 사용 중인 환자에 관해서는 의료 기관과 제조업체가 협력해 정전 기간 중에 대체 기기를 배포·대여할 수 있게 할 것", "재택 환자 중 반드시 기존 의료 기기를 사용해야 하는 경우에는 의료 기관에 일시 수용할 것"을 요청한 상태였다.

또 하루가 지나가고 있었다. 가와바타 과장보좌는 의료 기기 제조 업체 담당자에게 쉴 새 없이 전화를 돌려 댔다.

"도쿄전력 관내에 거주하는 환자들에게 연락해 주십시오. 예비 배터리를 빌려 주시면 좋겠습니다."

그 무렵 국토교통성은 계획 정전에 따른 영향이 교통기관에 미칠 것에 대비해 통근·통학·외출을 가급적 자제하라는 당부가 담긴 보도 자료를 보도진에게 뿌렸다.

계획 정전 실시까지 여섯 시간도 채 남지 않은 시각이었다. 어렵사리 연락된 도쿄전력의 후지모토 부사장은 관저로 오겠다고 했다.

4

3월 14일 월요일

원전 용융

[격앙] **"대형 고객부터 살펴야죠."**
"살인죄로 고발당하고 싶어?"

"정전 때문에 재택 요양 환자에게 무슨 일이 생긴 적은 없잖습니까?"

14일 오전 1시경 도쿄전력의 후지모토 부사장이 담당 직원과 동행해 관방장관 집무실에 나타났다.[1] 에다노와 후쿠야마가 물었다.

"도대체 어찌된 거예요? 금·토·일요일에 전력 수요가 떨어졌을 것 아닙니까? 그런데 내일 아침부디 계획 정전이라니, 지난 이틀 동안 전력 수요가 얼마나 됐는데 이래요?"[2]

후지모토는 계획 정전을 실시하겠다는 내용이 담긴 A4 용지 한 장만 달랑 들고 온 터였다.

"정전하지 않으려고 갖은 애를 썼어요. 양수(발전)[*]도 확보하기는 했는데, 어쨌든 여기 써있는 대로입니다."[3]

후쿠야마가 말했다.

"금·토·일요일 사이에 전력 수요가 얼마나 떨어졌는지 정도의 데이터는 가져와야 되는 것 아닙니까!"[4]

"전력 수요가 큰 거래처에 월요일 오전만이라도 양해를 구하면 안 되나요?"

에다노도 뒤를 이었다. 격한 어조였다.[5]

"굵직굵직한 데가 있을 것 아닙니까? 거기를 조정하면 되잖아요. 이럴 때 그 사람들한테 손을 써야죠."[6]

후지모토의 대답은 이랬다.

"대형 고객부터 살펴야죠. 그런 부탁을 할 수는 없습니다."[7]

후쿠야마의 언성이 높아졌다.

"그걸 말이라고 하는 거요? 그럼 개인 고객은 아무 상관없나!"[8]

가정용 인공호흡기와 산소 농축기, 가래 흡인기 등에 사용되는 배터리로 이야기가 옮아갔다. 앞서 살폈듯이 이 기기들은 각 가정의 전원을 통해 전기를 공급받는 재택 의료기다.

후지모토의 주장은 이랬다. "이제껏 정전 때문에 재택 요양 환자에게 무슨 일이 생긴 적은 없잖습니까? …… 과거 사례에 비춰볼 때 정

• 수력발전의 일종으로, 야간이나 전력이 풍부할 때 펌프를 가동해 물을 높은 지역으로 퍼 올렸다가 전력이 필요할 때 방수해 발전하는 방식.

전 때문에 그런 일(사망자가 발생한 일)은 없었습니다. …… 어쩌다 몇 시간씩 (정전이) 일어났어도, 사람한테 큰일 났다는 말은 들어 본 적이 없어요."[9]

후쿠야마의 분노는 최고조에 달했다.

"지금 그게 할 소리요? 어떻게든 내일 정오까지 계획 정전을 늦추도록 대형 고객들과 협상하란 말입니다! 내일 아침부터 전기를 쓰지 말라고! 내일 정오까지만 연기해 주면 후생노동성이 밤을 새서라도 어떻게든 해본다고 하잖습니까! 그걸 못 한다는 말입니까?"[10]

후지모토는 알 수 없는 소리를 우물거리기만 했다.[11] 무슨 소리인지 제대로 들리지도 않았다.[12] 마침내 에다노가 분통을 터뜨렸다.

"살인죄로 고발당하고 싶어?"[13]

에다노는 극도로 흥분했다.

"원전이 이 지경인데, 계획 정전 때문에 혹시라도 사망자가 나면 내가 도쿄전력을 살인죄로 고발할 거야! 이건 미필적 고의야![14] 절대 당장은 정전 못 해!"

에다노는 어떻게든 전력 사용량을 줄이기 위해 "초·중·고교를 전부 휴교하면 전력 소비가 줄어들어요."라고까지 말했다.[15] 후지모토는 아무런 대답을 하지 않았다.[16] 후지모토는 "두 시간만 기다려 주십시오. 대형 고객 외에 검토해 보고 다시 오겠습니다."[17]라고 했다.

에다노와 후쿠야마는 소리쳤다.

"가자마자 검토하시오! 새벽 3시까지는 와야 돼요!"[18]

우물쭈물하던 후지모토는 성난 두 사람을 뒤로하고 관방장관 집무실을 떠났다. 회담은 약 20분 만에 끝났다.[19] 그 자리에는 오시마와 경제산업성 출신의 관방장관 비서관 이노우에 고지井上宏司도 동석해 있었다.[20]

오시마는 즉시 후생노동성에 연락했다.[21] 계획 정전 개시 시각이 오전 3시에 최종 결정될 것이며 "그때까지 직원들을 모으고, 관계 기관과 진료소에 설명할 수 있는 통일된 설명 요령을 작성하세요."라는 내용이었다.[22]

[혼란] "큰 문제가 될 겁니다"

"정오까지 정전을 미룰 수 있을 것 같습니다"

오전 2시 무렵, 이토 위기관리감은 에다노의 요청에 따라 관저 5층에 있는 관방장관 집무실로 갔다. 에다노가 "아침 6시가 넘으면 계획 정전에 들어갈 것 같습니다."라는 이야기를 꺼냈다. 이토는 각 성청 국장들에게 조사하라고 지시한 '계획 정전 실시를 둘러싼 문제점'에 관해 에다노에게 전했다.

> 이토 성청도 갑작스러운 정전에 반대하고 있습니다. 전철은 멈출 수 있지만, 전기를 끊는 것은 문젭니다. 아침부터 실시한다는 계획을 거둬 주십시오.

에다노 무슨 수를 쓰든 중단할 수 있으면 중단해야죠. 도쿄전력을 다시 설득해 보겠습니다.

이토 그래야 합니다. 큰 문제가 될 겁니다.

약속한 오전 3시가 됐다. 도쿄전력 후지모토 부사장이 관방장관 집무실에 왔다. 후지모토는 지진 발생 전에 비해 지진 후에 전력 수요가 대폭 줄었다는 데이터를 에다노와 후쿠야마에게 내밀었다.[23] 그리고 이렇게 말했다.

"양수 발전 동원 시각을 변경했습니다. 그리고 대형 고객에게 부탁해 어떻게든 오전 중에는 전기 사용을 자제하기로 했고, JR을 비롯한 철도 회사들의 협력도 약속받았습니다. 오전 중 실시는 피할 수 있을 것 같습니다.[24] 낮 12시 20분까지는 정전을 연기할 수 있겠습니다."

회의는 그 자리에서 끝났다. 후쿠야마는 오시마 비서관에게 지시했다.[25]

"가정용 배터리 사용자에 대한 대응을 낮 12시까지 끝내라고 후생노동성에 전하게. 계획 정전을 반나절 미뤘으니까."

이 상황에 1백 명을 동원한 후생노동성은 오전 3시부터 정오 사이에 전체 680개 방문 간호 스테이션, 1,949개 재택 요양 지원 진료소에 일일이 전화로 지시를 내렸다. 방문 간호 스테이션 중 2퍼센트, 재택 요양 지원 진료소 중 6퍼센트가 불통이었지만, 관계자들이 대상 가정에 중복 연락하기로 했기에 누락된 세대는 없었던 것으로 보인다.

관저가 계획 정전에 대비하느라 우왕좌왕하는 사이, 이번에는 4호기에서 문제가 확인됐다. 4호기는 2010년 11월 말부터 정기 점검을 받고자 운전을 정지하고 있었는데, 이 와중에 문제가 생긴 것이었다.

오전 4시 8분 사용후연료 저장조의 온도가 84도까지 상승했다. 저장조 안에는 운전을 정지하면서 일단 꺼내 둔 연료를 포함해 고온 상태의 사용후연료가 보관돼 있었다. 핵연료를 저장하는 저장조에는 물이 채워지는데, 고온의 연료에서 열이 발생하면 물이 증발하므로 차가운 물을 계속 공급해야 했다. 그 저장조의 물 온도가 상승한 것이다. 물이 증발하면 대량의 핵연료가 그대로 노출된다. 후쿠시마 제1원전 전체가 제어 불능 상태에 빠질 수도 있는 상황이 발생한 것이다.

에다노와 후쿠야마가 계획 정전에 대비하느라 정신이 없는 사이, 간 총리를 중심으로 한 원전대응팀에 긴장감이 흘렀다.

에다노 관방장관의 아리송한 기자회견

한편 오전 4시 30분경 에다노는 이토 위기관리감에게 오전 중에는 정전을 실시하지 않는다는 상황을 알렸다. 이토는 오후부터는 계획 정전이 실시될 가능성이 있다는 것, 사업자들은 정전 시 위험이 발생하지 않도록 사전에 손쓸 것, 각 성청과 사업자들이 절전을 위해 노력할 것 등 세 가지 사항을 보도 및 여러 경로로 국민들에게 홍보하라고 지시했다.

오전 중 정전 실시는 막았다. 에다노와 후쿠야마는 이 사실을 공표하지 않기로 했다. 후쿠야마는 이렇게 회상한다.

"만약 오전 중에 [계획 정전을] 실시하지 않는다는 내용을 발표하면 너도나도 마음껏 전기를 쓸지도 몰랐습니다. 무엇보다 블랙아웃이 걱정이었죠. 우리는 고민 끝에 공표하지 않겠다는 결단을 내렸습니다. 계획 정전을 곧 실시하리라는 인식이 퍼져 있었기에, 전력 사용을 어떻게든 줄일 필요가 있었거든요."

그리고 오전 5시 15분 에다노가 기자회견을 시작했다. 에다노는 기자회견에서 사용할 표현을 놓고 고민했다. 결국 그는 아리송한 설명으로 일관했다. "오전 중에는 실시하지 않는다."는 명확한 표현을 쓰지 않기로 했기 때문이었다.

"계획 정전은 계획 구역 내에서 전력 공급이 중단될 가능성이 있다는 것입니다. 따라서 계획 구역 내에서도 전기 사용이 가능할 수도 있습니다. 그런데 전기를 쓸 수 있다고 해서 계획 정전이 실시되지 않는 것은 아닙니다."

"한다는 거야, 만다는 거야?"

정부는 호된 비난을 받았지만, 그러는 동안에도 무대 뒤에서는 계획 정전을 둘러싸고 정부와 도쿄전력의 격렬한 공방이 계속되고 있었다. 에다노의 기자회견 전문은 다음과 같다.

계획 정전을 실시함에 있어서 국민 여러분께 부탁드립니다. 어젯밤 간 총리가 말씀드린 바와 같이 도쿄전력 관내에서 오늘 아침부터 계획 정전을 실시합니다. 도쿄전력 관내에 계신 여러분께는 대단히 큰 불편을 끼치게 되었습니다. 모쪼록 절전에 협력해 주시길 바랍니다. 계획 정전은 계획 구역 내에서 전력 공급이 중단될 가능성이 있다는 것입니다. 따라서 계획 구역 내에서도 전기 사용이 가능할 수도 있습니다. 그런데 전기를 쓸 수 있다고 해서 계획 정전이 실시되지 않는 것은 아닙니다. 도쿄전력 관내의 여러분께서 협력해 주시면 계획 정전의 실시 시간과 대상 지역을 줄일 수 있을 것입니다. 국민 여러분께서 힘을 모아 노력해 주실 것을 부탁드립니다. 이번 계획 정전은 고지 기간이 짧고 대상 인구가 대단히 많아 실시하는 데 약간의 혼란도 예상됩니다. 이런 가운데 인공호흡기를 사용하시는 분을 비롯해 정전으로 애로를 겪을지 모르는 환자 분들도 계십니다. 이 부분에 대해서도 만전을 기하고 있습니다만, 그런 분들의 불편을 가급적 줄이기 위해서라도 도쿄전력 관내 국민 여러분의 협력이 필요합니다. 오늘은 계획 정전 첫날입니다. 특히 개시 초반인 오전 중에는 계획 정전 구역 이외 지역의 여러분께도 철저한 절전을 부탁드린 바 있습니다. 불필요한 외출을 자제하는 등 철저하게 전력 사용을 줄여 주시길 바랍니다. 도쿄전력이 대형 수요자에게 협력을 의뢰했지만 국민 여러분께서 최대한 협력해 주셔야 합니다. 지금부터 절전해 주십시오. 거듭 부탁 말씀을 드립니다.

[전송] "미군은 알고 있었다"

"나쁜 정보라도 정확하다면 제대로 공표할 방침입니다"

4호기의 사용후연료 저장조에서 온도가 상승하는 비상사태가 발생하자, 후쿠시마의 현지대책본부에서는 도쿄전력의 무토 부사장이 이케다 본부장에게 다음과 같은 요청을 했다. 이케다는 오전 8시경으로 기억한다.

"제1원전에 주입할 물이 부족하니 제2원전에 있는 자위대와 현지 소방본부 부대를 제1원전으로 돌리기 바란다."

이케다는 곧장 자위대 반장과 소방 담당자를 모았다. 그리고 제2원전에 있는 자위대 급수차 일곱 대를 제1원전으로 이동시키고, 소방 담당자는 제1원전 바로 옆을 흐르는 구마가와熊川 강에서 취수해 자위대 급수차에 보급하는 작업에 착수하도록 지시했다.[26]

그즈음 관저에서는 오전 9시 53분부터 7차 원재본부 회의가 열리고 있었다. 국가전략담당 대신인 겐바가 호소했다. 그 내용은 정부 관리라기보다는 후쿠시마 현지 출신 중의원으로서의 발언에 가까웠다.

"후쿠시마 현에 대해서는 1백 퍼센트 나쁜 정보일지라도 공유해 주십시오. 대피 여부도 정부와 현이 함께 내렸으면 합니다. 정보를 1백 퍼센트 공유하기 위해 현에 파견된 보안원 과장에게 모든 정보를 보내 주시길 바랍니다."

이때도 겐바의 눈은 붉게 충혈된 상태였다.[27] 총리가 말했다.[28]

"나는 제2·제3의 의견까지 듣고 있습니다. 피난 구역을 20킬로미터권으로 잡았으니 현시점에서 생각할 수 있는 최악의 시나리오가 발생해도 대처할 수 있어요."

이미 간 총리는 호쿠리쿠 첨단과학기술대학원대학의 히비노 부총장과 원전 제조사인 도시바의 사사키 사장에게 의견을 구했다는 생각이 머릿속에 크게 자리 잡고 있었다.

"다른 의견을 가진 전문가들도 있습니다."

겐바는 끈질기게 맞섰다.[29] 계획 정전에 대한 대응을 일단락 짓고 참석한 에다노도 총리와 같은 입장이었다.

"나쁜 정보라도 정확하다면 제대로 공표할 방침입니다. 다만 시시 각각 상황이 바뀌고 있으니, 평가나 판단이 필요할 때는 결론을 기다렸다가 발표할 겁니다."[30]

회의는 7분 만에 끝났다.

미군이 정보를 요청하다

에다노가 원재본부 회의라는 공식 석상에서 "나쁜 정보라도 정확하다면 제대로 공표할 방침입니다."라고 발언할 무렵, 외무성 북미국 미·일안전보장조약과의 전화벨이 울렸다. 도쿄 요코다橫田 기지의 주일 미군사령부에서 걸려 온 전화였다. 외무사무관 기도 다이스케 로베르트木戸大介ロベルト가 수화기를 들었다. "원전 사고 수습을 지원하려면 방사능 관련 정보가 필요합니다. 일본 정부가 가진 정보를 제공해 주길 바랍니다."라는 내용이었다.

당시 외무성은 주야 열두 시간 단위 2교대제로 움직이고 있었다. 기도는 아침 9시에 출근해 업무를 막 시작한 참이었다.[31] 상사의 허가를 받아 경제산업성 등 머리에 떠오르는 대로 번호를 눌렀다. 여기저기 연락한 끝에 마침내 문부과학성 방재환경대책실과 전화가 연결되

었다.[32]

문부과학성은 3층에 원자력재해대책긴급지원본부를 두고 있었다. 총괄팀원인 스미카와와 유澄川雄 실장보좌가 여기에 상주했다. 그날따라 우연히 원래 근무 자리인 15층 방재환경대책실에 들른 스미카와는, 기도의 전화를 받은 대책실 직원이 자신을 부르는 소리를 들었다.[33]

"외무성에서 방사능 방출에 관한 데이터를 달랍니다. 제공할까요?"

스미카와는 '방사능 방출에 관한 정보'라 하면 긴급 시 신속 방사능 영향 예측 네트워크 시스템SPEEDI 데이터일 거라고 생각했다.

"그게 왜 필요하대?"

"미군이 후쿠시마 쪽에 협력 부대를 파견하는데, 방사능 방출이 풍향에 어떤 영향을 받는지 참고하고 싶어 한답니다."[34]

"방재 관계자들이 활용하는 분량 정도는 괜찮아. 보내 줘."

스미카와는 제공을 허락했다.[35] 스미카와의 허락을 받은 직원은 기도에게 연락해 제공할 수 있다는 뜻을 전했다. 기도는 "데이터를 직접 미군에게 제공해 주세요."라고 요청했지만, 직원은 "지진 발생 후 난리 통이라 곤란합니다."라고 답했다.[36] 기도가 말했다.

"그럼 제가 전달하죠."[37]

오전 10시 40분 원자력 안전기술센터에서 보낸 메일이 기도의 컴퓨터로 도착했다.[38] 원자력 안전기술센터는 문부과학성의 위탁을 받아 방사성물질 확산을 예측하는 기관이다. 기도는 첨부된 파일의 이름에서 'SPEEDI'라는 단어를 발견했다. 처음 보는 명칭이었다. 기도는 나중에 이렇게 회상했다.

"이름도 몰랐으니 어떤 내용인지는 알 수가 없었죠."

그는 주일 미군사령부로 메일을 전송했다.[39]

후쿠시마 현에서는 주민들의 피난이 이어지고 있었다. 걱정스러운 것은 방사성물질의 흐름이었고, 그것을 예측한 것이 바로 SPEEDI였다. SPEEDI의 예측 결과는 거의 정확했다. 하지만 그 예측은 피난을 위한 자료로 전혀 이용되지 않았다. SPEEDI는 어떻게 쓰여야 하는가?

SPEEDI는 풍향과 풍속, 지형을 계산함으로써 방출된 방사성물질의 비산 범위를 예측한다. 방사성물질은 오염원을 중심으로 동심원 형태로 퍼지는 것이 아니다. 오염원에서 얼마나 멀리까지 퍼지는지를 나타내는 그림은 통상 복수의 돌기를 가진 부정형不定形 도형으로 나타난다. 그 범위를 SPEEDI로 예측해 신속하게 주민을 피난시켜야 한다. 이는 원자력 방재의 기본 중의 기본이다.

예측할 때는 원전의 방출원 정보를 토대로 삼는다. 그런데 이번 사고에서는 방출원 정보를 입수할 수 없었다. 그렇더라도 가상치를 입력해 예측할 수는 있다. 한 시간에 1베크렐Bq* 방출을 가정하는 '단위 방출' 계산법을 쓰면 되기 때문이다.

원자력안전위원회가 정한 지침에 따르면, 사고 발생 직후에는 방출량을 정확히 파악하기 어려우므로 단위 방출 또는 사전에 설정한

• 방사성물질 내부의 방사선량을 나타내는 단위. 현재 일본 정부의 식품 기준치는 1킬로그램당 1백 베크렐이다. 한편 시버트는 인체에 전달된 방사선량을 나타낸다. 세계적으로 통용되는 안전 기준치는 1밀리시버트이다.

값으로 계산한다고 한다. 그렇게 계산한 예측 도형을 토대로 감시를 강화할 방위와 장소를 추려 내는 것이다.

보안원의 SPEEDI 예측, 45회 173쪽

예측 데이터는 어떤 경로로 전달됐는가? 지진이 발생한 지 네 시간가량 지난 11일 오후 7시 3분, 정부는 원자력 긴급사태를 선포했고 관저에는 원재본부가 설치되었다. 경제산업성의 원자력안전·보안원은 본부 사무국을 맡는 한편, 경제산업성 별관 3층에 긴급시대응센터를 출범시켰다. 타 성청에서도 인원을 모았다.

피난안을 작성할 때 가장 중요한 근거로 쓰이는 SPEEDI 예측 결과는 지진 발생 첫날부터 지속적으로 산출되고 있었다. SPEEDI의 예측도는 원래 문부과학성이 원자력안전기술센터를 통해 한 시간 간격으로 산출한다. 그 예측도는 보안원에도 보내졌는데, 보안원은 이를 가지고 자체적으로 사태를 예측하려 했다.

보안원의 첫 번째 자체 예측은 오후 9시 12분에 나왔다. 다음 날인 12일 오전 3시 반에 후쿠시마 제1원전 2호기에서 벤트를 실시했을 때 방사성물질이 어떻게 확산되는지에 관한 예측이었다. 방사성물질은 남동 방향인 태평양으로 비산한다는 결과가 나왔다.

두 번째는 12일 오전 1시 12분이었다. 이번에는 같은 시각에 1호기에 벤트를 시행한다고 가정했다. 이때도 바다로 확산된다는 결과를 얻었다. 보안원은 3월 16일까지 173쪽에 이르는 자체 예측 결과를 얻었다.

관저 지하의 위기관리센터에는 각 성의 실무자들이 대기하는 통제실이 있다. 보안원은 과장보좌 이하의 직원 여럿을 그곳에 파견했다. 보안원의 예측을 받아 보는 전용 단말기도 비치되어 있었다.

하지만 통제실의 보안원 전용 단말기로 보내진 내용은 첫 번째와 두 번째 예측뿐이었다. 보안원이 자체 계산한 예측 중 43회에 걸친 총 167쪽 분량의 예측이 긴급시대응센터에서 잠자고 있었기 때문이다. 게다가 보안원 직원이 이토 위기관리감의 부하 직원인 내각관방 참사관에게 전한 예측 결과 출력지는 두 번째 예측뿐이었고 별다른 설명도 없었다.[40] 두 번째 예측은 A4 용지 세 장이었는데, 보안원은 그중 몇 장을 전달했는지, 전달한 뒤 어떻게 됐는지도 확인하지 않았다.

사흘 전인 11일 오후 7시를 지나서야 관저에 원재본부가 생겼고, 후쿠시마에는 원전에서 5킬로미터 떨어진 장소에 현지대책본부가 만들어졌다. 원자력 방재 매뉴얼에 따르면 현지대책본부가 대책을 마련하는 중심이므로, SPEEDI를 활용해 주민 피난 구역안을 작성하는 것도 현지대책본부의 역할이었다. 그러나 현지대책본부는 지진 진동 탓에 통신회선이 두절되는 등 피난 구역을 검토할 상황이 아니었다.

보안원 긴급시대응센터에서는 방사선 팀이 피난 구역안 작성을 담당하고, 원자력안전기술센터에 SPEEDI의 예측도를 주문했다.

11일 밤 9시 전후는 관저에서 보안원의 히라오카 차장과 마다라메 원자력안전위원장이 총리에게 벤트의 필요성을 강조하던 때였다. 긴급시대응센터와 관저에서 각각 피난안을 작성했다는 이야기다. 문부과학성 과학기술・학술정책국의 와타나베 이타루渡辺格 차장은 "문부과학성은 피난 범위를 정할 때 실제로 SPEEDI를 활용했는지 여부를 모릅니다. 피난 범위를 정한 것은 문부성이 아니라 원재본부이기 때문이죠. 이번에는 원래 방식이 아니라 동심원상의 지역에 갑자기 피난 지시가 내려졌어요."라고 말한다.[41]

'하기는 했다. 그런데 어떻게 활용할지까지 문부성이 책임질 일은 아니다.'라는 뜻이다. 보안원과 원자력안전위원회도 책임을 떠넘기기는 마찬가지다. 데라사카 보안원장과 마다라메 원자력안전위원장의 변명은 5장에서 자세히 소개한다.

SPEEDI의 존재 자체를 몰랐던 관저 핵심 인사들

그렇다면 왜 총리를 비롯해 관저에 있던 정치인들은 주민 피난에 SPEEDI의 예측을 활용하지 않았는가? 이유는 하나다. 그들은 애당초 그 존재 자체를 몰랐다. 지진 발생 나흘째인 14일에도 이를 아는 정치인은 거의 없었다. 중대 결단을 해야 했던 간 총리와 에다노도 모르고 있었다.[42] SPEEDI 데이터를 관저에 알려야 할 관료가 그 역할을 하지 않았던 것이다.

관저에서는 있는지조차 몰랐던 SPEEDI의 데이터가 미군에는 재빨리 넘어간 셈이다. 필자가 그 사실을 전하자, 간 총리는 낮은 목소리로 "전혀 몰랐습니다."라고 하다가 치뜬 눈으로 필자를 바라보며 소리를 한 톤 높여 말했다.

"어째서 꼭 알려야 하는 곳에 안 알린 거지?"

SPEEDI 데이터는 문부과학성이 업무를 위탁한 원자력안전기술센터에서 기도의 컴퓨터로 매시간 발송됐다. 지도를 나타내는 화상 데이터였으므로 용량이 컸다. 데이터 용량은 메일 송수신에 지장을 줄 정도로 늘어났다. 급기야 기도는 수신한 메일이 특정 주소로 자동 전송된 뒤에는 삭제되게 설정했다. 그 특정 주소 중에 미군 관계자의 메일 주소가 여럿 있었다. 기도는 "이제 보내지 않아도 됩니다."라는 메일이 올 때마다 전송처 목록에서 하나씩 주소를 지웠다.[43] 기도는 7월 무렵에 전송처 주소가 모두 삭제되었다고 기억한다. 그때까지 데이터는 순조롭게 미군에게 흘러들어 갔다.

오전 10시 40분 최초의 SPEEDI 데이터가 기도에게 발송된 지 16분이 지났을 때, 간 총리는 관저 5층에 있는 총리집무실에서 공명당의 야마구치 나쓰오[44] 대표와 회담 중이었다. 회담이 열리고 10분쯤 지났을 때, 누군가가 집무실 문을 다급하게 두드렸다.

"텔레비전 4번! 4번 채널입니다. 폭발하고 있습니다!"[45]

전원 스위치를 켰다. 화면에는 후쿠시마 제1원전 3호기가 떴다. 폭발 영상이 반복해서 방송되고 있었다. 원자로 건물이 오렌지색 섬광을 뿜었다. 연기가 수직으로 높이 치솟았다. 부서진 건물의 콘크리트 파편이 흘러내렸다. 후쿠시마 중앙TV가 제1원전 남남서 약 17킬로미터 지점의 산중에 설치한 감시 카메라의 영상이었다.

간 총리가 중얼거렸다.

"연기가 시커멓잖아."[46]

[침묵] "아무도 대답하지 않았다"

3호기의 검은 연기

간 총리는 3호기에서 나오는 검은 연기가 몹시 신경이 쓰였다. 이틀 전에 1호기가 수소 폭발을 일으켰을 당시의 흰 연기와는 확연히 달랐다. 회담을 중단한 간 총리는 데라타 총리보좌관과 비서관에게 지시했다.

"관계자 전원을 소집해."

침착한 어조였다.[47]

집무실로 뛰어들어 폭발을 보고한 남자가 누구였는지에 관해, 공명당의 야마구치 대표는 "비서관이긴 한데 데라타는 아니었어요."라고 했고, 데라타는 자신이었다고 했다. 데라타의 증언은 이렇다.

데라타가 비서관실에 있었을 때, 옆방에서 텔레비전을 보고 있던 비서관보좌가 "폭발입니다. 폭발이 일어나고 있어요."라고 외치며 뛰어나왔다. 비서관실에는 텔레비전이 여러 대 있었다. 데라타는 거기서 폭발 장면을 보았다. 그때 방에는 비서관과 사무직 여직원 등 열 명 정도가 있었다. 데라타는 회담 중인 총리의 집무실로 급히 달려갔다.

야마구치와 데라타의 기억 중 어느 하나를 부정하는 것은 필자의 역할이 아니다. 여기서는 데라타의 증언을 소개하는 것으로 충분하다고 본다.

폭발이 일어난 지 30분쯤 지나 원재본부의 핵심 인물들이 총리집무실에 모였다. 가이에다, 에다노 관방장관, 후쿠야마 관방부장관. 여기에 보안원 간부 야스이와 마다라메 원자력안전위원장도 참석했다.

야스이는 후쿠시마 제1원전의 요시다 소장이 보고한 내용을 총리 집무실에 모인 이들에게 소개했다. 야스이는 원자로 압력 수치의 변화를 이렇게 말했다.

"압력은 유지되고 있습니다. 격납 용기에 큰 파손은 없습니다. 지진 발생 때 입은 손상 이외의 기능 손상은 없습니다."

후쿠시마 현장에서는 폭발이 일어난 뒤 중앙제어실의 당직 직원을 제외한 모든 작업 인부들이 면진중요동에 대피해 있었다. 냉각수 주입 작업 중단, 부상자에 관한 보고⋯⋯. 오전 11시 37분 관저에는 그런 정보들이 단편적으로 들어왔다. 도쿄전력 직원 네 명, 협력 회사 작업 인부 세 명, 자위대원 네 명이 부상을 입었다.

"현재 상황은?"

총리가 모두에게 물었다. 아무도 대답하지 않았다.[48]

"한시라도 빨리 정보를 수집해."

지하의 위기관리센터로 가는 사람, 집무실 옆에 있는 응접실로 이동한 사람, 휴대전화로 정보 수집을 시도하는 사람도 있었다. 폭발 탓에 고선량의 건물 파편이 주변으로 흩어졌다. 냉각수를 주입할 소방차와 호스가 손상되어 3호기는 해수 주입이 중단되었다.

도쿄전력이 훗날 요시다 소장과 현장 작업 인부들에게서 청취한 보고 내용은 이랬다.

1호기 폭발 후에는 2호기와 3호기의 수소 폭발 대책을 검토했습니다. 블로아웃판blow-out panel을 열어서 수소 폭발을 방지하는 방법을 생각해 냈어요. 그런데 천장에 구멍을 뚫으려면 중장비가 필요했기에, 여진이 계속되는 상황에서 현실적인 대책이라고 할 수는 없었습니다. 게다가 2004년에 발생한 주에쓰 지진 이후 블로아웃판을 견고하게 보수한 터라 작업 인부들이 현장에 출동해 봐야 인력으로 열 수도 없었어요. 2호기는 3호기 폭발의 영향으로 우연찮게 블로아웃판이 열렸습니다. 5호기·6호기는 3월 18일 천장에 구멍을 내는 작업을 실시했습니다.

블로아웃판이란 건물 상부에 부착된 '작은 창' 같은 것이다. 건물 자체의 압력이 어떤 원인에 의해 비정상적으로 높아질 경우, 이 '작은 창'을 열어 내부 공기를 외부로 빼낼 수 있었다. 니가타 현에서 주에쓰 지진이 일어났을 당시에 도쿄전력 가시와자키 가리와 원전 3호기에서 걸쇠가 떨어져 블로아웃판이 열렸고, 그로 인해 방사성물질이 외부로 누출된 것 아니냐는 문제가 제기된 적이 있었다.

이번에는 13일에 간 총리와 도시바의 사사키 사장도 블로아웃판을 열 수 있을지를 논의했다.[49] 그러고는 블로아웃판을 열지 않고, 고압수를 이용해 천장에 구멍을 내자는 결론을 내렸다. 그런데 작업이 제때 이루어지시 않아 이날 폭발을 일으킨 것이었다.

관료와 미군만 알았던 SPEEDI 데이터

그 무렵 후쿠시마 현에서는 12일에 설정된 반경 20킬로미터 피난 구역에 남은 사람들을 헬기와 버스로 구출하는 작업이 이어졌다. 대부분 장기 입원 환자와 특별 요양 기관에 입소할 예정인 노인들이었다. 현 밖으로 피난하는 주민도 많았다.[50]

3호기의 폭발로 주민들이 피난할 때에도 SPEEDI 데이터는 전혀 활용되지 않았다. 그런데 원자력안전기술센터가 매시간 문부과학성과 안전위원회에 보낸 데이터와 같은 내용이 외무성을 통해 주일 미군에 전달되었다. 보안원도 자체 계산한 예측을 센터로 하여금 미군에 보내도록 했다.

SPEEDI에 관해서는 관료와 미군만 알고 있었다. SPEEDI를 이용하면서도 관료들은 관저에 그 존재를 알리지 않았다. 주민들이 철저히 배제된 상황이었다. 간 총리 옆에는 언제나 보안원과 안전위원회의 간부가 있었다. 그럼에도 그들은 SPEEDI 활용을 언급하지 않았다.

가장 빠른 정보원은 텔레비전 보도였다. 관저는 그 내용을 확인하는 데 급급했다. 관저에는 정보가 들어오지 않았다. 앞서 말했듯이, 관저는 정보를 공유하기 위해 응접실에 화이트보드 두 개를 준비했다. 하지만 기기에 기록되는 새로운 정보는 많지 않았다.[51]

오후 들어 이케다 현지대책본부장은 도쿄전력의 무토 부사장과 논의해, '현재의 급수 작업으로는 충분치 않다.'는 데 공감했다. 이케다는 경제산업성의 마쓰나가 사무차관에게 도쿄 소방청 등 지자체의 전문 소방 부대 파견을 요청하라고 지시했다.[52] 관저가 정보 수집에 정신을 빼앗기던 그 시각, 2호기에 문제가 생겼다. 3호기 폭발의 영향이었다. 관저의 눈이 미치지 않는 곳에서 최대 위기가 싹트고 있었다.

[긍지] "벤트도 안 됩니다. 최악의 상황입니다"

2호기 사태

3호기 폭발의 영향으로 2호기의 밸브를 여는 전기회로가 파손되었다. 그 결과 격납 용기의 압력을 낮추는 밸브가 닫히는 사고가 났다. 그 상태가 지속되면 압력이 계속 올라가 건물은 물론 원자로 자체가 버티지 못해 폭발할 위험이 있었다. 체르노빌 사태에 버금가는 사고로 이어질 게 분명했다.

관저에서 2호기에 문제가 발생했음을 알게 된 것은 오후 4시경이었다.[53] 총리집무실 옆 응접실에는 원자로의 상태를 알리는 팩스가 속속 도착했다. 도쿄전력이 작성해 보낸 데이터였다. 집무실 팩스가 수신한 자료는 도착하자마자 응접실로 옮겨졌다. 책상에는 복사된 팩스 용지가 점차 쌓였다.

실내에는 보안원 간부 야스이와 마다라메 원자력안전위원장이 있었다. 가이에다, 후쿠야마 관방부장관, 데라타 총리보좌관도 자주 들렀다.

팩스의 내용은 원자로 내 수위와 압력의 시간별 데이터였다. 2호기의 수위가 떨어지고 있었다. 수위 저하는 연료봉 주변을 채운 물이 줄어든다는 것을 의미했다. 오후 4시경 누군가가 나직이 말했다.

"연료봉이 노출된 것은 아닐까?"[54]

오후 4시 24분 히타치제작소의 나카니시 히로아키中西宏明 사장이 관저에 도착했다. 전날 도시바의 사사키 사장에 이어, 건설사의 대응책을 직접 듣고자 부른 것이었다. 총리는 나카니시에게 물었다.

"뭘 해야 합니까? 더 할 일은 없나요?"

나카니시는 강력히 주장했다.

"물을 주입해 노심을 냉각하고 압력을 낮춰 격납 용기의 건전성을 유지해야 합니다. 확실하게 실시해야 해요. 도쿄전력이 하고 있는 작업이면 될 테니, 이를 계속해야 해요. 그런데 물을 주입하는 것만으로는 최종적인 냉온 정지*에 이르지 못합니다. 상태가 안정되고 나면 잔류열 제거 시스템RHR(원자로가 정지한 뒤의 노심 내 붕괴열과 잔류열을 제거하는 냉각 시스템) 등을 이용해 열을 바다 등으로 빼내어 냉온 정지 상태로 유도할 필요가 있어요."

"구체적으로 어떻게 하라는 말입니까?"

총리의 질문에 나카니시는 "외부 전원과 모터를 가복구해서 RHR를 가동하는 것이 현실적인 방안입니다."라고 답했다.[55]

• 냉온 정지란 원자로 압력 용기의 주변 온도가 1백 도 이하로 유지되고 방사성물질의 유출도 억제되는 상황을 말한다.

2호기의 상황이 악화되고 있었다. 오후 4시 57분 도쿄전력 본사에 있던 시미즈 사장이 지시를 내렸다.

"최악의 시나리오를 짠 다음 대응책을 철저히 파악해 보고하게."[56]

연료봉 노출, 물이 빠진 원자로 내부가 달아오르기 시작했다

대책을 강구하는 동안에도 사태는 급변했다. 오후 4시경에 누군가가 연료봉 노출을 우려하던 것이 현실이 되었다. 2호기의 연료봉 전체가 노출된 시각은 오후 6시 22분이었다. 물이 빠진 원자로 내부가 달아오르기 시작했다. 이때쯤 현지대책본부의 이케다 본부장은 심각한 상황 보고를 받는다. 이케다가 도쿄전력의 작업반장에게 받은 보고 내용은 이렇다.

"2호기는 냉각수 주입이 불가능합니다. 벤트도 안 됩니다. 최악의 상황입니다."

작업반장이 읽은 메모지에는 이렇게 적혀 있었다.

〈18시 22분 연료봉 노출, 20시 22분 노심 용융, 22시 20분 격납 용기 손상〉

2호기의 원자로 상황 예측이었다. 이케다는 그 내용을 노트에 옮겨 적으며 생각했다.

'올 것이 왔구나.'[57]

이케다는 후쿠시마 현 우치보리 부지사, 그리고 무토 부사장을 대신해 오프사이트센터에 가있는 도쿄전력의 고모리 상무 등과 향후 방침을 검토하기 시작했다. 오후 7시 20분 무렵의 일이었다. 먼저 원전의 반경 20킬로미터 권역의 바로 바깥에 [오프사이트센터를] 대체할 만한 시설이나 건물은 없는지 살폈다. 하지만 오프사이트센터에 모인 150명 넘는 인원과 차를 수용하면서 통신수단까지 확보되는 장소를 찾기는 어려웠다. 우치보리가 제안했다.

"후쿠시마 현청의 강당은 어떻습니까?"[58]

이케다는 현청을 대책본부로 쓸 수 있을지 알아보기 위해 본부원으로 구성한 선발대를 현청에 파견했다.

물 빠진 원자로가 계속 뜨거워지면 연료봉이 녹아내릴 게 뻔했다. 그러면 원자로에 하나둘 구멍이 생겨 모든 것이 외부로 유출될 것이다. 소방차는 연료가 떨어져 물을 주입할 수 없었다. 어떻게든 빠른 시간 내에 물을 주입해야 했다.

오후 7시 54분 소방차에 급유해 2호기 원자로의 소화 라인을 통해 바닷물을 주입할 수 있게 되었다. 관저 총리집무실에서는 호소노 총리보좌관이 요시다 소장과 휴대전화로 통화를 하고 있었다.

"들어갔습니까? 들어갔나요? 들어갔어요? 들어갔구나!"

호소노가 고함을 질렀다.[59] 물을 주입한 것이었다. 그런데, 나중에 언급하겠지만, 오후 8시 조금 넘어 시작한 기자회견 석상에서 도쿄전력의 무토 부사장은 아무리 기다려도 그 사실을 발표하지 않았다.

이어서 "압력이 높아 원자로에 물을 주입할 수 없습니다."라는 보고가 관저에 들어왔다. 총리는 집무실에서 그 보고를 받았다. 휴대전화를 들어 후쿠시마 제1원전의 요시다 소장에게 직접 연락했다. 요시다는 이렇게 말했다.

"아직은 할 수 있습니다. 그런데 장비가 모자랍니다. 원자로 안의 고압을 이기고 물을 주입할 수 있는 펌프만 있으면……."[60]

요시다의 호소를 호소노 총리보좌관도 직접 들었다.[61]

도쿄전력의 시미즈 사장은 휴대전화로 가이에다에게 연락을 시도했지만 좀처럼 연결되지 않았다.[62] 시미즈는 몇 번이고 반복해 전화를 걸었다.

[철수] "남아 주시죠"

가이에다·에다노·호소노에게 전화를 걸어 댄 시미즈

시미즈 사장이 가이에다에게 연락하려 휴대전화를 쥐고 씨름하는 장면은 두 번 확인됐다. 한 번은 14일 오후 7시부터 약 두 시간 동안이다. 2호기 연료봉이 전부 노출돼 압력 용기가 달아오르는 사태를 도쿄전력이 경제산업성 등에 통보한 시간대다.[63]

오후 10시 50분 2호기의 원자로 격납 용기 내부 압력은 설계상의 한계를 넘어섰다. 시미즈가 또 한 번 전화를 잡고 늘어진 시각은 지정을 넘긴 무렵, 격납 용기의 압력을 빼기 위한 마지막 밸브 조작도 실패했을 때다.

시미즈는 두 번 모두 가이에다의 비서관에게 전화를 걸었다. 휴대전화의 발신 버튼을 수없이 누르며, 수 초 간격으로 걸어 댔다.[66] 하지만 가이에다는 좀처럼 연락이 닿지 않았다.

두 번째로 시도할 때였다. 겨우 통화가 연결되었고, 가이에다는 시미즈가 한 말을 이렇게 기억한다.

"제1원전의 작업 인부들을 제2원전으로 대피시키고 싶은데, 어떻게 안 되겠습니까?"

가이에다는 시미즈의 요청을 거절했다. 필자는 그 시각을 오후 8시경으로 보는데, 관계자에 따라 조금씩 기억이 다르다. 데라타 총리 보좌관이 기억하는 광경이 시간을 추측하는 데 도움이 될 것이다.

오후 8시가 지났을 즈음, 데라타는 관저 5층의 관방장관 집무실에 들렀다. 에다노 관방장관이 가이에다 경제산업대신과 이야기를 나누고 있었다. 가이에다의 비서관이 들어와 "도쿄전력에서 전화가 왔습니다."라고 알렸다. 가이에다는 전화기에 대고 이렇게 말했다.

"그만하죠, 그 얘기는. 안 된다고 했잖습니까."

"무슨 얘긴데 그러십니까?"

데라타의 물음에 가이에다는 이렇게 말했다.

"도쿄전력이 원전에서 철수하고 싶대요."

에다노도 데라타에게 말했다.

"나한테도 전화가 왔어요."

데라타는 놀랐다.

"그런 중요한 전화라면 다시 한 번 따끔하게 말해 주는 게 좋지 않을까요?"[65]

가이에다는 관방장관실을 나가면서 또 한 통의 전화를 받았다. 상대는 시미즈였다. 가이에다는 말했다.

"남아 주시죠. 철수는 안 됩니다."[66]

데라타가, 오후 8시가 약간 지났을 때 이 장면을 봤다고 기억하는 데에는 이유가 있었다. 당시 관저에는 오후 8시 30분쯤 도쿄전력 부사장이 기자회견을 한다는 보고가 들어와 있었다. 데라타는 '일단 전화로 허락받은 다음, 기자회견 중에 철수하겠다는 말을 하려고 이러는구나.' 하는 감을 잡았다. 데라타는 그런 위기감을 느꼈기에 해당 시각을 기억한다고 했다.

바로 그때, 도쿄전력 간부들이 원전 포기를 놓고 중요한 이야기를 나누고 있었다. 도쿄 본사와 후쿠시마의 면진중요동, 오프사이트센터를 연결한 화상회의 기록이 남아 있다. 2012년 6월 8일 국회사고조사위원회는 화상회의 녹취록을 일부 공개했다. 이 화상회의 기록은 보도기관을 포함해 여러 주체가 공개를 요청했지만, 도쿄전력은 '내부자료', '사생활 침해 여지' 등을 이유로 이를 거부했다.

오후 7시 28분 오프사이트센터에 있던 고모리 상무가 "대피 기준을 검토하라."고 지시했다. 시미즈 사장이 지시한 '최악의 시나리오'가 현실화된 지시라고 볼 수 있었다.

다카하시 아키오高橋明男 고문의 발언을 소개한다. 다카하시는 후쿠시마 제2원전의 소장과 가시와자키 가리와 원전의 소장을 지낸 인물이었다.

오후 7시 55분_다카하시 무토 씨, 전체 인원이 오프사이트센터에서 철수하는 건 몇 시쯤이라고 생각하면 됩니까?

오후 8시 16분_다카하시 지금 말이죠, 전체가 그러니까 1F(후쿠시마 제1원전)에서 2F(후쿠시마 제2원전)의 비지터 홀로 대피한다는 얘기죠?

오후 8시 20분_시미즈 지금으로서는 아직 최종 피난 결정이 나지 않았다는 점을 먼저 확인해 주세요. 그래서 지금 그곳과 확인 작업을 진행하고 있습니다. 플랜트 상황을 판단…… 음, 확인하면서…… 정할 거니까요.[67]

'그곳'이란 시미즈 사장이 필사적으로 연락을 시도하던 관저를 가리키는 것으로 보인다.

국회사고조에서 노무라 슈아野村修也 위원은 '현장에서 전체를 대피시키려 한 행위'에 대해 "큰 착각을 일으켜서 그런 게 아닙니까?"라고 질문해 시미즈의 대답을 유도했고, 시미즈는 기다렸다는 듯 "그랬던 것 같습니다."라고 답한 바 있다. 중대한 논점이 '착각'이라는 한마디로 정리되고 말았던 것이다.

당시에는 현장에서도 최악의 경우 열 명 정도만 남는 안을 검토하고 있었고,[68] 시미즈는 그 사실을 "알고 있었습니다."라고 국회사고조의 공개 청취 석상에서 증언했다. 중요한 증언이다. 시미즈의 증언에 따르면 현지에는 7백 명 정도가 있었다고 한다. 제1원전의 플랜트는 모두 여섯 기다. 흩어져 있는 7백 명은 쉽게 제어할 수 있는 숫자가 아니라는 것이 전원 대피를 생각하게 된 이유라는 설명이었다. 과연 그랬을까? 전체 인원수가 30명 또는 50명이었으면 철수할 생각을 안 했을까? 이 같은 원전 포기 사건의 문제점에 관해서는 5장에서 상세하게 기술한다. 시미즈는 오후 4시 57분에 '최악의 시나리오 작성'을 지시했고, 이 사실도 화상회의 시스템 기록에 남아 있다.

에다노 또한 시미즈의 전화를 받았다. 에다노는 15일로 넘어갈 무렵이었다고 기억한다. 그는 시미즈의 요청에 대해 "그렇게 쉽게 용인할 수 있는 이야기가 아닙니다."라고 답하고 전화를 끊었다.

후쿠야마 관방부장관은 도쿄전력이 호소노 총리보좌관에게도 같은 전화를 했다고 말한다. 호소노는 "나는 그런 요청을 받을 입장이 아니에요."라며 통화 자체를 거부했다고 했다. 발신 빈도를 보면, 시미즈가 얼마나 필사적이었는지 알 수 있다.

[기개] "아직 버틸 수 있죠?"

14일 오후 8시 40분, 도쿄전력의 기자회견

도쿄전력 본사에서 '전원 대피', '전원 2F로 대피'가 논의되던 시간대에 기사회견 준비가 한창이었다. 14일 오후 8시 9분 도쿄전력 본사 3층 회견실. 홍보부의 요시다 가오루吉田薫 과장이 갑자기 마이크를 들었다.

"후쿠시마 제1원전 2호기에 관해 말씀드리겠습니다. 원자로 안에 물이 거의 없는 상태입니다. 아래 1층에서 설명해 드리겠습니다."

기자들은 계획 정전에 관한 기자회견 때문에 모인 상황이었다. 기자들은 야단이었다.

"지금 여기서 해요!"

무토 부사장의 기자회견이 그 자리에서 열렸다. 데라타 총리보좌관이 '철수를 언급할 심산'이라고 우려한 기자회견이 열린 것이었다. 오후 8시 40분 무토의 회견은 그렇게 시작됐다.

"심려를 끼쳐 대단히 죄송합니다."

무토는 고개를 숙여 인사한 뒤 자리에 앉아 설명을 시작했다.

먼저 후쿠시마 제1원전 2호기에 관해 말씀드리겠습니다. 지진이 일어나고 나서 모든 제어봉이 삽입돼 원자로는 정지했지만, 그 뒤 원자로에 냉각수를 공급해야 했습니다. 그러나 모든 외부 전원이 지진으로 끊어진바, 내부 증기를 이용한 터빈 펌프로 2호기 원자로에 급수를 실시했습니다. 원자로 격리 냉각 시스템이라 불리는 펌프입니다. 이로써 수위는 안정적인 추이를 보였습니다. 그런데 오늘 낮부터 서서히 수위가 떨어지기 시작했습니다. 모종의 이유로 격리 냉각 시스템의 기능이 떨어진 것으로 생각됩니다. 그 이후 수위는 17시 17분경 연료봉의 꼭대기 부분까지 떨어진 것으로 판단됩니다. 18시 22분경에는 연료의 수위계가 하한치 이하로 떨어진 상태입니다. 그 뒤 원자로에는 격리 냉각 시스템과는 별도로 펌프를 준비해서 물, 그러니까 바닷물을 주입해 왔고, 19시 54분경에는 수위계의 숫자가 움직이고 있습니다. 해수가 원자로에 들어간 것으로 생각할 수는 있는데, 연료가 노출됐을 가능성도 있습니다. 다음은 후쿠시마 제1원전의 3호기인데, 오늘 오전 11시 1분경 건물에서 큰 소리가 났습니다. 수소 폭발이 일어났을 가능성을 고려하고 있습니다. 다만 이 폭발 후에도 격납 용기의 압력은 유지되고 있습니다. 폭발로 인해 당사 직원 네 명, 협력사 관계자 세 명이 부상을 입어 병원으로 이송되었습니다. 본 건에 관해서도 대단히 큰 심려를 끼쳤습니다. 진심으로 사죄드립니다.

안전 확보와 방사성물질 확산 방지에 관한 질문이 나오면, 무토는 확답을 피하며 "앞일을 예측하기는 어렵습니다", "아직 일어나지 않은 일입니다."라고만 했다. 주요 대화 내용은 다음과 같다.

기자 스리마일 섬 사고 때도 연료가 전부 노출되지는 않았습니다. 상당한 양의 연료가 녹아내리지 않았나 싶은데, 어떻게 보십니까?

무토 변수나 방사선량을 보지 않고서는 판단할 수 없어요. 현시점에서는 원자로 내부의 연료가 어떤 상태인지 명확하게 말씀드릴 수 없습니다.

기자 연료봉이 완전히 드러났으면 어떻게 되나요?

무토 그 이후의 경위에 따라 달라질 수 있으나, 주변 변수들이 변화할 것으로 생각하기 때문에 그에 관해 주의 깊게 보고 있는 중입니다.

기자 파악 중이라고 했는데, 연료는 전부 드러나 있나요?

무토 수위계를 봐서는 현시점에서도 하한치 이하입니다.

기자 최악의 사태를 고려할 수 있다는 말인데, 체르노빌 등과 같은 사태가 될 수도 있겠네요. 인근 주민을 피난시키는 조치 등은 정부와 함께 취하고 있습니까?

무토 원자로에 대한 물 주입량이 격리 냉각 시스템으로 주입하던 때보다 적기 때문에 대단히 심각한 상태라고 인식합니다. 이미 인근 주민들에게는 피난을 권고한 상태예요.

기자 노심용융은 일어났나요?

무토 앞으로 철저히 살필 필요가 있습니다.

기자 원자로의 압력이 서서히 오르는 중인데, 어디까지 견딜 수 있나요?

무토 원자로의 압력은 통상 70기압 정도라서 현재의 압력은 그와 비교하면 아주 낮은 편입니다.

기자 원자로가 붕괴되는 일은 없습니까?

무토 지금의 압력으로 붕괴되지는 않으리라고 봅니다.

기자 냉각수가 없는 상태로 두 시간 이상 온도가 계속 올라가면 어떻게 됩니까?

무토 일반론적으로 말하기는 어렵지만, 온도가 올라가면 산화합니다. 산화하면 강도가 떨어지죠.

기자 이렇게 긴 시간 동안 냉각수 없이 계속 가열되면 연료봉 자체가 녹는데, 스리마일의 경우는 아래쪽에 고였습니다. 제어봉이 손상되거나 하면 다시 임계에 도달할 가능성은 없습니까?

무토 어쨌든 우리는 물을 주입하고 있습니다. 바닷물을 사용하고 있는데, 그 과정에서 방금 지적한 일까지 고려해 붕산을 넣는 작업도 함께하는 중입니다. 현시점에서는 임계 같은 일이 특별히 문제가 되지는 않고 있어요. 아직 일어나지 않은 일입니다. 전체적 차원에서 냉각수 없이 온도 상승 중인만큼 연료가 손상되었을 것으로 봅니다.

기자 연료봉이 손상되었다는 것은 인정합니까?

무토 주변에 방사능이 나오고 있기 때문에 손상됐다고 봅니다.

기자 1호기가 같은 작업 중에 수소 폭발을 일으켰습니다. 3호기도 그렇죠. 2호기는 연료가 완전히 드러난 상태입니다. 점점 최악의 시나리오로 가고 있는데, 향후 제1원전을 폐쇄할 생각은 없나요?

무토 우선 현시점의 사태를 확실히 수습하는 것이 최우선 과제입니다. 그러기 위해 노력하겠습니다.

기자 향후 전망에 관해서인데, 물이 차올라서 수위가 상승할 가능성도 있을까요?

무토 원자로에, 어쨌든 가능한 모든 수단을 써서 원자로에 물을 주입하려고 노력하는 중입니다.

기자 어째서 물이 차오르지 않는 건가요?

무토 정량적으로 말하기는 상당히 어렵습니다. 실제로 수위가 오를 만큼 물을 주입한 것이 아니에요.

기자 1호기와 3호기 모두 수위가 전혀 오르지 않는 상황입니다. 노력하겠다는 말만 하시는데, 구체적으로 어떻게 노력하겠다는 뜻입니까?

무토 통상적인 가용 전원이 없습니다. 그 와중에 가설 펌프를 설치했고, 할 수 있는 최선의 수난을 동원해 물을 주입하는 중입니다.

기자 폭발할 가능성은 어느 정도인가요?

담당자(구로다) 1·3호기에 비하면 낮습니다.

기자 애당초 2호기가 이런 상태가 되지 않으려면 어떤 대처를 해야 했나요? 미리 조치를 취하지 못한 것은 아닙니까?

무토 원래는 엔진 구동식 펌프가 많이 있고, 그것들로 제대로 물을 주입할 수 있었습니다. 지진과 쓰나미의 영향으로 그 펌프를 사용할 수 없게 되는 바람에 임시 조치로 방금 설명한 방식을 이용해 주입하게 된 겁니다.

기자 후쿠시마에서 2호기에 대해서도 벤트를 실시했다는 이야기가 있는데, 사실관계는 무엇인가요?

담당자(마키가미) 다시 확인하겠습니다.

기자 지진이 일어난 후 사흘 동안, 통제돼야 하는 원자력이 통제 불능 상태에 빠져 있습니다. 이에 대한 도쿄전력의 생각을 밝혀 주세요.

무토 죄송하게 생각합니다. 어찌 됐든 이번 사태를 수습하기 위해 최대한 노력하겠습니다.

기자 상실된 외부 전원이 회복될 가능성은 어느 정도인가요? 재임계 가능성이 있는지도 궁금합니다.

무토 외부 전원[공급]도 검토 중입니다. 작업도 일부 진행되고 있어요.

기자 재임계의 가능성이 없다고 자신하는 근거는 무엇인가요?

무토 방금 말씀드린 바와 같이 여러 가지 변수를 보고 있기 때문입니다.

기자 예를 든다면 어떤 것인가요?

무토 주변의 방사선량입니다.

기자 하지만 과거의 예를 보면 어느 정도 녹았을 것도 같습니다. 제어봉이 도움이 되지 않는다거나, 연료가 녹아서 원자로 바닥에 고이는 상황임에도 재임계는 일어나지 않는다고 하는 근거가 무엇입니까?

무토 다시 말하지만, 플랜트 상황을 주의 깊게 살필 것입니다. 어찌 됐든 주의 깊게 살피는 것이 중요하니까요.

에다노와 가이에다 등은 총리집무실에 있는 텔레비전으로 회견 장면을 지켜보고 있었다. 요시다 소장에게 물이 주입됐다는 보고를 받았음에도 회견에서는 언급조차 없었다. '왜 발표하지 않는지' 모두 수상쩍게 여겼다.[69] 회견 도중에 호소노는 요시다에게 다시 한 번 전화를 걸었다.

"본사가 발표를 안 하는군요."

요시다는 깜짝 놀라 대답했다.

"네? 당장 본사에 연락하겠습니다."

관저는 현장과 본사의 소원한 분위기를 감지했다. 데라타는 '물이 주입된 사실을 알리지 않고, 철수 승낙을 받으려 한 게 아닐까?' 하고 생각했다. 에다노·가이에다·후쿠야마·데라타·호소노 등은 상황을 파악하지 못해 안절부절못했다.[70]

기자회견이 끝나기 직전에야 도쿄전력 직원이 자료를 들고 와 무토에게 건넸다. 그것을 받아 든 무토가 "2호기에 관한 새로운 정보가 들어왔습니다. 21시 10분에 '안전밸브'를 열었습니다. 덕분에 21시 21분 마이너스 3천4백이었던 수위가 21시 34분 마이너스 2천까지 회복되었다는 보고가 들어왔습니다."라고 밝혔다. 호전될 조짐으로까지 받아들이는 분위기였다. 하지만 현실은 희망적이지 않았다. 2호기에서는 오후 7시 50분에 노심 손상이 시작되었고, 오후 10시 50분에는 압력 용기가 손상되었다. 이런 사실은 훗날 보안원의 분석 결과를 통해 세상에 알려진다.

"경제산업성 차관까지 도쿄전력의 철수를 요청하러 왔군"

결국 총리보좌관 데라타가 염려하던 '철수' 건을 무토는 언급하지 않았다. 데라타는 집무실에서 가슴을 졸이며 무토의 기자회견 방송을 봤으며, 원전에서 철수한다고 말해 버리지는 않을지 애가 탔다. 기자들의 질의에 응답하는 무토를 보면서 데라타는 중얼거렸다.

"만날 하던 말, 포장만 바꾸는군. 나 참."

그리고 곁에 있던 가이에다와 함께 "도쿄전력이 어떻게든 철수 선언을 할 작정"[71]이었다는 이야기를 나누었다.

오후 9시 15분 현지대책본부를 후쿠시마 현청으로 이전한다는 결정이 나왔다. 이케다 본부장이 가이에다에게 전화해 승낙을 얻었다.[72] 그 무렵부터 경제산업성의 마쓰나가 차관이 관저 5층 복도를 오가는 모습이 자주 목격된다.[73]

데라타는 가이에다가 "마쓰나가 차관까지 도쿄전력의 철수를 요청하러 왔군."이라고 혼잣말하는 것을 들었다고 한다. 하지만 가이에다는 그런 말을 한 기억이 없다. 마쓰나가 자신은 현지대책본부를 현청이 있는 후쿠시마 시로 옮기는 건을 상담하러 갔다고 말한다.

일본의 위기관리 능력을 의심한 미국

오후 11시경 에다노 관방장관은 존 루스John Victor Roos 주일 미국 대사와 전화 회담을 가졌다. 루스가 말했다.

"미국의 원자력 전문가를 관저에 상주시켰으면 합니다."[74]

미국은 일본의 위기관리 능력을 의심했다. 주권 침해라고 볼 수도 있는 요청이었다. 에다노는 "검토는 해보겠지만, 매우 어려운 이야기입니다."라고 정중히 거절하고 총리에게 보고했다.[75]

2호기의 위기를 놓고 관저에서는 여러 이야기가 오갔다. 15일 오전 0시가 지난 시각이었다. 관방장관 집무실 의자에서 선잠을 자던 에다노를 비서관이 깨웠다.

"가이에다 대신께서 부르십니다."

에다노가 총리응접실로 가보니 가이에다와 후쿠야마 관방부장관, 호소노 총리보좌관, 데라타가 모여 있었다.[76]

"도쿄전력이 철수 어쩌고 해서, 일단 그게 말이 되냐고 했어."

"그렇지."[77]

"중요한 일이니 관방장관으로서 직접 한마디 하세요."

호소노가 에다노에게 휴대전화를 건넸다. 상대는 후쿠시마 제1원전의 요시다 소장이었다.[78]

"괜찮은 거죠? 아직 버틸 수 있죠?"

에다노의 물음에 요시다가 대답했다.

"버티겠습니다. 열심히 하겠습니다."

에다노는 전화를 끊고 이렇게 말했다.

"본사는 무슨 철수 같은 소리 하고 있어! 현장하고 의사소통이 안 되는 거 아냐."[79]

2호기의 위기는 전혀 호전되지 않았다. 격납 용기의 압력을 상부에서 빼내는 밸브를 열려고 했지만 진척이 없었다. 응접실 분위기는 점차 무겁게 가라앉았다.

5

3월 15일 화요일

원전 포기

[경악] "포기하고 철수하겠습니다"

폭발의 위험은 계속되고

15일 새벽이 밝았다. 가이에다는 도쿄전력의 철수 요청을 거절했지만 관저에서는 그 문제가 다시 불거지기 시작했다.

2호기는 호전될 기미가 전혀 없었다. 2호기는 원자로 내부의 압력을 낮추는 밸브가 좀처럼 열리지 않았다. 압력이 한계를 넘어서면 어떻게 될까? 폭발의 위험은 계속되고 있었다.

총리집무실 옆 응접실에는 가이에다와 에다노, 후쿠야마 관방부장관, 호소노 총리보좌관, 데라타 등 원재본부 주요 인사들이 상주했다. 보안원 간부 야스이와 마다라메 원자력안전위원장도 대기했다.[1] 이토는 "위기관리감도 올라오시랍니다."라는 전갈을 받고 위기관리센터가 있는 지하에서 5층으로 자리를 옮겼다.[2]

공기가 무거웠다. 나중에 관저 관계자가 정치인들과 비서관들에게 듣고 작성한 메모에는 이런 내용이 있다.

〈철수 건을 놓고 모두 어찌할 바를 몰랐다. 현장에 남을 작업 인부도 생각해야 했다. 당시는 멜트 다운이 일어나기 전이라 계속 폭발을 염두에 두고 있었다. 그대로 선량이 높아져 이변이 생기거나 폭발이 일어나면 어쩌나 싶어 서로 얼굴만 쳐다보는 상황이었다〉

후쿠야마는 다음과 같이 회상했다.

"그러다가 철수가 불가피해지는 것 아니냐는 분위기가 돌았어요."

정치인들은 아무 말이 없었다. 도쿄전력이 철수 이야기를 꺼내자 '말도 안 되는 소리'라고 생각했던 이토가 침묵을 깼다. 그 자리에 동석한 도쿄전력 간부에게 이토가 물었다. 전 경시총감인 이토는 응접실에서 나눈 대화 내용을 선명하게 기억했다.

이토 제1원전에서 철수한다는데, 그러면 1호기부터 4호기까지는 어떻게 됩니까?

도쿄전력 포기하고 철수하겠습니다.

이토 5호기와 6호기는?

도쿄전력 곧 통제가 불가능해질 테니 마찬가지입니다.

이토 제2원전은 어떻습니까?

도쿄전력 그쪽도 곧 철수하게 될 겁니다.

도쿄전력 간부는 이토에게 '포기', '철수'라고 분명히 말했다. 정부 사고조의 '중간보고'는 관저의 정치인들이 철수 문제에 관해 착각한 것처럼 기록하고 있다. 국회사고조도 '전원 철수'냐 '일부 철수'냐에 방점을 찍고 있다. 그러나 이 문제의 초점은 그것이 아니다. '전원이냐 아니냐'의 숫자 문제가 아니다. 원전을 책임져야 할 도쿄전력에게 앞으로도 원전 가동의 책임을 맡길 수 있는지, 그럴 자격을 지녔는지를 묻는 것이 중요하다. 이는 '전원 철수 사건'이 아니라 '원전 포기 사건'이다.

"총리의 판단을"

응접실에 모인 이들의 공통된 인식은 이랬다.

'12일 주민 피난 구역은 20킬로미터 권역으로 확대됐다. 사람들을 그만큼 더 피난시킬 수 있다면, 설령 원자로가 폭발하더라도 대량 피폭의 우려는 줄어들지 않겠나. 무엇보다 작업 인부들의 생명이 위험하다.'

"총리의 판단을 청하는 게 좋지 않겠어요?"

후쿠야마가 제안했다. 가이에다와 에다노를 포함한 전원이 동의했다.[3] 총리는 집무실 옆에 있는 또 다른 응접실에서 방제복을 입은 채 쪽잠을 청하고 있었다.[4] 지진이 나고부터는 줄곧 퇴근하지 못하고 소파에서 잠깐씩 휴식을 취했다.[5] 응접실에는 샤워 룸이 딸려 있었지만 샤워를 하지는 않았다.[6] 간 총리는 노크 소리에 눈을 떴다. 오카모토

겐지 총리비서관이 들어왔다.[7]

"총리님, 가이에다 대신이 오셨습니다."

"어, 그래."[8]

총리는 몸을 일으켰다. 오전 3시가 되기 직전이었다. 오전 3시에 2호기 원자로의 압력은 설계상의 최고 사용 압력보다는 낮은 수치로 돌아갔지만, 정상 수위를 회복하지는 못하고 있었다.

[거부] "주권을 지키는 것도 어려워질 거야"

"목숨을 걸고 싸울 수밖에 없다"

잠을 깬 총리는 집무실로 갔다. 그곳엔 가이에다, 에다노, 후쿠야마 관방부장관, 호소노 총리보좌관과 데라타, 이토 위기관리감이 기다리고 있었다.[9]

"도쿄전력이 원전 사고 현장에서 철수하겠다는 의사를 내비쳤습니다."[10]

말이 끝나자마자 간 총리가 받아쳤다.

"철수하면 어찌 되는지 알고 하는 소린가? 철수 따위는 있을 수 없어. 그렇지 않나?"

'무슨 말도 안 되는 소리냐?' 하는 어조였다고 후쿠야마는 말한다. 나중에 필자가 취재했을 때, 간 총리는 철수 건을 처음 들었을 때의 심경에 대해 이렇게 밝힌 바 있다.

거대한 격납 용기가 파열했을 때 '도쿄까지 영향이 미칠 가능성이 있겠구나', '3천만 명을 피난시켜야 하는구나.' 하는 최악의 사태를 머릿속에 그리고 있었어요. 하지만 그런 상상을 하면서도 '어떻게든 그렇게까지는 되지 않아야 할 텐데.' 하고 바랐습니다. 그 와중에 이른바 '최악의 시나리오'에 가까운 이야기가 나온 거죠. 철수가 불가피하다는 소리였습니다. 사실상 일본을 포기한다는 얘기인데 그럴 수는 없었습니다. 어떻게 해서든 버텨야 한다고 생각했어요. 철수 이야기가 나오리라고는 예상치 못했지만, 원전이 문제를 일으키고 나서부터 어떤 의미에서는 전쟁이라는 의식이 강하게 들었습니다. '싸워야 한다.'고 생각했어요. 보이지 않는 상대와의 전쟁. 원자로가, 방사능이 일본을 점령하려 든다는 느낌을 받았습니다. 묵과할 경우, 일본뿐만 아니라 잘못하면 다른 나라에까지 엄청난 피해를 줄 수 있었어요. 목숨을 걸고 싸울 수밖에 없다고 생각했습니다. 일본인으로서 반드시 해결해야 했고요. 그런데 당사자인 도쿄전력이 철수하겠다고 하니 '이게 무슨 가당찮은 소리냐?'라는 기분이 들었습니다. 나는 전쟁을 모릅니다. 하지만 싸워야 할 때 도망가면 어떻게 합니까? 도쿄전력은 당사자로서 책임이 있고, 사고의 반은 그들 책임입니다. 그럼에도 책임지고 싸워야 할 사람들이 무슨 어리석은 소리를 하는가 싶었습니다.

그런데 "철수 따위는 있을 수 없어. 그렇지 않나?"라고 묻는 간 총리에게 누구 하나 대꾸하는 이가 없었다.[11] 그러던 중 이토 위기관리감이 총리의 결단을 촉구하고 나섰다.

"결사대를 조직해서라도 버티라고 해야 합니다."

간 총리는 답했다.

"그렇고말고. 철수는 있을 수 없어. 있을 수 없지."[12]

간 총리의 말이 끝나자마자 요시다 소장과의 전화 통화가 이루어졌다. 상황을 묻던 간 총리가 말했다.

"요시다 소장은 버틸 수 있다고 하잖아."

그리고 당장 시미즈 사장을 관저로 부르기로 했다.

오전 3시 20분 사람들은 일단 옆 응접실로 자리를 옮겼다. 벽에는 '선예'蟬蛻라고 쓴 액자가 걸려 있다. 매미의 허물을 가리키는 말로 '세속을 벗어나다.'라는 의미가 있다.

관방부장관인 후지이 히로히사藤井裕久와 다키노 긴야瀧野欣彌, 방재담당대신인 마쓰모토 류松本龍도 합류했다.[13] 나중에 '어전회의'라고 불린 모임이다. 데라사카 보안원장과 보안원 간부 야스이, 마다라메 원자력안전위원장, 구키타 위원장 대리도 참석했다.

2호기의 위기 상황은 전날부터 이어졌다. 원자로 압력을 낮추는 작업을 시도했지만 진척이 없었다. 초점은 압력을 빼는 파이프라인의 밸브였다. 밸브가 안 열리면 원자로 내부의 압력이 올라가 자칫하면 폭발을 일으킨다. 내부 압력은 시시각각 높아졌다.

어전회의가 시작됐다. 야스이가 상황을 설명하고 에다노가 "도쿄전력에서 '플랜트가 위험한 상황이며, 더 할 수 있는 일이 없다. 철수하고자 한다.'는 의사를 밝혔습니다."라고 보고했다. 이때도 간 총리는 즉시 못 박아 말했다.

"철수 같은 건 있을 수 없어."

모두의 의견이 '철수해서는 안 된다.'로 굳어졌다. '철수를 말리려면 도쿄전력으로 쳐들어가야 한다.'는 말까지 나왔다.[14] 관저에서는 '전원'인지 '일부'인지, 몇 명을 남기는지에 관해 논의한 적이 없다. 어전회의에서는 정부와 도쿄전력이 힘을 합쳐 대책본부를 두기로 했고, 그 법률적 근거를 어떻게 할지에 대한 대화가 이루어졌다.[15]

데라타가 말을 꺼냈다.

"법률적 근거는 어떻게 합니까? 어떤 식으로 정리해 얘기하죠?"

그렇게 물었던 이유에 관해 데라타는 나중에 이렇게 회상했다.

"도망가려는 사람들에게 도망가지 말라고 할 수 있는 힘이란 법에 바탕을 둔 권력이어야 한다고 생각했습니다. '지휘 권한이 총리에게 있다. 권한자로서 말하는데 당신들 철수하면 안 돼.'라고 이야기해야 한다고 생각한 거죠."

데라타의 물음에 에다노가 고함을 질렀다.

"지금 그런 얘기 할 때가 아니에요!"[16]

데라타는 두 번 정도 물고 늘어졌으나 그때마다 에다노의 역정을 샀다.[17]

시미즈가 오는 동안, 간 총리는 회의 장소를 응접실에서 다시 집무실로 옮겼다. 이번에는 정치인들만 모였다. 간 총리는 말했다.

"이대로 팽개치고 철수하면 동일본 전체가 큰일 나. …… 이런 상황에 도망을 가면 어쩌자는 말인가? …… 이러다가는 주권을 지키는 것도 어려워질 거야."

총리는 눈앞에 있는 한 사람 한 사람을 강한 어조로 다그쳤다.

"나는 지금 도쿄전력으로 갈 작정이네. 자네는 갈 텐가? …… 자네
는? …… 자네는 갈 텐가?"[18]

[탄식] "또 역정 든겠네"

다케쿠로 고문의 전화기는 울리지 않았다

'원자로가 폭발하면 그야말로 나라가 엉망이 된다.'

간 총리는 심각한 위기감을 느꼈다고 했다.

"'미타카三鷹에 있는 어머니 댁도 못 쓰게 되는 것 아닌가?'라는 둥
그때는 별의별 생각이 다 들었어요."

도쿄전력은 관저에 네 명을 상주시켰다. 대표 격은 다케쿠로 고문
이었다. 다케쿠로는 지진 발생 첫날인 3월 11일부터 관저에 대기했
다. 그는 중요 국면마다 회의에 참석했고, 도쿄전력과 관저의 다리 역
할을 맡는 동시에 기술적인 조언을 했다. 말하자면 관저가 위기 대책
을 세울 때 도쿄전력 측을 대표한 것이다. 간 총리부터 에다노와 가이
에다까지 당초에는 모두가 다케쿠로를 의지할 수밖에 없었다.

그랬던 다케쿠로가 도쿄전력의 원전 포기 사건으로 관저가 한창
허둥거릴 때 자취를 감췄다. 총리집무실이 있는 5층이 아니라 지하 응

접실 등에 머물던 다케쿠로는 다른 직원들을 남겨 두고 임시 숙소로 쓰던 가까운 호텔로 갔다.[19] 그는 전날인 14일에는 폭발 위기에 직면한 2호기 문제에 매달렸다. 오후 7시 54분부터 소방차를 써서 냉각용 해수를 주입할 수 있게 되자 일단 안심했다. 그래서 날짜가 15일로 바뀌자 임시 숙소인 호텔로 가서 잠시 휴식을 취하기로 한 것이었다. 다케쿠로는 샤워를 한 뒤 침대에 머리를 대자마자 깊은 잠에 빠져들었다. 연락용 휴대전화는 머리맡에 두었다.[20]

시간이 지나면서 격납 용기의 압력이 올랐고, 폭발 위기가 코앞에 닥쳤다. 하지만 도쿄 본사는 다케쿠로에게 그 사실을 알리지 않았다. 베갯머리에 둔 다케쿠로의 휴대전화는 한 번도 울리지 않았고,[21] 그는 그렇게 아침이 밝을 때까지 잤다.[22]

도쿄전력 시미즈 사장의 차량은 관저를 향해 달렸다. 후쿠야마 관방부장관과 데라타 총리보좌관은 집무실에서 나왔다. 두 사람은 소리 죽여 대화를 나누었다.[23]

후쿠야마 사장이 철수한다는 말을 꺼내면 큰일인데 말이야.
데라타 시미즈 사장한테 총리의 의향을 살짝 전할까요?

시미즈에게는 국회 담당과 홍보 담당 간부 두 명이 동행했다.[24] 차 안에서 시미즈는 두 사람에게 몇 번이고 이렇게 중얼거리듯 말했다.

"미안해, 미안해. …… 매번 말이야. …… 결국 또 [총리에게] 싫은 소리 듣겠네. …… 자네들, 미안해. …… 이거 참, 또 역정 듣겠네."[25]

[통고] "철수는 있을 수 없습니다"

시미즈의 답변

도쿄전력의 시미즈 사장이 관저에 도착한 시각은 오전 4시 17분이었다.

"시미즈 사장 오셨습니다."

보고를 받고 데라타 총리보좌관이 시미즈를 맞았다. 데라타는 결국 철수 거부라는 간 총리의 의향을 시미즈에게 전하지 않았다.[26] 데라타는 시미즈에게 이렇게 물었던 것으로 기억한다.

"혼자 들어가시겠습니까? 아니면 셋이서?"

시미즈는 "혼자 가겠습니다."라고 답하고 동행한 사원 두 사람과 떨어져 홀로 총리가 기다리는 응접실로 안내받았다.[27] 데라타가 곁을 따랐다.[28] 간 총리는 "수고 많습니다. 와주셔서 고맙습니다."라고 인사하고는 오른쪽 소파에 앉은 시미즈에게 돌연 결론부터 말했다.[29]

"철수는 있을 수 없습니다."

에다노, 가이에다, 후쿠야마 관방부장관, 다키노, 후지이, 그리고 호소노 총리보좌관, 이토 위기관리감, 보안원 간부 야스이 등이 동석한 자리였다.[30] 모두들 시미즈의 반응을 기다렸다.

"네, 알겠습니다."[31]

양손을 무릎 위에 올린 시미즈가 고개를 약간 숙였다. 시미즈의 답을 들은 가이에다는 '어?' 하는 생각이 들었다.[32]

'그렇게 강력하게 철수를 주장하더니.'

시미즈의 답변에 놀란 사람은 가이에다만이 아니었다. 정치인이 아닌 이토와 야스이도 같은 느낌이었다고 증언한 바 있다. 간 총리는 연거푸 다짐을 했다.

"호소노 총리보좌관을 도쿄전력에 상주시켰으면 합니다. 그러니 책상과 방을 준비해 주세요. 도쿄전력에 통합본부를 만들겠습니다. 서로 정보를 공유하자고요."

시미즈는 놀란 기색이었지만, "알겠습니다."라고 답했다.[33] 이렇게 해서 '사고대책통합본부'가 설립되었다. 정부가 민간 기업에 들이닥쳐 직접 지휘하는 초법적 조직이다. 사고 대응의 주도권을 관저가 잡았다. 형식을 중시하는 관청식 절차를 고려할 때 상상을 초월한 판단이었다. 간 총리는 밀어붙였다.

"몇 시에 도쿄전력으로 가면 됩니까?"

간의 질문에 시미즈는 두 시간쯤 걸릴 것이라고 답했다.

"그러면 늦어요. 한 시간 뒤에 갈 테니 방을 준비해 주세요."

이를 승낙한 시미즈에게 간은 말했다.

"그럼 부탁합니다. 용건은 끝났어요. 준비해 주세요."

회담은 10분 정도 걸렸다.

총리, 도쿄전력으로 가다

총리의 도쿄전력행이 정해지자 총리비서관이 소리를 높였다.[34]

"도쿄전력으로 가신대. …… 관저 기자 클럽에 통고해."

그 이야기를 들은 도쿄전력 홍보부의 하세가와 가즈히로長谷川和弘 과장은 시미즈 사장을 함께 수행한 도쿄전력의 국회 담당 직원이 휴대전화를 꺼내 들고 전력총련 관련 민주당 의원과 통화하는 모습을 보았다.[35]

"의원님, 어떻게 안 되겠습니까?"[36]

손쓸 수 있을 리 만무했다. 시미즈 사장이 돌아간 뒤 관저 핵심 인사들은 총리집무실로 이동했다. 데라타 총리보좌관은 여기서도 통합본부 설치의 법률적인 근거를 어디서 찾아야 할지 언급했다. 에다노에게 또 싫은 소리를 들었다.[37]

관방부장관인 다키노도 있었다. 속이 상한[38] 데라타는 다키노의 등 뒤에서 작은 소리로 "정말 죄송한데, 부장관께서 법률적인 정리를 맡아 주시겠습니까?"라고 말한 뒤 비서관실로 갔다.[39] 데라타는 비서관들에게 말했다.

"잠시 뒤에 도쿄전력으로 갈 거야. 통합본부를 만들 예정이니까 법률적인 근거를 생각해 두게. 그리고 밑에서 기자들에게 얘기할 총리의 메시지를 생각해 주게."[40]

비서관들이 일제히 움직이며 법조문을 뒤졌다.

"이렇게 해석할 수 있지 않을까?"

"이런 식으로 볼 수도 있지 않을까?"

"이거면 되겠어."

총리집무실에 인접한 비서관실은 금세 떠들썩해졌다.[41] 간은 주위의 소란스러운 분위기를 아랑곳하지 않고 총리집무실의 책상 앞에 혼자 앉아 있었다. 항상 옆에 두는 A5 용지 크기의 '간 노트'를 펼쳐 놓고 펜을 바삐 놀려 사고대책통합본부의 인사안을 적는 중이었다.

〈본부장 간, 부본부장 가이에다·시미즈, 사무국장 호소노, 차장 가토 코이치加藤公一〉

관저 숙직실에서 팬츠와 셔츠 차림으로 선잠을 자던 시모무라 심의관은 총리비서관의 전화에 화들짝 놀라 깼다.[42]

"도쿄전력이 철수하겠다고 해서, 총리가 잠시 뒤에 도쿄전력으로 가시니까 같이 가주세요."

시모무라는 방재복으로 갈아입고 서둘러 총리집무실로 갔다.[43]

오전 5시 26분, 간 총리는 관저 현관에 있던 기자단에게 도쿄전력과의 통합본부 발족을 발표하며 이렇게 말했다.

"우려할 만한 상황은 계속되고 있지만, 무슨 수를 써서라도 이 위기를 진두지휘해 극복할 것입니다."[44]

그로부터 2분 뒤인 오전 5시 28분, 간 총리는 도쿄전력 본사로 향했다. 가이에다·후쿠야마·호소노·데라타도 뒤따랐다.

[대치] "여러분은 당사자입니다"

회장·사장도 각오하라

관저를 출발한 지 7분 뒤 총리를 태운 검은 차가 도쿄전력 본사에 도착했다. 간 총리는 도쿄전력 2층의 대책본부로 갔다. 정부와 도쿄전력의 사고대책통합본부로 쓰일 장소였다. 벽면에는 현장과 화상회의를 할 때 쓸 모니터가 여러 대 걸려 있었다. 총리 정면에 가쓰마타 회장, 그 옆에 시미즈 사장이 앉았다. 간은 이렇게 훈시했다. 비서관 메모에서 채록한 내용이다.

이번 일의 중대성은 여러분이 제일 잘 알고 있을 것으로 생각합니다. 정부와 도쿄전력이 실시간으로 대책을 세울 필요가 있습니다. 내가 본부장, 가이에다 대신과 시미즈 사장이 부본부장을 맡습니다. 이는 2호기에만 해당되는 이야기가 아닙니다. 2호기를 포기하면 1·3·4호기에서 6호기, 나아가 후쿠시마 제2원전은 어떻게 되겠습니까?

이들을 포기할 경우 수개월 뒤에는 모든 원전·핵폐기물이 붕괴되어 방사능을 뿜게 될 것입니다. 체르노빌의 두 배에서 세 배 되는 사태가 10기, 20기로 늘어날 겁니다.

어떻게 해서든 목숨을 걸고 이 상황을 제어하지 않는다면 일본이라는 나라가 위험할 수 있습니다.

철수하고 입 다문 채 간과할 수 없습니다. 그렇게 되면 외국에서 '자기

들이 하겠다.'고 나설지도 모릅니다.

여러분은 당사자입니다. 목숨을 거세요. 도망가려 해봐야 갈 수도 없습니다. 정보 전달이 늦고 부정확합니다. 틀린 정보도 있습니다. 위축되지 말고 필요한 정보를 올려 주길 바랍니다. 눈앞에 벌어지는 일뿐만 아니라 다섯 시간 뒤, 열 시간 뒤, 하루 뒤, 한 주 뒤를 읽고 행동하는 것이 중요합니다.

돈은 얼마가 들어도 좋습니다. 도쿄전력이 할 수밖에 없어요. 일본이 무너질지도 모르는 이때, 철수는 있을 수 없습니다. 회장·사장도 각오해야 합니다. 60세 이상이 현지에 가면 됩니다. 나는 그런 각오로 하겠습니다.

철수는 있을 수 없습니다. 철수하면 도쿄전력은 반드시 망할 겁니다.

총리가 훈시를 마칠 무렵, 시모무라 심의관이 뒤늦게 2층에 모습을 드러냈다. 총리비서관[45] 중 한 사람이 2층 복도에서 시모무라에게 "지금 총리가 중요한 말씀 중"이라고 알렸다.

"무슨 얘긴데요?"

시모무라의 물음에 비서관이 답했다.

"'철수는 절대 안 된다. 일본의 동쪽 반을 핵폐기물로 만들 수는 없다.'고 했어요. 사장 이하 60세 이상은 여기서 죽을 각오를 하라고."[46]

간 총리는 복도 건너편에 있는 작은 방으로 이동했다. 시미즈와 함께 관저로 동행했던 두 직원은 그 작은 방 앞 복도에서 데라타에게 불만을 터뜨렸다.

"관저에 버려두고 가시면 어떡합니까?"

"이동하면 하신다고 말씀해 주세요."[47]

아무래도 시미즈 사장은 함께 관저로 갔던 두 직원을 남겨 두고 혼자서만 본사로 돌아온 모양이었다.[48] 데라타는 "[두 직원들의] 서슬이 퍼랬어요. 왜 나한테 화를 냈는지 알 수가 없었습니다."라고 회상한다.

얄궂게도 그즈음 2호기의 압력억제실 부근에서 큰 충격음이 났다.[49] 오전 6시경이었다. 그로부터 세 시간 뒤에 정문 부근에서 시간당 방출되는 방사선량은 1만1,930마이크로시버트로 확인되었다. 지금까지 확인된 수치와는 현격히 다른 고선량이었다.

바다 쪽으로 불던 바람은 점차 육지 쪽을 향했고, 그런 다음에는 북서로 방향을 틀었다. 바람은 마니에마치浪江町·가와마타마치川俣町·이타테무라飯舘村, 후쿠시마 시 쪽으로 불었다.

[애원] "본부 기능을 이전하겠습니다"

도쿄전력의 '품의서'

오전 6시경 충격음과 함께 2호기 압력억제실의 압력이 0으로 떨어졌다. 이는 원자로에 구멍이 뚫려 고농도의 방사능을 포함한 증기가 외부로 유출되었음을 의미했다. 같은 시각 4호기에서도 큰 소리가 났다. 도쿄전력은 보안원에 "원자로 건물 5층 지붕 부근에서 손상을 확인했다."라고 보고했다.

총리 일행은 도쿄전력 2층의 작은 방에 있었다. 정부와 도쿄전력이 갓 출범시킨 통합본부와는 복도 하나를 사이에 두고 있었다. 작은 방에는 가쓰마타 회장과 시미즈 사장도 대기 중이었다.

총리가 화상회의 시스템으로 요시다 소장과 대화할 때였다. 요시다는 "죄송합니다. 긴급사태입니다. 작업 현장으로 돌아가겠습니다."라며 대화를 중단했다.[50] 현장의 허둥대는 분위기가 엿보였다.

2호기에서 난 충격음에 관해 도쿄전력 측은 "압력 용기 바닥이 빠져 아래로 무너져 내렸을 수 있습니다", "내부 압력이 외부 압력과 동일해졌습니다."라고 설명했다. 설명을 들은 총리는 곧바로 에다노에게 전화를 걸었다.

"매우 중대한 상황이 발생했네. 비상사태야."

도쿄전력은 총리에게 계속 설명했다.

"최소한의 요원들로 냉각수 주입을 계속하겠습니다."

심각한 상황에 빠진 플랜트를 냉각수 주입만으로 통제하려는 것이었다.

동석한 시모무라는 그 자리에서 오간 발언을 일일이 노트에 적었다. 그는 필사적으로 펜을 움직였다.

오전 6시 45분, 간 총리는 가쓰마타 회장에게 "올바른 정보를 전하는 것이 우리의 기본 방침"이라고 통고했다.

도쿄전력 측에서 "건물 주위의 데이터를 보고 판단해 업무에 복귀하겠습니다. 한 시간쯤 걸릴 듯합니다."라는 방침이 전달되었다. 철수한 요원들을 다시 들여보낼지는 선량을 파악한 뒤 결정하겠다는 것이었다. 그러나 정문 부근의 선량은 점점 상승하고 있었다.

데라타가 작은 방에서 나와 통합본부 안을 들여다보니 대형 화면에 문서를 비춘 영상이 떠있었다. 후쿠시마 제1원전에서 철수하겠다는 내용이 적힌 품의서였다. 시미즈가 "그럼 품의서를 읽어 보게."라고 말하는 소리가 데라타의 귀에 들렸다. 간부로 보이는 사람이 낭독했다. 중간중간 시미즈는 간부로 보이는 사람들과 문구를 수정했다.[51]

시곗바늘이 오전 7시를 향하고 있었다. 도쿄전력이 A4 용지 크기의 문서를 가져왔다. 시모무라가 노트에 옮겨 적은 바에 따르면, 간 총리에게 내민 품의서의 제목은 다음과 같다.

〈본부 기능 이전에 관하여(도쿄전력 측 서류)〉(괄호 안은 원문 그대로)

도쿄전력은 본부 기능을 후쿠시마 제1원전에 두기를 포기할 생각이었다. 현지에서 작업을 지휘하는 가장 중요한 부대인 본부를 후쿠시마 제1원전에서 철수시킨다는 것이다.

품의서에는 "작업에 임할 최소한의 요원을 남기고"라는 문구가 있었다. 그 문구를 보고 시모무라가 물고 늘어졌다. 그는 도쿄전력 측에 "'작업'이라고 쓴 부분을 '냉각수 주입 작업'으로 바꾸시오."라고 요청했다. 시모무라는 그 이유에 관해 이렇게 회상했다.

"냉각수 주입 작업마저 중단되는 것을 참을 수 없었기 때문입니다. 뭔가를 야금야금 바꿔 가려는 분위기가 확 느껴졌거든요."

도쿄전력 측은 "알겠습니다."라고 답했다. 하지만 시모무라의 요청이 반영되지는 않은 것 같다.

시모무라 노트에 남은 대화 기록

시모무라는 계속해서 메모했다.

그때까지 잠자코 듣고만 있던, 경찰 관료 출신 내각관방부장관보 니시카와 데쓰야[52]가 마침내 가쓰마타와 시미즈를 향해 일갈했다.[53]

"당신들이 여기 있으니까 안심하나 본데, 절대 잘못된 생각이오!"

도쿄전력 2층의 작은 방에서는 대화가 계속됐다. 현지 정보가 하나씩 들어오기 시작했다. '시모무라 노트'에서 발췌한 내용이다.

〈4호기 리액터 건물(원자로 건물) 5층 바닥, 지붕 있으나 주위는 날아감. 주변에 파편, 무너진 더미〉(괄호 안은 필자)

〈3호기 리액터에서 자욱한 증기〉

〈4호기 풀, 연료봉 용융인지 피복관 용융인지 모름. 연료봉 손상은 없음〉

오전 7시 8분 도쿄전력이 원전 포기를 언급했다.

〈심각한 상황이라 철수를 원함〉

시모무라는 이를 악물고 모든 대화 내용을 적었다.

간 총리는 도쿄전력의 '원전 포기' 요청에 대해 "냉각수 주입은 반드시 지속돼야 합니다."라고 답했다. 도쿄전력은 "압력억제실의 압력이 0입니다. 앞으로도 계속 냉각수 주입 작업에 진력을 다하겠으나 다른 요원들은 빼겠습니다."라고 했다. 시모무라는 이 발언이 가쓰마타 또는 그에 준하는 도쿄전력 간부의 발언이었다고 증언한다.

이 대화를 전후로, 결국 70명만 후쿠시마 제1원전에 남고, 650명은 남쪽으로 10킬로미터가량 떨어진 후쿠시마 제2원전으로 피신했다. 지진이 발생했을 때 제1원전에는 6,415명이 있었다. 상세히 살펴보면 하청 협력 회사 작업 인부가 5,660명, 도쿄전력 직원은 755명이었다. 제2원전에는 2,360명이 있었다. 현장 인원이 수천 명이나 줄었음에도 시미즈 사장이 필사적으로 연락을 취하는 일은 없었다.

"현장은 전체가 어두워서 회중전등을 들고 작업 중입니다."

현장에서 엄청난 곤란을 겪고 있다는 보고가 도쿄전력으로부터 차차 들어왔다. 나중에 도쿄전력은 14일 밤부터 가시화되기 시작한 원전 포기 사건을 이렇게 주장하고 있다.

"플랜트가 대단히 힘든 상황이었기에 작업과 직접 관련되지 않은 직원들을 일시적으로 대피시키는 건에 관해, 어차피 필요할 것이므로 검토했으면 한다고 했습니다. 그리고 전원 철수에 대해서는 고려한 적도, 요청한 적도 없습니다."

이 주장에는 품의서의 제목에도 드러난, 본부 기능 이전 내용이 쏙 빠져 있다. 그리고 논점을 '전원인지 아닌지', 즉 '0인지 1백인지'의 이야기로 슬쩍 둔갑시키고 있다. 그들의 주장에서 '철수'라는 말 앞에 굳이 '전원'을 끼워 넣은 대목에 주목해야 한다.

'시모무라 노트'에 기재된 "작업에 임할 최소한의 요원을 남기고"라는 표현은 몇 명 정도를 말하는 것일까? 1백 명 가운데 한 명인가, 열 명인가, 그도 아니면 99명인가? 한 명만 남기고 나머지 99명이 피난을 갔다 해도 숫자상으로는 '전원'이 아니다.

또 "작업에 임할 최소한의 요원을 남기고"라는 문구가 "작업과 직접 관련되지 않은 직원"으로 바꿔치기되어 있다. '요원'이 '직원'으로 변했고, '최소한'이라는 표현도 사라졌다. "작업과 직접 관련되지 않은 직원"이란 대체 누구인가? '직접'이라는 표현까지 붙어 있다. '직접'은 무엇을 가리키는가?

도쿄전력의 주장이 놀라운 것은 "어차피 필요할 것이므로 검토했으면 한다."라는 문구가 들어 있다는 점이다. 이런 느긋한 대화는 14일 밤 이후 관저에서는 결코 나온 적이 없다. 게다가 '일시적'이라는 표현을 사용함으로써 지극히 순간적인 사안인 듯한 인상을 강조하고 있다. '일시적'이라 함은 1분? 10분? 한 시간? 그도 아니면 1백 시간, 1천 시간? 코에 걸면 코걸이, 귀에 걸면 귀걸이가 아닌가.

또한 도쿄전력은 '철수'보다 어감이 부드러운 '대피'라는 단어에 집착했다. 원전에서 어떤 일이 발생할지 모르는 지극히 심각한 상황은 14일 밤부터 이어졌다. 그런 와중에 대체 '대피'와 '철수'는 어떻게 다른가? 숫자 문제뿐만 아니라 표현 문제에서도 논점을 돌리고 있었다.

플랜트 제어를 포기하느냐 마느냐가 본질

좀 더 지적하자면 이렇다. 15일에 도쿄전력이 본사에서 대기하던 기자들에게 나누어 준 문서의 표제에는 "후쿠시마 제1원자력발전소의 직원 이동에 관해"라고 되어 있었다. '대피'라는 단어에서 더 후퇴해, 마치 물건의 위치를 바꾸는 듯한 '이동'을 사용했다. 당시의 문구는 이랬다.

"앞으로도 원자로 압력 용기에 대한 냉각수 주입 작업에 전력을 다하겠지만, 동 작업과 직접 관련되지 않은 협력 기업 작업 인부 및 당사 직원을 일시적으로 동 발전소의 안전한 장소 등으로 이동시키기 시작했습니다."

여기서 말하는 '동 발전소'란 후쿠시마 제1원전을 말한다. 이 보도 발표문에는 '후쿠시마 제2원전'이라는 표현이 없다. '동 발전소의 안전한 장소 등'이라고 하여 '등'이 붙어 있을 따름이다. 또 현재 도쿄전력의 주장에 따르면 철수한 인원은 '직원'뿐이라고 한다. 당일 배포한 보도문에 있었던 "협력 기업 작업 인부"라는 문구는 사라졌다.

문제는 숫자도 아닐뿐더러 '이동', '대피', '철수' 같은 단어 선택도 아니다. 한 사람이라도 남겼다면 자구상으로는 '전원'이 아니다. '전원 철수를 고려했습니까?'라고 도쿄전력에 물으면 '전원 철수는 아닙니다.'라고 말할 것이다. '시모무라 노트'에 적힌 대로 원전에서 피신하겠다는 현실적인 결정을 내린 단계에서, 도쿄전력은 일부러 품의서까지 만들어 총리에게 승낙을 요구하며 간청하는 모양새를 취했다.

위기에 처한 플랜트의 제어를 실질적으로 포기했는지 여부가 본질이다. 거기다 본부 기능까지 철수해 현장에 있던 사람들을 어디론가 피신시키려고 했다. 플랜트의 제어에서, 두 손 두 발 다 든 것이라면 '전원'이 아니든, '일시적'이든, 더 나아가 '대피'라는 단어를 쓰든 그것은 원전을 포기하는 것이다. 도쿄전력은 일촉즉발의 원전을 앞에 두고 제어를 포기하고 방기하려 했다.

앞서 서술했듯이 총리와 에다노·가이에다 등 관저의 핵심 인사들은 도쿄전력이 철수한다는 말을 듣고 거기에 대응하는 데 급급했다. 이날 오전 3시 이전까지만 해도 도쿄전력은 이토 위기관리감에게만 '철수', '포기'를 언급했다. 그러나 아침이 되자 그 말은 현실이 되고 말았다.

거듭 말하자면, 이 문제는 전원 철수냐 아니냐의 문제가 아니다. 원전 포기 사건이다. 도쿄전력은 원전 통제를 포기하고 방기하려 했다. 이것이 취재를 통해 드러난 진실이다. 다시 말해 이 원전 포기 사건은 도쿄전력이 장차 원전 가동을 맡을 자격이 있는지를 묻는 지극히 중요한 논점이다.

흐리멍덩한 가쓰마타 회장

다시 이야기를 되돌려보자. 그 자리에서는 후쿠시마 제2원전에 관한 언급도 나왔다. 도쿄전력 측은 "제2원전에는 5천 톤의 물이 필요합니다. 담수를 쓰겠습니다."라고 밝혔다. 이에 대해 관방부장관보인 니시카와[54]가 말했다.

"바닷물도 상관없다고 어제 들었는데요?"

도쿄전력 측은 "네?" 하고 되물었다.

"바닷물도 상관없기에 펌프차 여덟 대를 현지로 보냈어요."

니시카와가 설명하자,[55] 그 자리에 있던 정부 관계자도 덧붙였다.[56]

"꼭 담수라야 한다면 지금이라도 신규 발주를 내세요."

간부는 "아, 네. 그러면……" 하더니 뒷말은 삼켜 버렸다.

이 같은 대화까지 모두 메모한 시모무라는 당시 느낌을 이렇게 적었다.

〈확실히 하라고오!!!〉

느낌표가 세 개나 붙었다.

오전 7시 44분 작은 방에 있던 6분할 화면 중 하나에 4호기 사진이 떴다. 천장과 벽이 붕괴된 모습이었다.

총리는 "한 가지 작업에만 몰두하지 말고 최소한 두 방향으로 나누어서 작업을 병행하세요."라고 주문했다. 가쓰마타는 이렇게 답했다.

"네, 감사합니다."

간 총리 등은 기겁할 뻔했지만, "'감사합니다.'라니 무슨 대답이 그래요? 그러겠다는 거요, 아니라는 거요?"라고 가쓰마타를 다그쳤다.

그렇게 요령부득한 대화가 반복되었다. 시모무라는 애가 탔다. 메모하던 손을 잠시 멈춘 그는 정면에 앉은 가쓰마타 등 도쿄전력 측 인사들에게 이렇게 내뱉었다.

"확인한 다음에 움직일 게 아니라, 최악의 경우를 미리 예상해 먼저 움직여야 할 것 아닙니까? 확인한 뒤 예상이 틀렸으면 그때 조치를 멈추는 방침으로 미리미리 움직여 주세요."[57]

시모무라는 다시 노트를 잡았다. 시모무라가 질타하자 시미즈 사장은 알았다고 했을 뿐 다른 말이 없었다. 이번에는 호소노 총리보좌관이 끼어들었다.

"2호에서 대피하면 1·2·3호기는 멜트 다운입니까?"

가쓰마타는 "정도는 모르겠지만……"이라며 '물렁물렁한 소리'를 중얼거렸고, 알아들을 수도 없었다. 시모무라는 노트에 〈회장은 겁먹은 눈을 한 채, 딱 평론가 수준의 발언으로 얼버무린다〉라고 느낌을 적었다.

호소노가 노발대발했다.

"이 자리에서는 좀 솔직하게 의견을 교환합시다!"

축척 없는 지도, 허점투성이 데이터

그때 도쿄전력 직원이 들어왔다. 방사능이 앞으로 얼마나 확산될지 예상한 도면을 가져온 것이었다. 그것을 총리에게 보여 주었다. 관저에서 온 누군가가 지명이 적히지 않은 그 지도를 보고 물었다. "몇 대 몇 지도예요?" 직원이 답했다.

"……모르겠습니다."

총리 일행은 여기서 또 한 번 무너져 내렸다. 관저 측의 누군가가 지적했다.

"축척을 모르면 몇 킬로미터까지 퍼지는지를 알 수 없잖습니까?"

직원은 아무 말 없이 풀이 죽어 자리를 떴다.

이런 일도 있었다. 도쿄전력 직원이 "선량이 떨어졌습니다."라고 외치며 데이터 표를 들고 작은 방에 들어왔다. 그런데 비교 전후의 지점이 같은 장소인지 여부도 몰랐다. 그런 허점을 지적하면 도쿄전력 직원은 한마디도 못 했다. 총리 일행은 어이가 없고 기가 막힐 노릇이었다.

호소노는 '철수 문제'에 관해서도 도쿄전력 측에 전했다.

"철수는 우리도 검토한 바 있지만, 있을 수 없는 일이라고 결론 냈습니다."

도쿄전력 측에서는 "제2(원전)는 자신감을 가져도 좋습니다."라고까지 했다. 가쓰마타 회장은 "4호기로 불똥이 번진 것은 충격적입니다. 4·5·6호기는 안전할지도……"라고 말하다가 얼버무렸다.

시모무라는 메모를 멈추지 않았다.

이번에는 도쿄전력 직원이 도면을 펼치고 향후 예상을 설명했다.

"이것은 노심이 20퍼센트 손상되어 순식간에 방사성물질이 방출된 경우의 예입니다."

도면에는 앞으로 방사성물질이 어떻게 비산할지가 나타나 있었다.

"여섯 대(후쿠시마 제1원전 1~6호기까지) 전부에 문제가 생기면……"

말하다 멈춘 그는 다음 말을 찾지 못했다. 총리는 가쓰마타와 시미즈의 답변을 끌어냈다.

"어떻게 생각합니까?"

가쓰마타는 "어, 음." 하며 신음 소리만 냈다. 시미즈는 "30킬로미터……"라며 단어 하나하나를 끊어 가며 애써 말을 이으려 했지만 갈수록 목소리가 기어들어 갔다.

시모무라의 노트는 여기까지다.

시미즈의 발언은 주민 피난 구역을 30킬로미터까지 확대할 필요성이 제기될 가능성을 언급한 것이다. 나중에 관저 측이 비서관에게 듣고 남긴 메모에도 〈시미즈 사장이 피난 구역을 30킬로미터로 확대하는 안을 언급〉이라고 기록되어 있다.

도쿄전력은 사태를 심각하게 보고 있었다. 그럼에도 관저 측에는 구체적인 대응을 전혀 제안하지 않았다. 도쿄전력의 최고 간부는 말을 얼버무리며 원전에서 도망가겠다고 관저 측에 애원했다.

1·3호기는 건물이 폭발했지만 2호기의 충격음은 격납 용기 밖에서 발생했다. 원자로 자체가 붕괴되었다면 누출되는 방사능이 엄청났을 것이다.

오전 8시 30분 도쿄전력은 기자회견을 열었다. 모두에게 고개를 숙인 도쿄전력 간부는 "손쓸 수 없는 상황입니까?"라는 질문에 대해 "규모로 봐서는 중대한 상황입니다."라고 답했다.

간 총리 등은 작은 방 근처에 있는 별실로 갔다. 총리가 관저에 복귀할 시점을 놓고 이야기가 오갔다.[58] 사무 쪽과 이야기해 각료 회의 시각에 맞춰 돌아가기로 했다. 그 자리에 정치인은 간 총리 외에 가이에다·후쿠야마·호소노·데라타가 있었다.[59]

돌아갈 시간이 다가왔다.

"그럼, 나는 가네."

간이 말했다. 후쿠야마는 호소노에게 "저쪽(도쿄전력)은 자꾸 편한 대로만 이야기하니 넘어가지 말고 조심하게."라는 이야기를 남겼다.[60]

통합본부를 발족했다고는 하지만 그곳은 도쿄전력 본사였다. 관저 측 입장에서는 원정 경기였다. 데라타는 "그 자리에 있는 것만으로도 상당한 스트레스였어요."라며 당시 분위기를 회상한다.

후쿠야마가 [호소노를] 단속하는 소리를 들은 데라타는 '나까지 관저로 돌아가면 가이에다 대신이나 호소노 보좌관에게 미안한데.'라는 생각이 든 한편 '주의만 주고 가면 어쩌자는 거야.' 싶어서 속으로 혀를 찼다.[61] 결국 데라타는 남기로 했다. 잠시 뒤 총리와 후쿠야마가 대기실을 나섰다.

'남는 건 그렇다 쳐도 이제 도대체 뭘 해야 하는 거지?'

데라타는 일말의 불안감을 느꼈지만 가이에다와 호소노에게 "일단 두 분은 가셨으니, 이제 우리 나름대로 열심히 합시다."라며 다시 결의를 다졌다.[62]

오전 8시 46분 총리는 관저로 돌아갔다.

[회피] "울트라 슈퍼맨이라면 가능할지 몰라도"

보안원과 안전위원회는 왜 SPEEDI의 존재를 알리지 않았나

오전 9시가 되자 제1원전의 정문 부근에서 시간당 1만1,930마이크로시버트라는 지극히 높은 방사선량이 확인되었다. 다시 육지 쪽을 향한 바람은 점차 이타테무라 방향인 북서쪽으로 불기 시작했다. 이때 SPEEDI 예측에 따라 주민들을 피난시켰다면 피폭에 추가로 노출되는 일을 막을 수 있었을 것이다.

보안원과 원자력안전위원회는 어째서 SPEEDI의 존재를 관저 핵심 인사들에게 알리지 않았을까? 각 기관 책임자의 이야기를 기록해

둘 필요가 있다. 우선 마다라메 안전위원장은 이렇게 말한다.

SPEEDI 따위를 놓고 왈가왈부하기보다는 어떻게든 플랜트를 안정시켜야 일이 풀립니다. 그러기 위해 격납 용기 벤트를 해달라고, 또 어떤 물이든 좋으니 소방차를 써서 압력 용기 안에 물을 넣어 압력을 낮춰 달라고 하는 건데 그게 제대로 진행되지 않는 상황에서, [SPEEDI가 이슈화되니] 그럼 그건 뭐냐 하면서 관심이 쭉 그쪽으로 쏠린 겁니다. 피난은 별도로 다른 쪽에서 확실하게 처리해 줄 거라고 생각했지요. ……

그러니까 내 관심사는, 얼마나 사고를 확대시키지 않을 수 있는지에 집중돼 있었어요. SPEEDI를 떠올리면 정말 괘씸한 것은 문부과학성이에요. 지금도 아무 역할을 못 하고 있는 것 같은데, 살아 있는 겁니까, 죽은 겁니까? 아무 일도 안 하잖아요. 문부과학성이 엄청난 예산을 들여 개발해 놓고는, SPEEDI의 관리·운영을 죄다 원자력안전기술센터에 위탁했어요. 왜 문부과학성에서 보고하지 않는 겁니까? 전령을 보내야죠. 나한테 하라는 겁니까? 그 자리에 있던 정부 관계자 중에서 플랜트가 앞으로 어떻게 될지 예측할 수 있는 사람이 나 말고 누가 있습니까? 나한테 SPEEDI까지 전부 다 하란 말인가요? 울트라 슈퍼맨이라면 가능할지 몰라도, 미안한데 나 그렇게까지 능력이 뛰어난 사람이 아니에요. 왜 전령을 안 보내느냐고! 정말 화가 나서……. 역할 분담상 간 총리에게 조언하게 되어 있는 곳은 보안원이에요.

"SPEEDI는 문부과학성 소관입니다"

이 같은 마다라메의 발언에 대해 데라사카 보안원장은 "보안원 사람이 SPEEDI 이야기를 하면 안 된다는 건 아니지만, SPEEDI는 문부과학성 소관입니다."라고 말한다. 조금 길지만 데라사카와 나눈 상세한 대화를 소개한다.

기무라(필자) SPEEDI의 존재를 알고 있었습니까?

데라사카 당연히 알았습니다.

기무라 어째서 간 총리 등 관저의 정치인들에게 말하지 않았나요?

데라사카 우선 내 경우를 얘기하자면 이렇습니다. 나는 긴급선언을 발표한 11일 오후 7시 이후 관저에 없었어요. 피난 지시가 결정됐을 때 총리 곁에 없었단 말입니다. 아마 [보안원] 차장이 있었을 거예요. 그때 SPEEDI에 관한 이야기는 안 나왔다고 들었는데, 문부과학성은 최초의 피난 지시를 결정했을 때는 없었을 겁니다. 그때는 SPEEDI 이야기가 나오지 않았어요. 보안원 사람이 SPEEDI 이야기를 하면 안 된다는 건 아니지만, SPEEDI는 문부과학성 소관입니다. SPEEDI의 사용법, 즉 기존 훈련처럼 무슨 일이 있을 때 기본 대처 방법은 이렇습니다. 뭔가 문제가 생기고 사태가 진전될 가능성이 있을 때 어느 정도 예측하면서 피난 대상 지역, 그러니까 몇 킬로미터 이내의 어디를 피난 대상 지역으로 삼을지를 정하는 거예요. 이 같은 SPEEDI의 기본적인 이용 형태가 중요했습니다. 그런데 방출원 정보를 얻지 못했고, 어떤 데이터가 있는지를 몰랐던 거죠. 그런 상황에서 피난 범위를 정해야 했습니다. 어떻게 할지를 이야기하는 와중에, 상당히 빠른 판단이었다고 생각하는데, '첫 번째 피난 지시를 내린다.'고 관저에서 우리 쪽에 연락이 왔어요. 게다가 동심원상의 피난이었습니다. 3킬로미터 내의 어느 지역을 피난시킬지 검토하는 것이 SPEEDI 이용의 기본형입니다. 그런데 동심원상이었단 말이죠. 그래서 그 [SPEEDI] 작업이 당장은 필요하지 않게 됐습니다. 우리 생각에 그랬다는 말이에요. 동심원은 넓지만, 피난 대상 지역을 좀 더 넓게 잡는 것도 중요한 판단일 수 있지 않겠습니까? 동심원이 아니라 '지역을 한정하는 편이 낫다.'는 논의는 해볼 수 있었을지도 모르겠네요. 그런데 상황을 파악할 수 없는 상태에서 동심원 피난이라는 판단을 내린 것은 이상할 게 없었습니다. 어쨌든 피난 지시가 나왔으니, 자연히 SPEEDI의 역할 중 하나는 끝난 거죠.

기무라 보안원이 최초에 계산한 것은 피난 지시 전입니다. SPEEDI를 이용한 예측도를 만드는 중이었다는 사실은 알고 있었습니까?

데라사카 하고 있었는지, 어쨌는지. (내가 관저에서) 돌아온 직후의 일인데, 정확히 어떻게 돌아갔는지는 모르겠습니다. 어쨌든 돌아오고서 얼마 지나지 않아 바로 피난 지시가 나온 것은 기억합니다.

기무라 SPEEDI를 이용해 예측했다는 보고를 받은 적이 있습니까?

데라사카 명확하게 보고받은 기억은 없어요. 받았을 수도 있는데, 명확하게 받았다고는……

"잘 기억나지 않습니다"

기무라 예측도를 만들어 예측하고 있다는 것은 알고 있었습니까?

데라사카 그 부분도 잘 기억나지 않습니다.

기무라 마흔 번 넘게 예측도를 만드는 작업을 했는데, 그런 작업을 계속하고 있다는 것을 인식했나요?

데라사카 그렇지 않습니다. 방출원 데이터를 확보하지 못했으니 SPEEDI의 역할도 한정될 수밖에 없다고 해야 할지, 어쨌든 중요한 데이터가 없으니 그건 쓰기 어렵다고……

기무라 "쓰기 어렵다"는 것은 구체적으로는 피난 구역을 설정하는 데 이용하기 어렵다는 의미인가요?

데라사카 그렇습니다. 우리의 관심은 거리입니다. 어느 정도 범위의 사람들에게 피난을 가라고 해야 하는지가 관건이니까요. 피난 구역을 설정하려면 데이터가 필요해요. 5킬로미터면 되는지, 10킬로미터면 되는지. 원래 방재 지침에는 10킬로미터로 되어 있습니다. 어느 정도 거리로 설정되는지만 알면 되는 거예요.

기무라 3킬로미터는 위험하니까 그렇다 처도, 피난 구역을 확대할 때 5킬로미터, 10킬로미터로 잡는 근거는 무엇입니까?

데라사카 기본적으로는 관저 주도로 이루어지는데, SPEEDI가 기능을 하지 못하는 가운데 '3킬로미터는 위험하지 않느냐?' 하는 논의가 벌어졌습니다. 그러면 어느 정도가 좋겠느냐고 했을 때, 방재 지침에는 10킬로미터로 정해져 있거든요. 맨 처음에도 10킬로미터는 옥내 대피였습니다. 그러다 보니 넓힌다면 10킬로미터로 하자고 해서 그렇게 된 거죠. 정확한 숫자를 가지고 정한 것은 아닙니다.

기무라 왜 8킬로미터가 아니고 10킬로미터인가요?

데라사카 그건 방재 지침이 제일 크게 작용했습니다.

기무라 15킬로미터가 아니라 20킬로미터였던 이유는 무엇인가요?

데라사카 그것도 좀 더 크게 잡았기 때문입니다.

기무라 15킬로미터는 안 되는 것이었나요?

데라사카 그건 아니죠. 피난할 때 이동 수단 같은 것도 있고 하니까요.

기무라 10킬로미터, 20킬로미터로 확대시킬 때 왜 SPEEDI를 정치인들에게 이야기하지 않았습니까?

데라사카 긴급시대응센터의 가장 큰 관심사는 3킬로미터 피난을 얼마나 빨리 추진할지였습니다.[63] 이럭저럭 하는 사이에 '다음은 10킬로미터다.' 하는 상황이 왔어요. 그런 와중에 보안원이 SPEEDI 이야기를 못했다고 하는데, 그 말은 맞는 것 같습니다. 이제 와서 남 얘기 한들 소용은 없겠지만, 문부과학성은 무엇을 했나요? 안전위원회도 피난 범위 같은 지시를 할 때 총리 옆에 있었습니다. 누군가가 SPEEDI 이야기를 꺼내기만 했으면 활용했을 수도 있어요. 그런데 사실 아무도 얘기를 꺼내지 않은 것 아닙니까?

기무라 당신은 예측도를 봤습니까?

데라사카 나중에 봤습니다. 가정치가 들어간 것을 봤어요. SPEEDI라는 것에 대해서 내 머릿속에는 '데이터가 없으니 쓸 수 없다.'라는 생각뿐이었습니다. 또 동심원 피난이라는 말을 듣고 나서는 '아, 어쨌든 [동심원 피난 방침을 실행해야 한다.'고 생각했죠. 다른 생각은 안 했습니다. 여기저기 연락했고, 버스가 모자라면 버스를 수배했고……. 피난이 늦어진 사람도 있었습니다. 그런 상황이었어요. 예측도란 실제로 언제 무슨 일이 일어났는지를 가지고 평가되어야 합니다. 실제로 예측은 맞기도 하고 안 맞기도 하잖아요? 완전히 허탕을 친 적도 있습니다. 담당자 입장에서는 그것을 어떤 식으로 사용할 수 있는지에 대해 충분히 살피지 못한 채 작업했다는 느낌이 나중에 들었습니다. 나름대로 확실하게 의사 결정한 후에 효과적으로 활용하는 것이 최선이라고 보는데, 그런 의미에서는 SPEEDI의 활용이 충분했다고는 할 수 없다고 봐야 할 것 같아요.

"잘 검증한 뒤 다음에는 활용하면 좋겠습니다"

기무라 피폭을 피할 수 있었음에도 피폭자가 된 주민들이 많습니다. 원재 본부 사무국으로서 주민들에게 어떻게 대답하시겠습니까?

데라사카 거리를 확보하는 부분에 가장 주력했다고 말할 수 있습니다. 각각 담당을 정하고 어쨌든 연락을 취하려고 했어요. 정말 모두가 필사적으로 움직였습니다. 결과적으로 불필요한 피폭자가 발생했다는 문제는 있지만, 절대 대충 일한 것은 아닙니다.

기무라 총체적으로 사무국의 책임 아닌가요?

데라사카 SPEEDI를 이용해 피난 범위, 피난 방법을 고려할지에 관해서는 검증위원회의 작업, 문부과학성과 안전위원회의 관계까지 포함해 잘 검증한 뒤 다음에는 활용하면 좋겠습니다. 피난 시 피폭도 줄일 수 있는 가능성이 있었다고 봐요.

기무라 검증위원회고 뭐고 간에 실제로 피폭한 주민들이 많습니다.

데라사카 이번 교훈을 활용함으로써 정보를 제공하고 공유하고 활용하는 방법에 관해…… 사실 그 부분은, 저도 그렇지만, 어쨌든 잘 따져 볼 필요가 있습니다. 피폭을 줄일 수 있었음에도 그러지 못했다면 그 점은 매우 죄송합니다.

기무라 실제로 줄일 수 있었어요.

데라사카 실제로라기보단 어떤 식의 활용이…… 이것은 잘 검증해서…… 음, 돌아가는 과정에서, 여러 가지 정보가 들어옵니다. 그것을 취사선택했을 수도 있죠. 상황이 이러하니 이렇게 하자고 했다든지…….

기무라 후쿠시마 사람들에게 지금 한 이야기를 그대로 할 수 있습니까?

데라사카 레벨은 별개로 하더라도, 피난 방법에 따라 실제로 피폭을 줄일 수 있었을지 모른다는 생각은 합니다. 활용 방법…… 지금은 [SPEEDI를 활용하지 않았으니까 그 점은 죄송하게 생각합니다. 원래 생각하던 것과 조금 다른 식으로 SPEEDI를 활용하는 데까지는 생각이 미치지 못했어요.

4장 등에서 이미 분명히 언급했듯이, 간 총리는 SPEEDI의 존재 자체를 보고받지 못했다. 총리뿐만 아니라 에다노·가이에다도 그랬다.

[예측] "최악의 시나리오를 만들어 줄 수 있어요?"

겐바 국가전략담당 대신이 원자력안전위원장에게 지시

효과적인 조치를 취하지 못한 채 사태는 악화 일로를 걸었다. 지금까지와는 차원이 다른 방사선량이 원전 정문 부근에서 확인되었고, 그로부터 30분가량이 지난 오전 9시 38분경에는 4호기 원자로 건물 3층의 북서부 부근에서 화재가 확인되었다. 정오가 되기 전 자연 소화되기는 했지만, 후쿠시마 제1원전 곳곳에서 온갖 사태가 일어나고 있었다. 관저는 속수무책으로 휘둘렸다.

국가전략담당 대신인 겐바는 오전 9시 30분부터 시작된 각료 회의에 참석했다. 회의가 오전 9시 56분에 끝나자, 겐바는 일단 관저 맞은편 방향에 위치한 내각부의 대신실로 돌아갔다.

겐바는 "중지를 모아야 하네."라며 비서관인 다카야 히로키高谷浩樹에게 지시해 전화를 걸었다. 상대는 내각부 원자력위원회[64]의 곤도 슌스케近藤駿介 위원장이었다.[65] 대신실로 오라는 말을 들은 곤도는 뜸들이지 않고 원자력위원회의 직원과 함께 겐바 앞에 나타났다.[66] 원자력위원회는 내각부 조직으로, 겐바는 국가전략담당인 내각부 특명담당 대신이기도 했다. 곤도는 [자신을 부른 이유를] "겐바 대신이 전문적인 부분에 대해 가르쳐 달라는 의미로 이해했습니다."라고 회상한다.

겐바는 곤도에게 원자로와 사용후연료 저장조의 현황에 관해 견해를 물었다. 곤도는 이렇게 답했다.

"결론부터 말하면 4호기 저장조는 위험합니다. 4호기 저장조가 제일 겁나는 상황인데, 연료가 '힘이 넘치기 때문'이에요. 여기서 문제가 터지면 매우 심각해집니다."[67]

'최악의 사태'에 관해서도 이야기를 나누었다. 겐바가 물었다.

"대체 무슨 일이 생깁니까?"[68]

"아무도 '최악'을 얘기할 수는 없습니다. 누군가 가장 나쁜 상황을 떠올린다 해도 그보다 더 나쁜 상황이 반드시 존재하니까요. 저는 최악이라는 단어를 안 좋아합니다."[69]

"4호기의 사용후연료 저장조에 담긴 물이 말라서 냉각되지 않으면 얼마 만에 방사성물질이 유출됩니까?"[70]

겐바의 질문은 '임계'를 염려한 것이었다.[71] 겐바는 다시 물었다.

"더 심각해지면 어떻게 됩니까?"[72]

곤도는 자신의 견해를 피력했지만, 정확히 예측하려면 "컴퓨터를 돌려야 합니다."라고 설명했다.[73]

"그럼 '최악의 시나리오'를 만들어 줄 수 있어요?"[74]

곤도는 "대신의 지시라면 만들어야지요."라며 받아들였다.[75]

"며칠이나 걸리겠습니까? 서둘렀으면 좋겠는데."

겐바의 요구가 이어졌다.[76] 겐바는 원재본부 회의석상에서도 간에게 "최악의 경우에는 어떻게 됩니까?"라고 누차 질문한 바 있다.[77] 겐바는 이렇게 회상했다.

"그 누구도 최악의 상황을 그리지 않았습니다. 물론 그럴 여유도 없었죠. 지휘 계통상으로 나는 원전 사고 대응 쪽 소속이 아니었어요.

그래서 내가 할 수 있는 일이 무엇일지는 스스로 생각했고,[78] '최악의 시나리오'를 만들어 총리 이하 인사들에게 보고하자고 마음먹었던 겁니다."

곤도가 겐바를 다시 찾아온 것은 다음 날인 16일 오후 7시 30분경이었다. 그는 겐바에게 그래프와 표를 보여 주었다.[79] 곤도는 적어도 당분간 20~30킬로미터에 대한 피난 지시가 적절할 것 같다고 했다.[80]

하지만 뒤이어 '다만'이라는 단서를 붙이며, 원자로 제어가 연달아 불가능해지고 작업 인부들이 철수하는 상황에 대해 말했다.[81] 겐바는 [곤도가 말한] 상세한 내용은 기억하지 못하지만, "나중에 곤도가 간 총리에게 제출한 '최악의 시나리오'와 결론적으로는 같은 내용이었을 것 같네요."라고 회상한다.

겐바는 15일부터 사흘 내리 곤도를 만났다. 17일에는 오후 8시 10분부터 두 시간 반에 걸쳐 논의를 이어갔다.[82] 총리는 겐바와 곤도가 '최악의 시나리오'를 그리고 있었다는 사실은 몰랐다.[83]

간 총리는 호소노 총리보좌관에게 지시를 내려 나중에 세상에 알려진 '최악의 시나리오' 작성을 곤도에게 의뢰했다. 곤도는 2011년 3월 25일에 이를 제출했다. 겐바는 자신이 지시한 것은 그 시나리오의 원형이 된 '잠정판'이었다고 하지만, 곤도의 말에 따르면 겐바가 지시한 그 잠정판 최악의 시나리오를 간 총리가 언급한 적은 없었다.[84]

간 총리에게 제출된 '최악의 시나리오'[85]는 체르노빌 원전 사고 사례와 비교해 작성되었으며, 방출된 방사성 세슘에 오염된 토양의 범위를 추산하고 있다. 만약 두 개 이상의 원자로가 제어 불능 상태에 빠져 방사성물질이 대량 방출될 경우, 체르노빌 사고 당시 '강제 피난' 기준 오염도인 1제곱미터당 1,480킬로베크렐 이상인 지역은 원전에서 반경 170킬로미터, '임의 피난' 기준인 555킬로베크렐 이상인 지역은 반경 250킬로미터로 예상된다는 보고였다. 제어 불능 원자로가 하나일 경우에는 ['강제 피난'과 '임의 피난' 대상 지역에] 각각 반경 110킬로미터, 2백 킬로미터였다. 간 총리는 보고를 접한 뒤 "수도권의 피난까지 고려했습니다."라고 밝힌 바 있다.[86]

"알고 싶다기에 알려 준 것뿐"

초기 단계에서 곤도는 '최악의 시나리오'에 관한 개요를 겐바에게 알려 준 셈인데, 곤도는 그에 대해 이렇게 말한다.

겐바 대신이 "이렇게 되면 어떻게 되는지 알려 주게."라고 하기에 "이러이러한 상황이 발생합니다." 하고 알려 줬고, "임계에 도달하면 어떻게 됩니까?" 하기에 "특별한 것은 없습니다." 하고 계산해 준 겁니다. 내 기억으로는, 어디까지나 겐바 대신의 질문에 대답한 것뿐이죠. (겐바 대신이) "어떻게 됩니까?"라고 말했을 때 "이런 식으로 계산합니다." 하고 계산 결과를 전달한 적은 있습니다. 알고 싶다기에 알려 준 것뿐이에요. 그건 어디까지나 공부죠, 공부. 여러 가지를 알아 두겠다는 거니까. 저는 그렇게 이해했습니다. (어떤 계산 결과를 알려 줬는지는) 잊어버렸어요. 질문을 듣고 자료를 만들어 간 기억은 있지만, 그건 그걸로 끝이죠. (나중에 간 총리나 호소노에게 제출한 '최악의 시나리오' 결과와는) 질이 달라요. 결론이 비슷한지 다른지에 관해서도 이렇게 말할 수 있습니다. "이런 경우에는 이 정도 수치입니다."라는 점을 보고했을 뿐이에요. 결과적으로 비슷했을 수도 있죠. 겐바 대신한테 뭘 줬는지는 기억나지 않아요. 같은 원자로니까 같은 계산을 하면 그렇게 될(같은 결과가 나올) 수도 있지만 말이죠. 기본적으로 공부이고, 마침 준비된 내용을 가지고 간 것뿐이니까. 저는 겐바 대신과 함께 공부했을 뿐입니다.

방출된 대량의 방사능이 내륙부로 불어닥친 이날 수첩에 겐바는 이렇게 적었다.

〈아침, 상당한 방사능〉[87]

피난 구역을 30킬로미터로 확대할까 말까

15일 오전으로 시간을 돌리자. 오전 10시경 일단 자택에 돌아온 도쿄 소방청 아라이 총감의 휴대전화가 울렸다.[88] 총무성 소방청의 구보 장관이 건 전화였다. "3호기 주위는 벌써 350밀리시버트, 4백 밀리시버트나 나왔어요. 현재 활동이 상당히 어렵습니다."[89]라는 내용이었다.

아라이는 이렇게 생각했다. '활동하려 해도 접근하지 못하는 선량이다. 도쿄 소방청도 뭔가 해야 하는 상황이 올 수도 있다. 도쿄 도민에게 미칠 영향도 생각해야 한다.'

나중에 도쿄 소방청은 후쿠시마 제1원전 3호기의 사용후연료 저

장조를 냉각하기 위해 소방 구조 기동부대를 파견한다.[90] 지진으로 안
벽이 무너져 호스 연장차가 진입하지 못하자 길이 50미터에 무게가 1
백 킬로그램 나가는 호스 일곱 세트를 잇는 수작업에 기동부대 대원
50여 명이 매달렸다.[91] 살수 작업은 19일 새벽에 시작됐다.

15일 아침에 피난 구역을 30킬로미터 권역으로 잡겠다는 말이 시
미즈 사장의 입에서 흘러나오면서 관저는 피난 구역 확대를 검토했
다. 오전 11시경 후쿠시마 제1원전의 반경 20~30킬로미터에 대해 옥
내 대피 지시가 내려졌다. 현지대책본부는 후쿠시마 현청으로 이동했
다. 이케다 본부장 등이 나누어 탄 차량 행렬은 60킬로미터 이상 떨어
진 후쿠시마 시로 향했다. 도착까지 세 시간이나 걸리는 이동이었다.

[발상] "자네가 좀 도와주게"

통합본부 설치 후 첫 원재본부 회의

정부와 도쿄전력의 통합본부가 설치된 뒤 첫 원재본부 회의가 오
후 12시 53분 관저에서 열렸다. 이 자리에서 오간 대화를 시모무라 심
의관은 노트에 이렇게 기재했다.

다카키 요시아키[92] 문부과학대신 오사카 등의 학교 시설에 있는 방사능 측
정 모니터링 장치 여섯 대를 후쿠시마로 이동시킬 것입니다. 결과는

곧 공개하겠습니다. 학교들의 모니터링 포스트[대기 중 방사선량 측정 장치] 데이터도 수집할 겁니다. 아직 변동은 없습니다.

가노 미치히코[93] 농림수산대신 정확한 정보를 주세요. 원자력안전위원회를 움직일 것을 강력하게 요청합니다.

가타야마 요시히로 총무대신 이번 작업은 어디서 지휘하나요? 매우 아마추어적인 요청을 해옵니다. 실무적인 통제조차 안 되고 있습니다.

간 총리 지적한 대로 손발이 안 맞고 있어요. 작업 지휘는 관저 지하와 총리집무실 옆 회의실(응접실)에서 하고 있습니다.

가타야마 예를 들어 "떨어져 있더라도, 즉 (원전에서) 30킬로미터 떨어진 지역이라도 바람을 받는 방향에 있으면 대피하십시오."라는 이야기 등은 어디로 연결해 주면 되는 건가요?

기타자와 도시미[94] 방위대신 안전하니까 도와 달라고 해서 작업하러 갔더니 폭발했습니다. 마침 차 안에 있어서 부상은 면할 수 있었어요.

정보가 제대로 공유되지 않는 상황에 각료들도 피로감을 느꼈다.

오후 1시 14분 회의를 마치고서 간 총리는 요코하마에 있는 이화학연구소 연구 거점으로 전화를 걸라고 비서관에게 지시했다. 일본 기초과학연구의 최첨단을 달리는 이화학연구소의 요코하마연구소 연구추진부장 자리에서 전화벨이 울렸다. 이쿠카와 히로시生川浩史 부장이 전화를 받았다.[95] 이쿠카와는 문부과학성 관료다. 간 총리가 2009년 과학기술정책담당 대신(부총리 겸임)이던 시절 비서관을 맡았던 인연이 있다. 총리비서관이 전화를 연결했다.

"총리께 전화 바꾸겠습니다."

수화기를 건네받은 간 총리가 말했다.

"오랜만일세. 자네 전공이 원자력이었지?"

"네? 저는 우주, 그러니까 우주공학입니다. 잊으셨습니까?"

"……어쨌든 문제가 심각해. 자네가 좀 도와주게."[96]

택시를 타고 관저로 온 이쿠카와를 간 총리는 집무실에서 맞았다. 잠시 뒤 총리의 모교인 도쿄 공대 원자로공학연구소에서 아리토미와 사이토도 도착했다. 둘 다 3월 22일자로 간 내각 참여직에 임명되었다.

간은 개인적인 친분으로 불러 모은 과학자들에게 이렇게 말했다.

"올바른 정보가 제때 들어와야 하는데 그러지 못하고 있습니다. 수소 폭발만 해도, 원자력안전위원회의 마다라메는 그런 일이 없을 거라고 했어요. 하지만 폭발은 일어났습니다. 보안원과 원자력안전위원회 외에도 다양한 의견을 종합해서 판단하려 합니다."[97]

2호기의 위기가 잠잠해지지도 않았는데, 이번에는 4호기의 사용후연료 저장조에서 온도 상승 문제가 불거져 있었다.

"통합본부에 가서 알아낸 점이 있으면 알려 주게."

아리토미 일행은 저녁 무렵, 이날 도쿄전력에 설치된 통합본부로 갔다. 다음 날부터 아리토미 등은 전문적인 대응책을 간에게 계속 조언했다.[98] 이쿠카와는 간이 퇴진할 때까지 약 반년 동안 통합본부에 머무르며 휴대전화로 작업 상황에 관한 메일을 즉각 간에게 보냈다.[99]

15일을 기점으로 온갖 서류와 음료수 캔 등으로 뒤덮혀 있던 응접실은 깨끗이 정리되었고,[100] 임시로 치워 둔 집기들도 '고마쓰 씨'의 손

을 거쳐 응접실의 원래 자리를 되찾았다.[101]

총리는 통합본부 사무국장에 호소노 총리보좌관을 임명했다. 자잘한 대응은 그에게 맡겼고, 지시가 있을 때도 그를 통해 내렸다.[102]

[침묵] "두 번 다시 지난 일은 말하지 않겠다"

미국의 대조적인 대응

미국의 움직임은 분주했다. 15일 오후 4시 45분 파리에서 열린 미·일 외무장관 회담에 참석한 외무대신 마쓰모토 다케아키[103]에게, 힐러리 클린턴 미 국무장관은 후쿠시마 원전 사고를 언급하며 "자위대의 용기 있는 행동을 미국 국민이 칭찬하고 있습니다. 하지만 (이번과 같은 원전 사고가) 미국에서 일어났다면 50마일(약 80킬로미터) 권내의 대피 조치를 내렸을 것"이라고 말했다.[104] 17일 오후 2시 45분 미국 정부는 일본에 체류 중인 미국인에게 출국을 권고했다. 그 내용은 ① 일본에 체류 중인 미국 국민은 일본 출국을 검토할 것, ② 미 국무성은 도쿄·나고야·요코하마에 있는 미국 정부 직원 중 해당 가족의 자발적인 출국을 허가할 것 등이었다.[105]

이 권고를 내리기 전 단계에서는 16일 오후 7시 50분에 마쓰모토 외무대신과 전화 회담을 한 루스 주일 대사가 "지금부터 미국 시민을 위한 중대한 결정을 하겠습니다."라고 발언한 바 있다.[106] 또 다음 날인 17일 오전 10시 22분부터 시작된 간 총리와 오바마 대통령의 전화 회담에서는, 오바마 대통령이 "도쿄 권역에 거주하는 미국 국민에게 동 권역에서 나가도록 촉구할 예정"이라는 말도 했다.[107]

미국 측은 14일 이후 외무성을 경유해 SPEEDI 데이터를 입수하고, 16일에는 무인 탐정기 글로벌호크를 후쿠시마 원전 상공에 띄워 원자로 온도가 비정상적으로 높아진 사실을 파악했다. 방사능에 시종 신경을 곤두세운 모습이었다. 세계 최대의 핵보유국인 까닭에 방사능이 얼마나 무서운지를 가장 잘 알고 있었다.

미국 정부와는 대조적으로, 일본 정부는 두 차례 폭발에 대한 정보조차 제대로 수집하지 못했다. 14일 두 번째 폭발이 발생한 뒤, 총무성은 후쿠시마 중앙TV에 감시 카메라 영상을 관저의 위기관리센터로 연결해 줄 것을 요청했고, 후쿠시마 중앙TV도 이를 받아들였다. 보도 목적 이외의 사용이었지만, 원전 사고의 중대성을 고려해 영상을 제공할 공공성이 있다고 판단한 것이다. 다만 "뒷거래를 했을지도 모른다는 오해를 피하기 위해" 데라시마 유지寺島祐二 부사장은 총무성 홈페이지에 이 같은 사실을 공표할 것을 요청했다.[108]

외부에 의견을 구해야만 했던 이유

15일에 정부와 도쿄전력이 통합본부를 설치한 것을 기점으로 정보 수집 창구가 일원화되었다. 17일에는 자위대 헬기를 이용해 3호기의 사용후연료 저장조에 13분간 살수(약 30톤) 작업을 시행했다. 전날

상공의 방사선량이 높아 단념한 지 얼마 되지 않았는데 총리가 단행한 것이었다. 국가가 원전 사고에 맞서는 의지를 해외에 보인 것[109]이라고 했다. 또 15일은 간 총리가 개인적 인맥을 동원해 모은 '부대'가 가동되기 시작한 날이기도 했다. 필자는 이에 대해 간 총리가 보안원과 안전위원회, 도쿄전력에 사실상 희망을 접은 증거라고 보는데, 필자의 그런 판단에 대해 간 총리는 "그렇지 않습니다."라며 부정했다. 그는 "기존의 조직은 있는 셈이니 어디까지나 그 조직이 바탕이라는 사실은 변함이 없어요. 단지 제2·제3의 의견 격으로 별도의 전문가 의견을 듣는 정도일 뿐이었습니다."라고 설명한 바 있다. 제2의 의견을 관저 외부에서 구할 수밖에 없는 이유가 엄연히 존재했음을 떠올리면, 필자는 그의 말을 수긍하기가 망설여진다.

앞서 말했듯이, 간 총리는 쓰나미 피해의 대응은 에다노 등에게 맡기고 원전 재해 수습에 매달렸다. 그럼에도 사태는 그의 능력을 넘어선 형태로 전개되었다. 폭발, 방사능 확산……. 위기는 점차 커졌고 퍼져 나갔다. 원전 사고 대응의 최고 책임자는 내각총리대신이다. 간 총리는 전적으로 사태에 책임질 의무가 있다. 두말할 나위가 없었다.

여기에는 사고를 일으키지 않을 책임, 사고가 일어났다면 이를 확대시키지 않을 책임, 일어난 사고에 대해 주민에게 보상할 책임 등 크게 세 가지가 있다. 그것은 '미나마타병 전문가'로 유명한 의사인 하라다 마사즈미가 남긴 교훈이다. [간 총리는] 그 책임을 완수했는가?

미나마타병을 둘러싼 전문가들의 행태를 눈앞에서 지켜본 하라다는 전문가의 책임에 관해 입이 닳도록 지탄했다. '3·11'을 돌이켜 봤을 때 관저에 있던 원자력 전문가들은 사고에 대응하는 데 전혀 도움이 되지 않았다. 무엇을 해야 하는지에 관해 적절히 조언하지 못했다. 결과를 보면 알 수 있는 사실이다. 열을 올리며 '안전 신화'를 전도하던 전문가들은 어땠나? '권위'를 뽐내던 전문가들이 자성하는 소리는, 여전히 필자의 귀에 들리지 않는다.

당시 최고 책임자인 간 총리의 책임이라고는 해도, 이번 사고의 근저에는 보안원·문부과학성·원자력안전위원회 같은 원자력 관련 관료 조직의 기능 부전이 있었다. 전문가의 책임 또한 간과할 수 없다. 사고 대응의 중심이 되어야 했을 원자력 관련 관료들과 전문가들은 우왕좌왕하며 침묵한 채, 방침을 정해야 할 정치인에게 적절한 정보를 충분히 주지 못했다. 총리의 눈앞에서 모습을 감춘 자도 있었다. 지금까지 이 책에서 그들의 작태를 밝혔다. 하지만 언제나 그렇듯 그런 관료들과 전문가들은 정치인의 배후에 숨어 정치인들에게 모든 책임을 떠넘기는 경향이 뚜렷하다.

당시 간 총리가 요구해 관저로 온 호쿠리쿠 첨단과학기술대학원대학의 히비노 부총장은 관저의 대응을 본 인상을 이렇게 말한다.

"총리에게 조언해야 할 조직이 제대로 기능하지 못하고, 주인 의식이 결여돼 있었어요. 자리에 앉은 사람들은 필요한 지식을 갖추지 못했고, 조직의 편의만 우선시했습니다."

원인을 제공한 도쿄전력은 어땠는가? 가쓰마타 회장은 자신의 책임에 관해 "도쿄전력의 일원으로서 당연히 책임이 있습니다."라고 했을 뿐이다. 그는 "사고 대응의 책임자는 사장, 현장의 최고 지휘관은

발전소 소장"이라고 하기도 했다.[110]

　도쿄전력 홍보부의 하세가와 가즈히로 과장을 통해 시미즈 사장의 취재를 요청했지만, 사장은 응하지 않았다. 2012년 1월 시미즈는 필자의 취재 요청이 있었다는 말을 전해 듣고 주위에 이렇게 말했다.[111]

　"두 번 다시 지난 일은 말하지 않겠다."

　이 사고 탓에 후쿠시마 현 안팎으로 피난 중인 사람들은 지금도 16만 명이 넘는다.

에필로그를 대신해

'3·11'이 발생했을 때 나는 도쿄 쓰키지築地에 있는 아사히신문 도쿄 본사의 신관 5층에 있었다. 그해에는 통일지방선거가 있었다. 당시 지역보도부 소속이던 나는 쓰보이 유즈루坪井ゆづる 편집위원, 기미지마 히로시君島浩 정치부 데스크, 아리마 히데키有馬英記 기자 등과 함께 통일지방선거를 담당했고, 연초부터 본격적으로 취재했다. 그날은 며칠 뒤로 잡혀 있던 선거 기획 기사를 탈고하고 한숨 돌리던 참이었다.

'그 순간'은 갑자기 찾아왔다. 처음에는 작은 흔들림으로 시작했다. 그러나 곧 엄청난 크기의 진동이 몰아쳤고, 흔들리던 건물마저 비명을 지르는 듯했다. 2003년 9월 26일 홋카이도北海道 오비히로帶広 통신국에 근무했을 때도 규모 8.0의 도카치+勝 앞바다 지진을 경험한 적이 있었지만, 이번 진동의 양상은 완전히 달랐다. 진동이 길었다. 옆에는 같은 지역보도부의 이토 게코伊藤景子 기자가 웅크리고 앉았다. 벽걸이 텔레비전에서 나오는 지진 속보는 난생처음 보는 지진 규모를 전하고 있었다.

"위험해요. 나갑시다."

나는 이토 기자에게 소리치고는 책상에 올려 둔 노트북을 안고 신관과 구름다리로 연결된 본관 편집국으로 달렸다.

편집국은 소란스러웠다. 사회부·지역보도부 데스크 주변에는 이미 수많은 기자들이 몰려 있었다. 현지로 출발하는 사람, 대형 테이블에 진을 치고 전화로 취재를 시작한 사람, 모리오카盛岡·센다이仙台·후쿠시마의 각 총국에 전화를 걸어 안부를 묻는 사람도 있었다.

지역보도부의 후루카와 덴古川伝 부장대리와 눈이 마주쳤다.

"도쿄전력에 갈 수 있나?"

"문제없습니다."

대형 테이블에 앉아 있던 나는 대답을 마치자마자 차를 수배해 도쿄전력 본사로 갔다. 차 안에서 '대규모 정전도 있겠구나.' 하고 생각했다. 그때만 해도 원전이 이런 위기에 처할 줄은 상상하지 못했다.

기자 가운데는 제일 먼저 도착했다. 현관을 들어서자 홍보 담당자가 바로 옆에 있는 회의실 같은 곳으로 가라고 안내했다. 나중에 그곳은 임시 기자실로 바뀌었다. 긴박감은 전혀 느껴지지 않았다. 잠시 뒤 두 번째로 나타난 기자는 요미우리신문의 여성 기자였던 것으로 기억한다. 뒤이어 다른 기자들도 드문드문 모습을 드러냈다. 그때까지만 해도 그랬다.

휴대전화가 연결되지 않아 취재하기 좋은 환경은 아니었다. 회사와 연락이 안 됐다. 처음에는 수기 메모와 원고를 차에서 본사로 보냈다. 그러다가 무선 통신망을 사용할 수 있다는 것을 알고, 연락 방법을 이메일로 바꿨다.

From : 기무라 히데아키 | Friday, March 11, 2011 5 : 06 PM

기무라입니다. 도쿄전력에 있습니다. 정보를 잘게 나눠 달겠습니다. 메일
은 어찌어찌 OK. 자꾸 끊어지는데 일단 달아 놓습니다.

'단다.'는 말은 '원고를 보낸다.'는 의미로 아사히신문 기자들이 쓰
는 독특한 표현이다. 어쨌든 동료 기자에게 메일을 보내 놓고, 도쿄전
력 본사에서 발표되는 내용을 메모와 원고 형태로 만들어 메일을 보
냈다.

후쿠시마 현장에서는 지진이 발생한 지 한 시간가량 뒤에 전체 교
류 전원 상실이라는 비상사태가 일어났다. 원전이 잘못되고 있다는
내용이 발표되기 시작했다. 도쿄전력 홍보부의 요시다 가오루 과장이
발표에 나섰다.

도쿄전력 본사에, 아사히신문의 원전 전문 기자가 도착했는지도
미처 확인하지 못했다. 그때는 그저 나 혼자 와있다고 생각했다. 전문
기자도 뭣도 아닌 내가 아사히신문을 대표해 원전 사고 기사를 써야
하는 사실에 잔뜩 긴장했다.

원전 사고를 전하는 도쿄전력의 발표 내용을 재빠르게 원고로 정
리해 동료 기자에게 환기시켰다(여기서 인용하는 메일은 사실관계를 확인하
기 전이어서 잘못이나 오기도 있으나 원문 그대로 표기한다).

From : 기무라 히데아키 | Friday, March 11, 2011 6 : 27 PM

과학부, 후쿠시마 총국 등에 연락 필요? 도쿄전력은 11일, 미야기 앞바다

지진의 영향으로 후쿠시마 현의 후쿠시마 제1원전 1호기와 2호기가 자동제어되어, 고온인 원자로 노심의 물 순환 냉각이 안 되고 있을 가능성이 있다고 발표했다. 외부에서 전력 공급이 되지 않고 비상용 디젤발전기가 가동하지 않아 비전기적 방식으로 물을 순환시켜 냉각을 시도하고 있으나, 현재 정상적으로 온도가 떨어졌는지 확인할 수 없는 상태라고 한다. 이대로 온도가 떨어지지 않으면 방사성물질을 가두고 있는 다섯 개의 벽이 무너져 외부로 방사성물질이 누출될 위험성이 있다고 한다. 현시점에서는 외부로의 누출은 확인되지 않는다고 한다. 도쿄전력은 원자력재해대책특별조치법에 근거한 제1차 긴급피난태세를 발령했다. 이에 따라 후쿠시마 현과 현지 오쿠마마치·후타바마치 등 관계 기관의 관계자가 오쿠마마치에 있는 감시 시설에 모여 원자로의 냉각 상황을 감시한다고 한다. 동법에 근거한 발령은 처음.

솔직히 말해, 그때까지 원전 관계 기사 등을 제대로 써본 적이 없던 나는 기자회견에서 요시다 과장이 까다로운 전문용어를 섞어 발표하는 내용을 당혹스러워 하며 따라가기 급급했다.

원전에서 심각한 일이 일어나고 있는 것은 분명했다. 그런데 기자에게도 좀처럼 정보가 오지 않았다. 답답했다. 다른 기자로 교체될 순간이 재깍재깍 다가오는 듯했다. 도쿄전력 본사의 상황을 이렇게 전했다.

From : 기무라 히데아키 Friday, March 11, 2011 7 : 13 PM

도쿄전력은 최신 발표까지 시간이 걸릴 듯. [마지막] 최신 정보는 오후 4시 30분 현재. 전화 불통. 용건이 있으면, [통신이] 끊어질 때가 있지만 메일로 연락 바람.

From : 기무라 히데아키 Friday, March 11, 2011 8 : 32 PM

아무나 달아 주세요. 메일로 보냅니다. 달아 주세요.

나도 필사적이었다. 추가로 데이터를 받은 뒤 원고를 꾸며 오후 8시 32분 송신한 메일에 첨부했다.

후쿠시마 제2원전 1·2·4호기에서도 같은 상황으로 발전. 감시하는 중이라고 함.

도쿄전력은 발전차라는 생소한 이름의 차량이 후쿠시마로 향하고 있다는 사실도 발표했다. '발전차가 뭐지?' 하고 궁금해 하면서 곧바로 원고를 꾸며 메일을 보냈지만, 상황을 이해할 수 없었다.

From : 기무라 히데아키 Friday, March 11, 2011 9 : 22 PM

도쿄전력은 이날 밤 후쿠시마 제1·제2 원전에 원자로를 냉각하는 데 쓸 전원을 공급할 발전차 58대를 파견한다고 발표했다. 이미 17대가 현지로 출발했다고 한다.

메일 수신자 가운데 지역보도부의 이치다 와카코冨田和華子 기자가 답변을 보냈다.

From : 이치다 와카코 Friday, March 11, 2011 10 : 13 PM

움직임이 있으면 바로바로 주세요. 최신 정보라고 주신 발전차 파견도 문의가 왔기에 D(데스크)가 체크 중입니다. 기사를 달 테니 움직임이 있으면 주세요.

도쿄전력의 요시다 과장은 비상용 디젤발전기가 가동되지 않은 사실을 기자들에게 발표했다.

From : 기무라 히데아키 Friday, March 11, 2011 11 : 10 PM

후쿠시마 현의 후쿠시마 제1원전에서 지진 등으로 자동 정지됐을 때, 가열된 원자로 내 연료봉을 냉각하는 시스템을 가동하기 위한 비상용 디젤발전기가 1~6호기의 13대 모두가 가동하지 않았다는 사실이 밝혀졌다. 11일 밤 도쿄전력이 발표했다. 예를 들어 1호기의 디젤발전기 한 대가 가동하지 않더라도 다른 호기의 발전기에서 전원을 융통할 수 있는 시스템이라고 하는데, 이번에는 가동하지 않았다. 도쿄전력은 원인을 조사 중이다. 도쿄전력에 따르면 지진으로 1~3호기는 자동 정지되었다. 4~6호기는 정기 검사로 정지 중이었다. 1호기와 2호기가 냉각되지 못하는 상태였다. 모든 발전기가 가동되지 않았던 데 대해 도쿄전력 담당자는 "코멘트를 정리해야 합니다."라고 말했다.

'도쿄전력 담당자'란 요시다 과장을 말한다. 요시다 과장의 표정도 무척 험악했던 기억이 난다.

전문용어가 난무하는 가운데, 이 사태의 의미를 파악하지 못한 당혹스러움을 애써 감추며 기자회견에 임해야 했다. 첫날 보낸 원고는 지면에 게재되지 않은 듯하다. 일부가 인터넷 판에 올랐다고는 들었다. 시간이 지나면서 기자들이 엄청나게 몰려들었다. 아사히신문에서도 전문 기자가 와있었다. 얼마 지나서야 안 사실이었다.

상황이 전개될수록 도쿄전력은 전쟁터로 변했다. 그곳에 2주일 정도 대기한 뒤 후쿠시마 총국을 도와 현장을 누볐다. 문제는 지극히 중요한 초동 단계에 도쿄전력 본사에 있던 내가 과연 얼마만큼의 기사를 쓸 수 있었는지다. 기자회견은 밤낮을 가리지 않고 열렸다. 온종일 연달아 열렸고, 1호기에서 6호기까지 여기저기서 어지럽게 비상사태가 터졌다. 대체 지금 몇 호기가 문제인지조차 정리하지 못할 정도였다. 피로가 쌓이면서 사고력도 떨어져 갔다. 발표되는 사항들 가운데 어디가 문제이며, 의미하는 바는 무엇인지를 파악하기는커녕, 눈앞에 던져지는 발표를 따라가기도 벅찼다. 그때를 떠올리면 여전히 고통스럽다.

저널리스트란 독자가 있기에 존재할 수 있는 만큼 그들의 지지를 받아야 한다. 그런데 나를 포함해 이른바 '주요 언론'에 소속된 서널리스트들은 "언론이 거짓말한다", "거짓 공표다. 속지 말아야 한다."고 비판받았다. 저널리스트라면 독자의 눈과 귀와 입이 되어서 보고 들은 것이 어떤 의미를 가지는지를 정리해 전해야 한다. 그런데 독자들에게서 '속아서는 안 될 거짓 공표'라는 말을 들었다. 나는 면전에서 욕을 먹은 것과 다름없다고 생각했다. 이를 토로하는 내게, 심각하게 받아들일 필요가 없다는 사람도 있었다. 하지만 내 생각은 지금도 다르지 않다. 우리 저널리스트들은 '두 번째 패전'을 경험했는지도 모른다. 극단적인 생각일까?

한편으로는 정부와 도쿄전력이 기자들에게 그때그때 어떤 말로 발표했는지를 정확히 기록하는 것은 매우 중요한 작업이라는 생각도 든다. 설령 '거짓'이라고 비판받더라도 기록해야 한다. 시간이 지나면 검증조차 할 수 없기 때문이다. 신문이라는 매체의 특성상 마감 시각에 쫓기는 가운데 발표된 내용의 진위와 의미를 정밀 조사해 원고를 작성한다. 눈앞에서 일어나는 일을 취재하는 동시에 그 사건의 심층적인 부분과 숨은 사실을 후벼 파는 작업을 하기란 무척 어렵다. 그래서 우선 제대로 기록한다. 그 자체를 '거짓 발표'라고 생각하지는 않는다.

그 이후의 기사가 부족해 독자들에게 신뢰받지 못했던 것이다. '역시 거짓말이었어.'라는 비판을 불러일으킨 것은 그래서였다고 생각한다. 가령 이 사고를 정부와 국회사고조에 맡길 것이 아니라, 저널리즘의 책임감에 입각해 검증해야 옳았다. 한 신문에 실린 사고조 관련 기사에는 "어디까지 진상을 밝힐 수 있나?"라는 방관자적 제목이 떡하니 박혀 나오기도 했다. 애당초 정부와 국회사고조의 검증과 그 결과는 올바른 것일까? 사고조의 조사 결과에 우리가 권위를 부여할 필요는 전혀 없다. 뭔가 공적인 것에 의존해 기사의 신뢰성을 담보하려는 것이야말로 독자들이 '3·11'을 계기로 비판한 방식이었을 것이다. 우리가 당사자와 직접 부딪쳐 취재했다면 이 사고의 전모와 결론을 독자들에게 책임지고 제시해야 했다. 그렇지 않고서는 흔들린 저널리즘에 대한 신뢰를 되찾을 방법은 없다. 그리고 이는 어떤 의미에서 조직력과 자금력을 갖춘 '주요 언론'이기에 비로소 가능한 작업이다. 우리가 사고조가 되어야 했던 것이다. 그 역할을 충분히 수행해 왔는가? 이 또한 독자들이 평가하고 판단할 몫이다.

나는 '3·11' 이후 동료 기자들과 함께 후쿠시마 대학의 이마이 아키라今井照 교수와 공동으로, 원전 사고 탓에 피난해야 했던 주민들을 대상으로 인터뷰를 실시해 왔다. '3·11' 이후 3개월, 반년, 1년을 기점으로 조사해 지면에 소개했다. 도쿄전력 본사에서 대책 없던 나 자신을 다잡을 때, 어쨌든 이 원전 사고가 무엇이었는지를 제대로 검증하지 않고서는 저널리스트로서 앞으로 나아갈 수 없다고 생각했다. 후쿠시마 대학과 함께한 '후쿠시마 조사' 또한 주민의 생각과 이야기를 경청하며 원전 사고를 검증하는 작업이었다.

한편 원전 사고의 대응 자체를 둘러싸고 정부와 도쿄전력이 어떤 이야기를 주고받았는지를 내 발과 눈과 귀로 제대로 마주하고 검증하는 것은 스스로 부여한 숙제와도 같았다. 시간이 흘러도 여전히 개운치 않은 기분이었고, 결론을 낼 수 없었다.

지진 발생 직후부터 간 나오토 당시 총리가 관저에서 어떻게 대응했는지, 그 결단의 과정을 소상하게 밝히는 작업에 어떤 보도기관도 손대려 하지 않았다. 나는 그렇게 생각한다. 아사히신문 도쿄 본사가 있는 쓰키지 근방에서 동료와 술을 마시며 그런 이야기를 했다. 6개월

째를 맞는 후쿠시마 조사 결과를 지면에 실은 뒤 얼마 되지 않은 때로 기억한다. 2011년 10월 초순이었을 것이다.

관저에 대해 아무도 안 쓰면 내가 쓰겠다고 결심했다. 술기운을 빌린 것은 아니었다. 정부의 중추가 어떻게 행동했는지를 검증하는 것은 원전 사고를 이야기할 때 빼놓을 수 없는 작업이다. 또한 나 자신이 원전 초기 보도를 하면서 그토록 대책 없던 이유를 찾기에는 더할 나위 없는 주제였다.

간 전 총리는 취재에 응할까? 머리를 쥐어 싸매고 고민했다. 그가 총리를 그만둔 지 얼마 되지 않은 때였다. 당시에는 거의 취재에 응하지 않았다. '간의 변명'을 본인에게 직접 듣지도 않고 그의 개인적 자질이 사고를 확대시켰다는 '인재설'人災說을 따른 보도가 화제가 되던 시기였다. 본인의 이야기를 차분히 들어본 뒤에야 평가할 수 있다. 이는 취재의 기본이자 원칙이다. 사상 초유의 사고가 모조리 한 개인의 책임으로 수렴된다는 것은 사고를 제대로 검증하고, 과제와 대응책을 도출하는 중요한 작업을 내팽개치는 행위라는 생각마저 들었다.

관저에 대해 쓴다면 최고 권력자였던 간 전 총리를 취재하는 것은 필수다. 관저의 초동 대응을 쓴다면 '관저의 주인'이자 원전 사고 대응을 지휘한 그를 빼놓고 기사 자체가 성립될 리 없었다. 관저에서 무슨 일이 있었고 어떤 대화가 오갔는지에 대한 팩트가 필요했다. 나는 그의 견해와 해석, 논평이나 평가를 원한 것이 아니었다.

마침 여기에 딱 들어맞는 연재를 『아사히 신문』 조간에서 시작했다. 제목은 '프로메테우스의 덫'이었다. '프로메테우스의 덫'은 르포 형식으로 장기간에 걸쳐 연재할 수 있는 귀중한 꼭지였다. 르포 형식을 통해 일반 기사에서는 생략되는 상세한 사실을 세심하게 발굴할 수 있고, 장기간에 걸쳐 연재함으로써 이른바 '특종 기사'와는 차원이 다른 박력을 독자에게 전할 수 있다. 르포는 기관총도 바주카포도 아니지만 '어때? 이래도?' 하는 느낌으로 천천히, 그러나 쉼 없이 독자에게 호소할 수 있다. '르포의 힘'은 여기에 있다. 요즘 신문은 연재라고 해봐야 기껏 3회나 5회로 끝난다. 재밌겠다 싶으면 사라져 버리는 것이다. 지금 시대가 기나긴 '르포 빙하기'라고 여겨 온 나는 '프로메테우스의 덫' 기획에 놀랐다. 그래서 이왕 할 거면 끝까지 집요하게 물고 늘어지자고 생각했다. 당시 관저에서 일어난 일을 알리려면 세부를 그리는 수밖에 없을 것 같았다. '관계자의 말에 따르면', '정부 고관에 의하면', '관저 핵심 인사의 말로는'처럼 자신의 발언에 아무것도 책임지지 않는 기사에는 설득력이 없다. 그래서 실명주의를 택하기로 했다.

그것은 '프로메테우스의 덫' 취재반의 중요한 취재 방침이기도 했다. 취재반이 어떤 자세로 취재에 임했는지는 첫 번째부터 여섯 번째 연재분을 엮은 『프로메테우스의 덫, 밝혀지지 않은 후쿠시마 원전 사고의 진실』(2012)의 후기와 『저널리즘』 2012년 4월호에 실린 "'프로메테우스의 덫', 이단 집단의 신문 실험"을 참고할 수 있다.

그럼에도 간 진 총리가 취재에 응하지 않을 경우를 내비해 관저 이야기 외에 다른 테마까지 준비해 취재반과 의논했다. 관저 이야기가 채택됐다. 난제인 만큼 마음을 단단히 먹었다. 정치인 취재에는 통상 정치부가 최전선에 나선다. 당시 나는 지역보도부에 소속돼 있었다.

정치인 취재를 하지 않더라도 회사에서 뭐라 할 사람이 없었다. 하물며 상대는 총리직에서 내려온 직후의 인물이다. 원래대로라면 내가 나설 자리가 아니었다. 하지만 어쨌든 간 전 총리의 사무실에 연락해 취재 의뢰서를 제출했다. 2011년 10월 중순경이었다. 취재에 응할지 말지를 놓고도 2주일가량 간 전 총리와 씨름을 했던 기억이 난다.

우여곡절 끝에 취재가 시작됐다. 처음에는 한 시간쯤 간 전 총리의 이야기를 들었다. 그것이 두 시간이 되고, 그래도 끝나지 않아 주말을 이용해 반나절을 쏟았다. 인터뷰 시간은 점차 늘어났다. 다른 증언과 어긋난 점이 있거나 확인이 필요한 대목이 발견되면 다시 몇 시간을 들었다. 취재는 연재가 시작되고도 계속됐다. 망각된 기억을 더듬어 되살렸다. 주요 증언자들도 대개 그랬다. 많은 정치인과 관료, 도쿄전력 관계자 들이 이야기를 들려주었다. 무엇보다 증언을 뒷받침할 정치인들과 비서관들의 메모와 자료가 남아 있어서 각각의 증언에 신뢰성을 더했고, 기사화하는 데 큰 힘을 보탰다. 그 내용은 이 책에 기록한 대로다. 여기서 모든 이들의 이름을 밝힐 수는 없지만, 증언해 준 이들의 입장에서 보면 매번 꽤나 뻔뻔한 기자였지 싶다.

취재에 응하지 않은 인물도 있다. 당시 총리보좌관이었던 호소노 고시도 그중 한 사람이다. 문서와 전화로 몇 번이나 요청했지만 감감무소식이었다. 또 보안원의 불성실한 취재 대응은 가관이었다. 2011년 12월 19일 홍보과에 사실 확인을 위해 제출한 질문 항목의 일부에 대해서는 여전히 답변을 내놓지 않고 있다. 구로키 신이치黒木慎一, 나카무라 고이치로中村幸一郎 등 두 심의관의 경우 아사히신문의 타 부서 취재에 응했다는 이유로 취재를 거부했다.

당연히 이 사상 초유의 대재앙의 전모를 개인과 일개 조직의 검증만으로 밝혀낼 수도 없거니와, 그 검증 작업을 그들에게 위임할 수도 없다. 다양한 입장에 있는 사람들과 조직이 다양한 각도와 관점에서 검증하고, 그것이 상호 검증되어야 한다. 이 책도 마찬가지다. 고통스러운 재해였지만, 거기서 끄집어낼 수 있는 '무엇'이 있다면 그것은 결국 후손에게 전해질 것이다. 이 책도 대응 초기 단계의 관저를 무대 삼아 정치인·관료·도쿄전력·전문가 들의 대응을 검증한 작업에 불과하며, 기술적인 문제점과 과제, 내부 피폭과 초기 피폭 문제, 보도 방식, 후쿠시마 현청과 시정촌의 대응 등에 대한 검증은 생략되었다. 주민들의 수기와 증언을 엮는 작업도 사고 검증에 필수적이다. 이는 도저히 한 사람의 인간, 하나의 조직이 해낼 수 있는 작업이 아니다. 그래서 다양한 검증 작업이 다양한 입장에서 이루어져야 한다. 당시 사고에 대응했던 자들은 비판의 대상이 되기도 한다. 하지만 침묵은 죄다. 시간의 흐름에 팩트를 흘려버려서, 더는 검증할 수 없게 하기 때문이다. 어쩌면 책임 방기와도 다름없다.

팩트에는 주관적 관점이 얼씬할 수 없는 무게감이 있다. 한편 상호 충돌하는 지점도 있다. 기억의 차이 탓에 각자의 말은 다를 수 있고, 자료는 거짓말을 할 수 있나. 한쪽에만 치우져서는 위험하다. 증언은 별개의 증언과 자료로 확인해야 하며, 그 자료 역시 또 다른 증언과 별개의 자료를 통해 검증해야 한다. 노력을 마다하지 않았으나, 그럼에도 모든 증언에 그 작업을 관철하지는 못했다.

그래서 팩트를 쌓아 진실을 부각시키는 작업에서 중시한 부분이 실명 증언이다. 주석에서도 언급했지만, 나카무라 심의관처럼 "배경취재라면 이야기하겠습니다."라며 취재에 조건을 다는 사람들의 증언에는 설득력이 없다. 거짓이 섞였을지도 모른다. 다만 증언자가 불이익을 받을 가능성이 있는 경우도 있다. 어느 관료는 "역사의 기록으로 남겼으면 좋겠어요."라며 여러 번의 취재와 확인 작업에 응했다. 그 관료의 증언은 정보원을 명시하지 않았다. 정보원을 공개하지 않은 것은 취재자의 불이익을 배제하기 위해서일 뿐, 뒤에 숨어 하고 싶은 말만 하고 자신에게 유리한 말로 기사를 유도하려던 것이 절대 아니다. 실명을 원칙으로 삼으면서 한편으로는 실명이냐 정보원 보호냐를 따지는 것 또한 중시했다. 안이한 익명 처리는 진실을 뒤흔들기 때문이다. 그런 취재에는 끈기가 필요하다. 이번에도 그랬다. 물론 저널리스트라면 당연한 작업이다. '1년차 기자'도 하는 일을 했을 뿐이다.

힘이 빠질 뻔한 적도 있었다. 그럴 때 격려해 준 취재반 동료들을 언급하고 싶다. 특히 기획 책임자인 요리미쓰 다카아키依光隆明 특별보도부장, 미야자키 도모미宮崎知己 데스크, 거친 원고를 마지막까지 끈질기게 잡아 준 마쓰모토 진이치松本仁- 기획고문에게 거듭 감사드린다. 그들 덕분에 펜을 무기로 바꾸어 뜨겁게 집필할 수 있는 의욕과 열의를 얻을 수 있었다. 취재반 전원의 펜이었다고 생각한다. 무엇보다 이 세 분이 나에게 이 취재를 맡기겠다는 결단을 내리지 않았다면 쓸 수 없었을 것이다.

단행본 출간을 권한 것도 이분들인데, 이 책을 간행하는 데서도 귀중한 의견을 주셨다. 나는 2012년 4월부터 경제부로 자리를 옮겼다. 출판을 흔쾌히 승낙한 다카다 사토루高田覚 경제부장에게도 인사 말씀을 드린다. 단행본으로 엮기를 권한 분은 더 있다. 이와나미서점 『세카이』世界의 오카모토 아쓰시岡本厚 편집장을 연결해 준 사람은 르포 작가인 가마타 사토시鎌田慧 씨와 와세다 대학 아시아연구기구의 무라이 요시노리村井吉敬 씨다. 가마타 씨는 1997년 미이케三池 탄광 폐광 취재 때부터 인연을 맺어 왔다. 항상 힘을 주는 저널리스트 선배다. 또 기사와 저널리즘에 대한 무라이 씨의 집요한 비평은 항상 나를 일으켜 세웠다. 두 분께 감사드린다. 그리고 이 책의 핵심인 정보원 명시에 관해서는 가쓰타 히로시勝田博司 전 교도통신 논설부위원장에게서 귀중한 시사점과 조언을 받았다. 도쿄 공대 아리토미 마사노리 교수에게는 기술적인 식견은 물론, 서로 어긋난 증언을 어떻게 봐야 할지와 관련해 중요한 철학적 관점을 빚졌다. 감사드린다.

출판을 허락해 준 오카모토 편집장, 원고 집필이 느린 나를 기다려 준 나카모토 나오코中本直子 담당 편집자에게도 큰 신세를 졌다. 오카모토 씨는 연재를 마치고 얼마 지나지 않아 축하 인사를 건네 주었다. 그리고 나카모토 씨. 한창 집필 중일 때, 휴대전화에 '나카모토 나오코@이와나미서점' 표시가 뜨면 '원고 재촉이다!' 하는 생각에 전전긍긍했음을 지금에야 고백한다. 정작 본인은 "저 무서운 사람 아니에요."라고 부정하지만……. 어쨌든 그런 나를 격려하며 열심히 한 권의 책을 엮어 주었다. 교정을 담당한 야지마 후미코八島文子 씨도 고생하셨다. 마지막 순간까지 새로운 데이터를 싣느라 온통 빨간색 수정 자국이었지만, '말 지킴이'로서 이 책을 지켜 주셨다. 또 상당량의 철자 수정에 애써 준 산슈샤三秀舍 분들께도 감사의 인사를 드린다.

이 책이 출판되고 나서도 동료 저널리스트들에 의해 새로운 사실이 발굴될 것이다. 머지않아 개정판을 낼 수 있으면 한다.

후쿠시마 주민 여러분께 이 책이 정부의 중추에서 무슨 일이 있었는지를 알 수 있는 기록으로 활용된다면 더할 수 없는 영광일 것이다.

아직도 원전 사고 수습과 보상은 지지부진하다. 나는 그렇게 생각한다. 노다 내각은 원전 재가동으로 방향을 틀었다. 나도 후쿠시마에서 근무한 적이 있다. 이 책의 바탕에는 사고를 일으킨 전력 자본과 이를 허락한 정치와 행정, 전문가들, 그리고 내가 몸담은 저널리즘에 대한 강렬한 분노가 자리 잡고 있음을 마지막으로 덧붙이고 싶다. 우선은 여기서 펜을 놓는다.

노다 내각이 오이大飯 원전 재가동을 공식 결정한
2012년 6월 16일,

도쿄 와세다에서 기무라 히데아키

한국어판 추천사

원전 사회의 공포를 그리다

가마타 사토시

후쿠시마 원전 대사고가 일어났을 때, 국가 최고사령부인 총리 관저는 어떻게 대처했나? 한 기자가 집요한 인터뷰와 방대한 자료 섭렵을 통해 국가 기밀을 파헤쳤다. 이 책은 그 역사적 기록이다.

미증유의 사태가 발생했음에도 가장 중요한 운용 책임자인 도쿄전력은 쩔쩔매기만 했을 뿐 대책을 수립하지 못했다. 감독관청인 원자력안전보안원은 제 기능을 하지 못했고, 관저는 끈 떨어진 연처럼 공전하기만 했다.

사고가 발생하고도 아베 신조 총리는 올림픽을 유치하기 위해 "원전은 제어되고 있다."고 허언하며 2020년 도쿄 올림픽 개최를 성사시

● 가마타 사토시鎌田慧: 1938년 아오모리 현青森県 출생. 일본을 대표하는 르포 작가. 와세다 대학 문학부를 졸업한 뒤, 신문 및 잡지 기자를 거쳐 프리랜서로 활동 중이다. 노동문제 및 원전 문제를 다룬 다수의 저작이 있으며, 한국에는 『르포, 절망의 일본열도: 문어방 사회 일본, 통분의 현장을 가다』가 번역 출간되었다.

켰지만, 사고 당시는 물론 지금까지도 파괴된 원자로는 제어 불능 상태다.

방사능을 포함한 오염수는 밤낮 바다로 유출되었고, 방대한 인원이 오염 제거 작업에 동원되었다. 하지만 인간이 살 수 없는 지역의 범위는 줄지 않고 있다. 이런 상황이야말로 사고가 낳은 혼란이 아직도 지속되고 있음을 여실히 보여 준다.

2011년 3월 11일 오후 2시 46분. 태평양을 접한 동일본 연안에서 규모 8.8의 대지진이 발생했다. 후쿠시마 제1원전으로 연결된 송전탑이 무너졌고, 외부 전원이 끊어졌다. 쓰나미에 따른 침수로 비상용 디젤발전기가 멈췄고, 긴급 노심 냉각장치로 가는 급수가 멎었다. 후쿠시마 제1원전 여섯 기 중 세 기가 연속적으로 노심용융 상태에 빠졌고, 수증기가 폭발하면서 콘크리트 건물의 두꺼운 벽은 터져 나갔다.

천문학적 수치의 방사성물질이 외부로 대량 확산되었고, 4년 가까이 지난 지금도 핵연료봉의 행방은 확인되지 않고 있다(원전 사고는 전원 상실 때문이 아니라 수증기 응축 장치인 복수기復水器로 가는 파이프가 깨지면서 발생했다는 견해가 뿌리 깊다). 격납 용기 내의 압력을 낮추기 위해 긴급 '벤트'를 실시해야 했지만, 혼란에 빠진 나머지 손쓰지 못하고 세 기의 원전은 연속 폭발을 일으켰다.

정부와 전력회사 중 그 누구에게도 사고를 방지할 수단은 없었다. 마다라메 하루키 원자력안전위원장조차 아무런 대응을 하지 못했다. 일본 원전 기술의 수준이 낮았던 것도 문제지만 과도한 '안전 신화'에 사로잡혀 있었던 것이 가장 큰 원인이다.

간 나오토 총리가 헬리콥터로 후쿠시마 원전 현장에 도착한 일을 두고 나중에 방해만 됐다는 비판이 일기도 했다. 하지만 그가 도쿄전력 본사를 전격 방문해, 현장에서 요원들을 빼내려 한 도쿄전력 사장에게 "철수는 있을 수 없습니다."라며 못을 박고, 수습 작업을 지시하는 결단을 내릴 수 있었던 것은 현장을 시찰했기 때문이다.

당시 최악의 시나리오는 1제곱미터당 1,480킬로베크렐kBq의 방사성물질 오염이 나타나는 범위가 원전으로부터 반경 170킬로미터에 이르게 된다는 가정이었다. 수도권도 피난 지역으로 지정하는 안까지 검토되었으나, 다행히 풀 내의 사용후연료가 폭발하지는 않았다.

인간 사회는 절대 원전 사고에 대응할 수 없다. 그저 농락당할 뿐이라는 교훈은, 앞서 체르노빌 사고에서도 분명히 드러났다. 하지만 세계 각국은 이번 사고가 자신을 향한 경고일 수 있다고 받아들이지 않은 채 냉담했다. 사고를 통해 일본 원전 관계자들의 수준이 낮다는 사실은 드러났다. 하지만 과연 다른 나라였다면 극복할 수 있었을까? 이번 사고에서 이런 교훈을 얻었는지를 독자들에게도 묻고 싶다.

그 뒤 저자는 현장에서 도쿄전력 간부를 포함해 직원의 90퍼센트가 10킬로미터 떨어진 제2원전으로 철수했다는 원전 소장의 증언 조서를 빼어 든 탓에 원전 추진파와 이들을 응원하는 신문사들로부터 격렬한 공격을 받았다. 그만큼 원전 사고의 진실 보도는 규제가 심하다. 저자는 이렇게 썼다. "우리가 당사자와 직접 부딪쳐 취재했다면 이 사고의 전모와 결론을 독자들에게 책임지고 제시해야 했다. 그렇지 않고서는 흔들린 저널리즘에 대한 신뢰를 되찾을 방법은 없다."

만약 불행히도 일본에서 다시 원전 사고가 발생한다면 제대로 대처할 수 있을까? 방사능이 위험 물질인 한 불가능할 것이다.

후쿠시마 원자력발전소 사고 일지

(2011년 3월 11~15일)

아사히신문·교도통신·도쿄전력 발표 등을 토대로 작성되었다.
표에서 자주 사용되는 약칭은 다음과 같다.

- CWP : 순환수 펌프
- D/G : 디젤발전기
- IC : 격리 응축기
- MUWC : 냉각수 대체 주입법
- RCIC : 원자로 격리 냉각 시스템
- RHR : 잔류열 제거 시스템
- S/C : 압력억제실
- SRV : 주 증기 배출 안전밸브
- TAF : 연료봉 꼭대기 부분

14시 46분		미야기 현 북부에서 진도 7의 지진 발생. 진원지는 산리쿠 앞바다. 지진 규모 8.8은 관측 사상 최대. 후쿠시마 제1원전에는 총 6,415명, 제2원전에는 총 2,360명의 도쿄전력 직원 및 협력 회사 직원이 있었음.
	후쿠시마 제1원전 1~6호기	도호쿠 지방 태평양 연안에서 지진 발생. 원자로 자동 비상 정지, 제3 비상 태세를 자동 발령.
		긴급 지진 속보(경보) 발표.
14시 47분	동 1호기	주 터빈 자동 정지, 비상용 D/G(디젤발전기)1A·D/G1B 자동 기동, 주 증기 격리 밸브 닫힘.
	동 2호기	주 터빈 자동 정지, D/G2A·D/G2B 자동 기동.
	동 3호기	주 터빈 수동 정지.
	동 5호기	D/G5A·D/G5B 자동 기동.
	동 6호기	D/G 3대 자동 기동.
14시 48분	동 3호기	D/G3A·D/G3B 자동 기동.
	후쿠시마 제2원전 1~4호기	원자로 자동 정지('지진 가속도 높음'에 따른 정지), 전체 제어봉 모두 삽입. 송전선 중 도미오카선 1회선 정지(2호 정지, 1호에서 전력 공급 계속).
14시 49분		기상청이 이와테·미야기·후쿠시마·아오모리·이바라기·지바의 태평양 연안 등에 대규모 쓰나미 경보 발령. 각지에서 사상자 및 행방불명자 발생.
14시 50분		총리 관저의 위기관리센터에 관저대책실을 설치하고 긴급참집팀 소집.
	후쿠시마 제1원전 2호기	원자로 격리 냉각 시스템RCIC 수동 기동.
		간 나오토 총리가 그 직후 국회에서 관저로 돌아옴.
14시 51분	동 2호기	RCIC 정지(원자로 수위 높음).
14시 52분		이와테 현 지사가 육상자위대에 재해 파견을 요청. 그 뒤 미야기 현, 후쿠시마 현, 아오모리 현 지사도 요청. 육·해·공 총 8천여 명 출동.
15시		긴급참집팀 협의 개시.
15시 02분		미야기 현 지사가 도호쿠 방면 총감부에 재해 대책 파견 요청.
15시 03분		각료들은 각 성청에서 정보를 수집하라는 지시를 받음.
	동 1호기	격리 응축기IC로 원자로 압력을 제어하기 위해 원자로를 수동 정지. 그 뒤 IC로 원자로 압력제어 시작.

		홋카이도, 후쿠시마·이바라기·도치기·군마·지바·가나가와·도야마·야마나시 등 각 현의 항공자위대 부대에 출동 준비를 지시.
15시 06분	동 1~6호기	비상재해대책본부를 도쿄전력 본사에 설치(지진에 따른 피해 상황 파악, 정전 등 복구).
15시 14분		정부가 긴급재해대책본부를 설치.
		경찰청이 긴급재해경비본부를 설치. 총리 관저 위기관리센터에서 긴급재해대책본부 회의.
15시 22분	후쿠시마 제2원전 1~4호기	1차 쓰나미 확인(그 뒤 17시 14분까지 간헐적으로 쓰나미를 확인).
15시 23분	긴급재해대책본부	도호쿠 방면 총감부에서 후쿠시마 현청으로 연락 요원 파견.
15시 25분		민주당이 지진대책본부를 설치. 오카다 가쓰야 간사장이 "상황을 파악하길 바란다. 성청마다 만전을 기하도록 관저를 통해 요청한다."고 당부.
15시 27분		총리가 "자위대는 최대한의 활동을 하라."고 기타자와 도시미 방위대신에게 지시.
	후쿠시마 제1원전 1~6호기	1차 쓰나미 도달.
15시 28분	동 2호기	RCIC 정지(원자로 수위 높음).
15시 32분		이와테 현 가마이시에서 최대 4.2미터의 쓰나미 발생, 항구에서 자동차가 다수 휩쓸림.
15시 33분	후쿠시마 제2원전 1·4호기	CWP(순환수 펌프)(C) 수동 정지.
15시 34분	동 1호기	D/G(A)·(B)·(H) 자동 기동, 직후 쓰나미의 영향으로 정지.
	동 2호기	D/G(H) 자동 기동, 직후 쓰나미의 영향으로 정지. 주 증기 격리 밸브 수동 전폐.
	동 3호기	CWP(C) 수동 정지.
	동 4호기	D/G(A)·(B)·(H)가 자동 기동, 직후 쓰나미의 영향으로 D/G(A)·(B) 정지.
15시 35분	후쿠시마 제1원전 1~6호기	2차 쓰나미 도달.
	후쿠시마 제2원전 2호기	RHR(잔류열 제거 시스템)(B) 수동 기동(15시 38분 정지). CWP(C) 수동 정지, CWP(A)·(B) 자동 정지.
	동 3호기	D/G/(A)·(B)·(H) 자동 기동, 직후 쓰나미의 영향으로 D/G(A) 정지.
	동 4호기	CWP(A)·(B) 자동 정지.
15시 36분	후쿠시마 제1원전 6호기	D/G 2대 정지.

	후쿠시마 제2원전 1호기	주 증기 격리 밸브 수동 전폐. RCIC 수동 기동(그 뒤 기동 정지 적당 발생).
	동 3호기	RHR(B) 수동 기동(압력억제실S/C 냉각 모드 개시).
	동 4호기	주 증기 격리 밸브 수동 전폐. RHR(B) 수동 기동(15시 41분 자동 정지).
15시 37분		1차 긴급재해대책본부 회의.
	후쿠시마 제1원전 1호기	전체 교류 전원 상실.
15시 38분	동 3·4호기	전체 교류 전원 상실.
	후쿠시마 제2원전 3호기	CWP(B) 수동 정지.
15시 39분	후쿠시마 제1원전 2호기	RCIC 수동 기동.
15시 40분	동 5호기	전체 교류 전원 상실.
15시 41분	동 2호기	전체 교류 전원 상실.
	후쿠시마 제2원전 2호기	D/G(A)·(B)가 자동 기동한 직후에 쓰나미의 영향으로 정지. 원자로 감압 개시(주 증기 배출 안전밸브SRV가 자동 열림). 이후 자동 및 수동 개폐로 원자로 압력제어.
15시 42분	원자력안전·보안원	후쿠시마 제1원전 1~3호기에 관해 원자력재해대책특별조치법(법률 제156호, 1999년 제정. 이하 원재법) 제10조 1항 관련 사태(전체 교류 전원 상실)라고 판단해 연락.
	후쿠시마 제1원전 1~6호기	원재법 제10조 해당 사태(전체 교류 전원 상실)가 발생했다고 판단해 관청 등에 통보. 1차 긴급 태세 발령. 긴급대책본부 설치(비상재해대책본부와의 합동 본부).
		원전 안전 규제를 담당하는 경제산업성이 원자력 사업자에게 원재법 제10조를 통보(운전 중의 전체 교류 전원 상실)받고 원자력재해경계본부 및 원자력재해현지경계본부를 설치함.
		원재법 제10조를 통보받고 긴급사태사고처리거점시설OFC에 원자력재해현지경계본부가 발족됨.
15시 43분	후쿠시마 제2원전 2호기	RCIC 수동 기동(이후 기동 정지 적당 발생).
15시 45분		자민당의 다니가키 사다카즈 총재가 당대책본부 회의에서 "추경예산 등도 당연히 필요. 협력하겠다."고 밝힘.
	긴급재해대책본부	미야기 현에서 재해 파견의료팀의 파견을 요청해 파견 지시.
15시 46분	후쿠시마 제2원전 3·4호기	원자로 감압 개시(SRV 자동 닫힘). 이후 자동 및 수동 개폐로 원자로 압력제어.
15시 50분	후쿠시마 제1원전 1호기	계장용 전원이 상실된 탓에 원자로 수위를 알 수 없는 상태.
	후쿠시마 제2원전 1~4호기	송전선인 이와이토선 전체 정지(2호 정지. 1호는 점검 목적

		으로 지진 전부터 정지 중).
15시 54분	동 4호기	RCIC 수동 기동(이후 기동 정지 적당 발생).
15시 55분	동 1호기	원자로 감압 개시(SRV 자동 열림). 이후 자동 및 수동 개폐로 원자로 압력제어.
		센다이 신항에서 높이 10미터가량의 쓰나미를 확인.
15시 57분	후쿠시마 제2원전 1호기	CWP(A)·(B) 자동 정지.
16시		오카다 간사장이 민주당 임원회의에서 "정부와 연계해 여당으로서 할 수 있는 대책을 모두 취해야 한다."고 지시. 사민당이 지진대책본부를 설치.
		기상청의 첫 번째 기자회견. 8.8 규모 지진을 '2011년 도호쿠 지방 태평양 연안 지진'으로 명명.
	긴급재해대책본부	2차 긴급재해대책본부(16시 22분 종료).
		원자력안전위원회가 임시 회의에서 긴급 조언 조직 가동 결정.
16시 03분	후쿠시마 제1원전 3호기	RCIC 수동 기동.
16시 06분	후쿠시마 제2원전 3호기	RCIC 수동 기동(이후 기동 정지 적당 발생).
16시 07분		사이타마 현 내에서 건물 48만여 동 정전.
16시 09분		도쿄 도 내 여러 곳에서 화재 발생.
16시 11분		총리가 "국민 여러분 아무쪼록 침착하게 행동하시길 바랍니다."라고 인사.
16시 12분	간 총리	전체 각료가 참석한 긴급재해대책본부 회의.
16시 13분		아오모리·아키타·이와테 등 각 현에서 정전 발생. 미야기·야마가타 전역에서도 정전 발생.
16시 20분		정부가 지진 명칭을 '2011년 도호쿠 지방 태평양 연안 지진'으로 결정.
	긴급재해대책본부	이바라기 현 지사가 재해 파견 요청.
16시 25분	긴급재해대책본부	관방장관 지시는 다음과 같다.
		• 전체 성청의 정무 3역은 전원 각자 성청으로 등청할 것.
		• 현재 지방에 있는 정무 3역은 즉시 도쿄로 돌아올 것.
		• 단 도호쿠 지방에 체류 중인 3역은 현재 상황을 파악해 연락할 것.
	긴급재해대책본부	경시청 광역 긴급 원조대에 출동 지시.
16시 32분		고치 현 태평양 연안의 19개 시정촌이 주민에게 피난 지시 등을 발령.
16시 36분	원자력안전·보안원	후쿠시마 제1원전 1·2호기에 관해 도쿄전력에 원재법 제15

		조 해당 사태(비상용 노심 냉각장치 냉각수 주입 불능)가 발생했다고 판단.
		관저를 나오던 시마 히로카즈 총리보좌관이 기자단에 "(전화) 회선이 꼬여 정보 입수에 어려움이 있다."고 밝힘. 정부는 도쿄전력 후쿠시마 제1원전에 대응하기 위해 관저대책실을 설치.
	후쿠시마 제1원전 1~6호기	원자로 수위가 확인되지 않아 냉각수 주입 상태를 알 수 없게 되자 원재법 제15조 해당 사태(비상용 노심 냉각장치 냉각수 주입 불능)가 발생했다고 판단해 16시 45분 관청 등에 통보. 2차 긴급 태세를 발령.
		도치기 현 하가마치의 공장에서 벽이 무너져 여성 사망.
		내각위기관리감은 후쿠시마 제1원전의 원재법 제10조 통보(같은 날 15시 42분)에 따라 해당 사고에 관한 관저대책실을 설치.
16시 40분		이바라기 현 가시마시의 가시마신궁 기둥문 붕괴.
16시 45분	동 1호기	원자로 수위가 확인되자 원재법 제15조 해당 사태(비상용 노심 냉각장치 냉각수 주입 불능)가 회복된 것으로 판단해 16시 55분 관청 등에 통보.
	긴급재해대책본부	나가노·니가타·야마나시·아키타·야마가타의 각 현 경찰 광역 긴급 원조대에 출동 지시.
16시 46분		지바 현 노다 시에서 남성이 넘어지면서 돌담에 머리를 부딪쳐 사망.
16시 47분		후쿠시마 현 지사가 제44 보통과연대(후쿠시마)로 재해 파견 요청.
16시 48분	후쿠시마 제2원전 3호기	CWP(A) 수동 정지.
16시 52분		센다이 시 다이하쿠 구에서 여관이 무너지고 안에서 사람 목소리가 들려 110번[경찰] 출동.
16시 53분		센다이 시 미야기노 구에서 남자 중학생이 떠내려가 행방불명.
16시 54분	긴급재해대책본부	기자회견 발표. 아오모리 현 지사가 재해 파견 요청.
16시 55분	간 총리	관저에서 기자회견 실시. 서두에 "정부는 총력을 쏟겠다. 침착하게 행동할 것을 강력히 당부한다."고 대국민 메시지 발표.
17시 07분	후쿠시마 제1원전 1호기	원자로 수위를 재차 확인하지 못해 원재법 제15조 해당 사태(비상용 노심 냉각장치 냉각수 주입 불능)가 발생했다고 판단해 17시 12분 관청 등에 통보.
17시 10분		이와테 현 구지 시에서 자동차가 떠내려가 1명 사망.
17시 12분	동 1·2호기	발전소장(발전소 긴급대책본부장)이 사고 관리 대책으로 설

	치한 소화 설비 및 소방차를 사용해 원자로에 냉각수를 주입할 방법을 검토하라고 지시.
17시 13분	지바 현 이치하라 시의 정유소 부근에서 폭발.
17시 25분	다니가키 총재가 간 총리와 전화로 나눈 이야기를 밝힘. "엄중한 사태이므로 국회 대응 등 전면적으로 협력하겠으니 걱정 말고 재해 대책에 임하기 바란다고 전했다."
17시 35분 **원자력안전·보안원**	후쿠시마 제2원전 1호기에서 원재법 제10조 통보.
	기타자와 방위대신이 방위성 재해대책본부 회의에서 "자위대는 의심할 여지없이 가장 믿음직한 집단이다. 국민을 위해 전력을 다하기 바란다."고 간부들에게 지시.
	루스 주일 미국 대사가 주일 미군으로부터 지원 요청을 받았음을 밝힘.
후쿠시마 제2원전 1호기	'드라이웰 압력 높음' 경보 발생. 같은 날 15시 37분경 기록 장치에 '주 증기 격리 밸브 원자로 수위 낮음(L-2)' 기록이 뜸. 압력 상승 원인이 격납 용기 내의 원자로 냉각재 누출 탓일 가능성도 부정할 수 없어서 원재법 제10조 1항의 규정에 따라 특정 사태(원자로 냉각재 누출)가 발생했다고 판단(그 뒤 관련 변수를 확인한 결과, 원자로 냉각재 누출이 확인되지 않아 같은 날 18시 33분경 해당 사태에 해당하지 않는 것으로 판단).
17시 39분	에다노 유키오 관방장관이 관저에서 기자회견. 수도권 철도 등 교통망이 마비되자 "귀가하지 말고 직장 등 안전한 장소에서 대기하라."고 당부.
17시 53분 **동 1호기**	드라이웰 냉각 시스템 수동 기동.
17시 55분	도호쿠 6개 현 440만 호가량이 정전.
18시 05분	방위성이 18시 30분에 총리가 원자력 긴급사태 선언을 발령한다고 발표.
18시 11분 **간 총리**	총리 관저에서 여야 협의. 총리는 "구국의 협력이라는 의미에서 잘 부탁한다."며 자민당 다니가키 총재 등 야당 대표 및 간부에게 요청.
18시 16분	미야기 현 게센누마 시에서 대형 화재.
18시 18분 **후쿠시마 제1원전 1호기**	IC 귀환 파이프 격리 밸브(MO-3A), 공급 배관 격리 밸브(MO-2A)를 열어 증기 발생을 확인.
18시 20분	마쓰모토 류 방재담당대신이 관계 기관에 "연안의 차량 운전자 등에게 라디오를 들으라고 당부하라."는 지시를 내림.
18시 23분	도쿄타워 정상부의 안테나가 휨.

18시 25분	**동 1호기**	IC 귀환 파이프 격리 밸브(MO-3A)를 닫음.
18시 33분	**후쿠시마 제2원전 1·2·4호기**	원자로 제열 기능 설비의 해수 펌프가 기동되는지 여부가 확인되지 않아 원재법 제10조 1항 규정에 따라 특정 사태(원자로 제열 기능 상실)가 발생했다고 판단.
18시 42분		경찰청이 지진 사망자는 20명 이상, 행방불명자는 30명 이상이라고 발표.
18시 50분	**긴급재해대책본부**	홋카이도 지사가 재해 파견 요청.
18시 58분		이바라기 현 기타이바라기 시의 2만여 가구가 모두 정전, 급수 중단.
19시		경찰청은 후쿠시마 현 미나미소마 시의 가옥 여러 채가 무너졌다고 발표.
19시 02분	**후쿠시마 제2원전 4호기**	'드라이웰 압력 높음' 경보 발생.
19시 03분		총리가 후쿠시마 제1원전에 대해 원재법에 따라 '원자력 긴급사태 선언'을 발령. 원자력재해대책본부 및 원자력재해현지대책본부를 설치.
19시 12분		경찰청이 이와테 현 야마다마치에서 쓰나미에 따른 사망자가 다수 발생했다고 발표.
19시 14분	**동 4호기**	드라이웰 냉각 시스템 수동 기동.
19시 23분	**긴급재해대책본부**	3차 긴급재해대책본부(19시 38분 종료).
19시 30분		기타자와 방위대신이 원자력 재해 파견 명령.
		도치기 현에서 56만여 가구가 정전.
19시 39분		JAL과 ANA는 11일 나리타 이용 항공기 전편의 결항을 결정.
19시 46분	**후쿠시마 제2원전 3호기**	'드라이웰 압력 높음' 경보 발생(RHR(B)S/C 냉각 모드에서 냉각수 저압 주입 모드로 자동 변경).
20시		미야기 현 히가시마쓰시마 시의 항공자위대 마쓰시마 기지가 쓰나미 탓에 거의 수몰.
20시 02분	**동 2호기**	드라이웰 냉각 시스템 수동 기동.
20시 07분	**동 3호기**	RHR(B) 냉각수 저압 주입 모드에서 S/C 냉각 모드로 변경.
		기상청은 진원 깊이를 약 10킬로미터에서 24킬로미터로 수정.
20시 10분		에다노 관방장관이 "귀가 난민 대책으로 역 주변의 공공시설을 최대한 활용하도록 전체 성청은 전력을 다하라."고 지시.
20시 12분	**동 3호기**	드라이웰 냉각 시스템 수동 기동.
20시 49분	**후쿠시마 제1원전 1·2호기**	중앙조작실 가설 조명이 점등.
20시 50분		후쿠시마 현 대책본부는 후쿠시마 제1원전 반경 2킬로미터

		내 주민에게 피난 지시(2킬로미터 내 주민은 1,864명).
20시 51분		지진 사망자가 50명을 넘음.
21시 02분	동 2호기	원자로 수위를 알 수 없어 RCIC를 이용한 원자로 냉각수 주입 상황을 확인할 수 없게 되자 수위가 TAF(연료봉 꼭대기 부분)까지 떨어질 가능성이 있다고 관청 등에 연락.
21시 23분		원재법에 따라 총리가 관계 지방공공단체에 다음을 지시. ● 후쿠시마 제1원전에서 반경 3킬로미터 권내의 주민에 대한 피난 지시. ● 후쿠시마 제1원전에서 반경 10킬로미터 권내의 주민에 대한 옥내 대피 지시. 미야기 현 지사가 현청에서 방재담당부대신과 만나 극심 재해 지정을 요청.
21시 30분	동 1호기	IC 귀환 배관 격리 밸브(MO-3A)를 열어 증기 발생을 확인.
21시 36분		경찰청은 21시 현재 7개 도현의 사망자가 60명이라고 발표.
21시 50분	동 2호기	원자로 수위가 TAF+3,400밀리미터임이 판명됨.
21시 51분	동 1호기	원자로 건물의 선량이 상승해 출입을 금지시킴.
21시 58분	동 3호기	중앙제어실 내 가설 조명이 점등.
22시	원자력안전·보안원	2호기 노심 노출은 22시 50분, 연료 피복관 파손은 23시 50분, 연료 용융은 24시 50분, 원자로 격납 용기의 설계 최고 압력 도달(527.6킬로파스칼)은 27시 20분, 그 경우 원자로 격납 용기 벤트에 따른 방사성물질 방출이 필요할 것으로 예측.
	후쿠시마 제1원전 1호기	원자로 수위가 TAF+550밀리미터임을 확인해 22시 20분 관청 등에 연락.
22시 05분		정부가 수도권 귀가 난민에게 각 성청 소관인 일시 체류 시설을 공표.
22시 20분	긴급재해대책본부	경시청, 홋카이도·야마가타·사이타마·지바·아키타의 각 현 경찰 광역 긴급 원조대(형사부대)에 출동 지시.
22시 26분		미야기 현경이 센다이 시 와카바야시 구 아라하마에서 시신 2백~3백 구가 발견됐다고 발표.
22시 33분		이와테 현경이 이와테 현 오후나토 시에서 중학생 23명을 포함한 48명이 행방불명됐다고 발표.
23시	후쿠시마 제1원전 1호기	조사 결과 터빈 건물 내 방사선량 상승(터빈 1층 북측 이중문 앞 시간당 1.2밀리시버트, 터빈 1층 남측 이중문 앞 시간당 0.5밀리시버트)을 23시 40분 관청 등에 연락.

23시 11분	후쿠시마 제2원전 3호기	RCIC 수동 정지(원자로 압력 저하에 따른 운전 정지).
23시 30분		경찰청이 지진 사망자는 93명이라고 발표. 여기에 센다이 시 내에서 발견된 시신 2백~3백 구는 포함되지 않음.
23시 41분	긴급재해대책본부	경시청(증강), 니가타·나가노·시즈오카·군마의 각 현 경찰 광역 긴급 원조대(형사부대)에 출동 지시.
23시 52분		일본 시각으로 23시 전, 지진에 따른 쓰나미가 하와이에 도달 했다고 발표.

3월 12일 토요일

0시	후쿠시마 제2원전 1호기	냉각수 대체 주입법MUWC 시작.
		이케다 모토히사 경제산업성 부대신이 보안원 직원 및 원자 력안전위원회 사무국원과 함께 방위성에서 자위대 헬기 등 을 이용해 현지(후쿠시마 현 원자력센터)에 도착. 거의 같은 시각에 별도로 이동한 문부과학성 직원도 현지 도착. 그 밖에 3월 11일 밤부터 12일에 걸쳐 자위대, 후쿠시마 현 관계자(부 지사 등), 독립행정법인 일본원자력연구개발기구, 독립행정 법인 방사선의학종합연구소 등의 직원도 현지 도착. 그에 비 해 현지대책본부 구성원으로서 원래 참집되기로 예정된 관 계 성청 직원 등의 초동 참집 비율은 전체적으로 저조. 또 방 재기본계획에 의거해 즉시 파견되었어야 할 담당 원자력안 전위원 및 긴급사태 사고처리조사위원도 늦게 현지 도착.
0시 04분		경찰청이 11일 23시 현재 사망자 110명, 행방불명자 350명 이라고 발표.
0시 06분	후쿠시마 제1원전 1호기	발전소장이 드라이웰 압력이 6백 킬로파스칼[abs]을 넘었을 가능성이 있어서 격납 용기 벤트 실시 준비의 진행을 지시.
	후쿠시마 제2원전 3호기	RHR(B) 원자로 정지 시 냉각 시스템(이하 SHC) 모드의 구성 준비를 개시.
0시 09분	후쿠시마 제1원전 5·6호기	전원 계통 점검을 위해 5호기 및 6호기 현장으로 출발.
0시 15분	간 총리	오바마 미국 대통령과 전화 회담. 마쓰모토 다케아키 외무대 신, 다카하시 지아키 외무성 부대신, 우메모토 가즈요시 외무 성 북미국장, 후쿠야마 데쓰로 관방부장관이 배석.
0시 16분	후쿠시마 제2원전 4호기	RCIC 자동 정지(원자로 압력 저하에 따른 운전 정지). MUWC 를 통한 냉각수 대체 주입 개시.
0시 25분		에다노 관방장관이 "사망자 수가 상당하다는 정보를 입수했 다."고 언급.
0시 29분		후쿠시마 현 스카가와 시에서 관개용 댐 붕괴, 가옥 유실.

		미국 캘리포니아 주민도 쓰나미를 경계해 피난.
0시 30분	후쿠시마 제1원전 1~6호기	정부가 피난 주민의 피난 조치 완료 확인(후타바마치·오쿠마마치의 3킬로미터 이내 피난 조치 완료 확인, 1시 45분 재차 확인).
0시 33분		국토지리원에 따르면 미야기 현 내 4미터가량의 지각변동은 관측 사상 최대라고 함.
0시 37분		미야기 현의 온나가와 원전 1호기의 터빈 건물 화재는 11일 23시에 진화. 방사능 영향 없음.
0시 49분	동 1호기	드라이웰 압력이 6백 킬로파스칼[abs]을 넘을 가능성이 있어서 원재법 제15조 해당 사태(격납 용기 압력 이상 상승)가 발생했다고 판단해 0시 55분 관청 등에 통보.
0시 57분	원자력안전·보안원	도쿄전력이 후쿠시마 제1원전 1호기에 관해 원재법 제15조 사태(격납 용기 압력 이상 상승)에 해당한다고 통보.
1시 23분	후쿠시마 제2원전 3호기	RHR(B) 수동 정지(SHC 모드 준비를 위한 작업).
1시 30분	후쿠시마 제1원전 1·2호기	격납 용기 벤트 실시에 관해 총리, 경제산업대신, 원자력안전·보안원에 알리고 양해를 얻음.
1시 31분		경찰청이 12일 0시 30분 현재의 사망자 수를 137명에서 133명으로 수정.
1시 35분		11일 밤 중국 광둥 성 등에서 최대 30센티미터가량 높이의 지진 쓰나미가 관측됨.
1시 40분	후쿠시마 제1원전 5호기	SRV 자동 열림(이후 개폐를 반복해 원자로 압력을 약 8메가파스칼MPa로 유지).
2시 47분	동 1호기	2시 30분 드라이웰 압력이 840킬로파스칼[abs]에 도달했음을 관청 등에 연락.
2시 55분	동 2호기	RCIC가 운전 중임을 확인.
3시		오바마 미국 대통령이 기자회견에서 "마음이 아프다."며 지진 회생자들에게 애도를 표명.
3시 06분	동 1·2호기	격납 용기 벤트, 벤트 실시에 관한 언론 회견 실시.
3시 12분	긴급재해대책본부	관방장관 기자회견(3시 32분 종료).
3시 33분	후쿠시마 제1원전 2호기	격납 용기 벤트를 실시한 경우의 피폭 평가 결과를 관청 등에 연락.
3시 59분		나가노 현 북부에서 진도 6강의 지진(진원지는 니가타 현 주에쓰 지방으로 지진 규모 6.7).
4시 01분	후쿠시마 제1원전 1호기	격납 용기 벤트를 실시한 경우의 피폭 평가 결과를 관청 등에

		연락.
4시 32분		나가노 현 북부에서 진도 6약의 지진.
4시 47분		경찰청이 4시 현재 사망자는 9개 도현에서 178명, 행방불명자는 7개 현에서 584명이라고 발표.
4시 55분	동 1~6호기	발전소 구내 방사선량 상승(정문 부근에서 4시 현재 시간당 0.069마이크로시버트 → 4시 23분 현재 0.59마이크로시버트)을 확인해 관청 등에 연락.
5시 14분	동 1호기	발전소 구내의 방사선량이 상승하고 드라이웰 압력이 저하 경향임을 미루어 '외부에 대한 방사성물질 누출'이 발생했다고 판단해 관청 등에 연락.
5시 20분		경찰청이 4시 50분 현재 사망자는 9개 도현에서 184명, 행방불명자는 7개 현에서 708명이라고 발표.
5시 22분	원자력안전·보안원	후쿠시마 제2원전 1호기에서 도쿄전력이 원재법 제15조 해당 사태(압력 억제 기능 상실)가 발생했다고 판단해 6시 27분 통보.
	후쿠시마 제2원전 1호기	압력억제실 온도가 섭씨 1백 도 이상이 되자 원재법 제15조 1항의 규정에 따라 특정 사태(압력 억제 기능 상실)가 발생했다고 판단.
		같은 시각 이후 후쿠시마 제2원전에서 여러 기의 압력 억제 기능이 상실되는 원자력 긴급사태가 발생.
5시 32분	원자력안전·보안원	후쿠시마 제2원전 2호기에서 도쿄전력이 원재법 제15조 해당 사태(압력 억제 기능 상실)가 발생했다고 판단해 6시 27분 통보.
	후쿠시마 제2원전 2호기	압력억제실 온도가 1백 도 이상이 되자 원재법 제15조 1항의 규정에 따라 특정 사태(압력 억제 기능 상실)가 발생했다고 판단.
5시 37분		지진의 영향으로 미국 서해안에 쓰나미 도달. 캘리포니아 주에서 남성 1명이 행방불명.
5시 42분		나가노 현 북부에서 진도 6약의 지진.
5시 44분	원자력안전·보안원	원재법에 따라 총리가 관계 지방공공단체에 후쿠시마 제1원전에서 반경 10킬로미터 권내 주민의 피난을 지시.
5시 46분	후쿠시마 제1원전 1호기	소방차를 이용해 소화 설비에서 원자로로 담수 주입 개시.
5시 52분	동 1호기	소방차를 이용해 소화 설비에서 담수 1천 리터 주입 완료.
		총무성 소방청이 이와테 현 리쿠젠타카타 시는 쓰나미로 거의 괴멸 상태라고 발표.

5시 58분	**후쿠시마 제2원전 1호기**	제어봉 10-51PIP 이상 경보 발생.
5시 59분		미야기 현 게센누마 시의 JR 오후나토선의 시시오리카라쿠와 역 가까이에서 주택 등의 연쇄 화재 발생.
6시 01분		미야기 현에 따르면 현내 사망자 48명, 행방불명자 32명, 부상자 235명.
6시 03분	**후쿠시마 제1원전 6호기**	6호기 드라이웰에서 전원 공급 라인 구성을 시작.
6시 06분	**동 5호기**	원자로 압력 용기 꼭대기의 밸브를 열어 원자로 압력 용기의 감압을 실시.
6시 07분	**후쿠시마 제2원전 4호기**	압력억제실 온도가 1백 도 이상이 되자 원재법 제15조 1항의 규정에 따라 특정 사태(압력 억제 기능 상실)가 발생했다고 판단.
6시 11분		미국 캘리포니아 주에서 쓰나미로 4명이 휩쓸려 1명 사망, 1명 행방불명, 2명이 구조되었다고 현지 언론이 보도.
6시 14분	**간 총리**	육상자위대 헬기로 관저 옥상 헬리포트 출발. 데라타 마나부 총리보좌관, 마다라메 원자력안전위원장 등이 동행.
6시 19분	**원자력안전·보안원**	간 총리의 지시에 따라 5시 44분에 후쿠시마 제1원전 주변의 피난 지시 구역을 반경 3킬로미터에서 10킬로미터로 확대한다고 발표. ·
6시 25분	**원자력안전·보안원**	후쿠시마 제1원전 정문 부근의 방사선 감시 장치에서 평소의 8배 이상의 방사선량이 검출되었다고 발표.
6시 28분		미야기 현의 온나가와마치 지자체 건물 옥상까지 수몰. 지역이 고립 상태.
6시 30분	**후쿠시마 제1원전 1호기**	소방차를 이용해 소화 설비에서 담수 2천 리터(누계) 주입.
6시 33분	**동 1호기**	오구마마치에서 도로 방면으로 피난 주민 이동을 검토 중이라고 확인.
6시 35분		6시 현재 사망자는 9개 도현에서 185명, 행방불명자는 7개 현에서 741명.
6시 38분	**원자력안전·보안원**	후쿠시마 제1원전 1호기의 중앙제어실에서 검출된 방사선량은 평소의 1천여 배.
6시 40분		니가타 현 도카마치 시에서 붕괴된 토사에 쓸린 주택에서 남녀 3명이 구조됨.
6시 50분	**후쿠시마 제1원전 1·2호기**	경제산업성이 원자로등규제법 제64조 3항의 규정에 따라 후쿠시마 제1원전 1·2호기에 설치된 원자로 격납 용기의 압력을 억제하라고 명령.

7시 11분	**동 1~6호기** 간 총리가 후쿠시마 제1원전에 도착
7시 19분	**간 총리** 면진중요동.
7시 23분	**간 총리** 도쿄전력 부사장인 무토 사카에 원자력·입지본부장의 설명을 들음. 이케다 경제산업성 부대신 배석.
7시 40분	도쿄전력이 후쿠시마 제2원전 1·2·4호기가 비상시 냉각 기능을 상실했다고 정부에 보고.
7시 45분	**원자력안전·보안원** 원재법에 따라 후쿠시마 제2원전에서 발생한 사고에 관해 총리가 관계 지방공공단체(후쿠시마 현, 히로노 시, 나라하마치·도미오카마치·오구마마치 포함)에 다음과 같이 지시. ● 후쿠시마 제2원전에서 반경 3킬로미터 권내 주민에게 피난 지시. ● 후쿠시마 제2원전에서 반경 10킬로미터 권내 주민에게 옥내 대피 지시. 총리는 원재법에 따라 원자력 긴급사태를 선언(원자력 긴급사태를 선언하는 동시에 원자력재해대책본부 및 현지대책본부가 후쿠시마 제1원전의 대책본부와 통합되면서 총리는 후쿠시마 제1·제2원전 사고의 원자력재해대책본부장이 됨). '후쿠시마 제1원전 및 후쿠시마 제2원전에 관한 원자력재해대책본부'로 개명.
7시 55분	**후쿠시마 제1원전 1호기** 소방차를 이용해 소화 설비에서 담수 3천 리터(누계) 주입.
8시 03분	**동 1호기** 발전소장이 9시를 목표로 격납 용기 벤트 조작 실시를 지시.
8시 04분	**동 1~6호기** 총리가 후쿠시마 제1원전을 출발.
8시 15분	**동 1호기** 소방차를 이용해 소화 설비에서 담수 4천 리터(누계) 주입.
8시 29분	**간 총리** 센다이 시의 육상자위대 가스미노메 주둔지에 도착.
8시 30분	**후쿠시마 제1원전 1호기** 소방차를 이용해 소화 설비에서 담수 5천 리터(누계) 주입.
8시 31분	경찰청이 8시 현재 사망자는 9개 도현에서 217명, 행방불명자는 6개 현에서 681명이라고 발표.
8시 35분	**간 총리** 육상자위대 헬기로 가스미노메 주둔지 출발. 미야기 현 연안부 피해 지역을 상공 시찰.
8시 37분	**후쿠시마 제1원전 1호기** 9시경 격납 용기 벤트를 시작하기 위해 준비 중임을 후쿠시마 현에 연락. 피난이 완료된 후 벤트를 하기로 조정.
	방위성이 후쿠시마 제1원전의 반경 3킬로미터 이내에 사는 3천 명가량이 6시가 지난 시점에서 피난을 완료했다고 발표.
8시 39분	방위성이 동일본 대지진에 파견하는 자위대원을 2만 명가량

		으로 확대한다고 발표.
9시 03분	후쿠시마 제1원전 1호기	오구마마치(구마 지구)의 피난 완료를 확인.
9시 04분	동 1호기	격납 용기 벤트 조작을 위해 운전원이 현장으로 출발.
9시 11분	원자력안전·보안원	도쿄전력에 대해 후쿠시마 제1원전 1·2호기의 격납 용기 내 증기를 외부로 방출하도록 명령.
9시 15분	후쿠시마 제1원전 1호기	소방차를 이용해 소화 설비에서 담수 6천 리터(누계) 주입. 격납 용기 벤트 밸브(MO밸브)를 수동으로 엶.
9시 17분	간 총리	육상자위대 헬기로 가스미노메 주둔지 출발.
9시 18분	긴급재해대책본부	후쿠시마 현에 정부조사단 파견.
9시 28분		후쿠시마 제1·제2원전 주변의 후타바마치·오구마마치·도미오카마치(모두 후쿠시마 현)가 전체 주민을 피난 구역으로 피난시키기 시작.
9시 30분	후쿠시마 제1원전 1호기	S/C 벤트 밸브(AO밸브) 작은 밸브의 현장 조작을 시도했으나 선량이 높아서 단념.
9시 37분	후쿠시마 제2원전 3호기	RHR(B) 수동 기동(SHC 모드 운전 개시).
9시 38분		경찰청이 9시 현재 사망자는 9개 도현에서 236명, 행방불명자는 6개 현에서 725명이라고 발표.
9시 40분		이와테 현 오후나토 시 요시하마 중학교 학생 8명 행방불명.
		후생노동성이 노인복지시설 등 총 181개 사회복지시설이 피해를 입었다고 발표.
		12일 오전 이와테 현 노다 만에서 4미터 높이 쓰나미 관측.
9시 43분		경제산업성 소방청이 8시 30분 현재 피해를 입은 건물은 약 3천4백 동, 화재는 약 2백 건이라고 발표.
10시		기린맥주는 센다이 공장 맥주 저장 설비 4기의 붕괴를 밝힘.
10시 02분		미야기 현 온나가와마치의 초립 제4소학교에서 아동 등 3백명가량이 고립.
10시 10분		센다이공항 터미널 빌딩 옥상에 1천3백 명이 고립.
10시 12분		에다노 관방장관이 원전의 증기 방출에 관해 "만전을 기해 관리되는 방출이므로 침착하게 대피하기 바란다."고 발표.
10시 16분		미야기 현의 사망자가 54명으로 늘어남.
10시 17분	후쿠시마 제1원전 1호기	중앙조작실에서 S/C 벤트 밸브(AO밸브) 작은 밸브를 엶(계장용 압축공기시스템의 잔압을 기대).
10시 21분	후쿠시마 제2원전 1호기	격납 용기 내압 벤트 라인 구성을 시작.
10시 40분	후쿠시마 제1원전 1호기	정문 및 모니터링 포스트의 선량이 상승하고 있음이 확인됨

		에 따라 벤트로 인해 방사성물질이 방출되었을 가능성이 높다고 판단.
10시 47분	간 총리	관저 헬리포트 도착.
10시 57분		경찰청이 10시 현재 사망자와 행방불명자가 총 1,012명에 이른다고 발표.
11시		시찰을 끝낸 총리가 관저에서 기자단에게 "새삼 쓰나미의 피해가 심각함을 실감했다."고 언급.
11시 15분	후쿠시마 제1원전 1호기	선량이 떨어지는 중이라 격납 용기 벤트가 충분한 효과를 거두지 못했을 가능성이 있음을 확인.
11시 23분		후생노동성이 홋카이도에서 아이치 현까지 16개 도도현의 1백만 호 이상이 단수라고 발표.
11시 32분		페루 언론이 페루 서부의 태평양 연안에 동일본 대지진에 따른 1차 쓰나미가 도달했다고 보도.
11시 34분		작업원이 후쿠시마 제1원전 2호기의 터빈 건물 외벽에 2미터의 균열이 생겼다고 보고.
11시 36분	후쿠시마 제1원전 3호기	RCIC 정지.
11시 39분	동 1호기	격납 용기 벤트 조작을 위해 원자로 건물로 들어간 도쿄전력 직원 1명의 선량이 1백 밀리시버트를 초과(106.30밀리시버트)했음을 관청 등에 연락.
11시 44분		피해 지역 각 경찰본부에 따르면 사망자 387명, 행방불명자 725명.
11시 50분	후쿠시마 제2원전 1·2호기	원자로 격납 용기 내 증기를 방출하는 작업이 시작됨.
11시 52분		총리는 긴급재해대책본부 회의에서 구조·지원에 임할 자위대 대원을 약 5만 명으로 확대하겠다고 밝힘.
11시 55분		10시 45분 현재 이와테 현의 사망자는 202명.
11시 56분		도쿄전력은 전력 부족에 따라 지역을 한정해 계획적으로 정전을 실시하는 '윤번 정전'을 실시할 가능성이 높다고 발표.
		총리는 긴급재해대책본부 회의에서 후쿠시마 제1원전에 대해 "미량의 방사능이 나오고 있다. 국민 건강을 지킬 태세를 취하겠다."고 언급.
11시 59분		이바라기 현 도카이무라 화력발전소에서 9명이 굴뚝에 매달린 상태, 5명을 구조.
12시		미야기 현경은 이와누마 시와 나토리 시의 체육관에 총 2백 구가량의 시신을 이송.

12시 13분		도쿄전력이 9시 10분 현재 후쿠시마 제1원전 정문 부근의 방사선량이 평소의 70배 이상에 달했다고 발표.
12시 26분	원자력안전·보안원	후쿠시마 제1원전 1호기의 노심 수위 저하에 따른 연료봉 노출이 11시 20분 현재 최대 90센티미터에 달했다고 발표.
12시 35분	후쿠시마 제1원전 3호기	냉각수 고압 주입계 자동 기동(원자로 수위 낮음).
13시 50분		기상청이 각지에 발령한 대규모 쓰나미 경보를 도호쿠 태평양 연안부를 제외하고는 쓰나미 경보로 변경.
14시 14분	원자력안전·보안원	후쿠시마 제1원전 1호기 주변에서 방사성물질인 세슘을 검출했다고 발표.
14시 30분	후쿠시마 제1원전 1호기	S/C 벤트 밸브(AO밸브)의 큰 밸브를 작동시키기 위해 14시경에 가설 공기압축기를 설치하자 드라이윌 압력이 떨어지는 것을 확인하고 벤트에 따른 '방사성물질 방출'이라고 판단해 15시 18분 관청 등에 연락.
14시 42분	동 5·6호기	D/G 전원을 이용해 5/6호 중앙제어실 비상용 환기공조시스템 중 6호기의 공조시스템을 수동 기동해 5/6호 중앙제어실 내 공기 정화를 시작.
14시 53분	동 1호기	소방차로 원자로 내에 담수 주입. 80톤(누계) 주입.
14시 54분	동 1호기	원자로에 해수 주입을 실시하도록 발전소장이 지시.
15시 01분		총리 관저에서 여야 대표 회담.
15시 12분	원자력안전·보안원	후쿠시마 제1원전의 피난 지시 구역에 관해 "반경 10킬로미터 이내로 변경 없다."고 발표.
15시 20분	원자력안전·보안원	원자력안전·보안원과 내각관방 내각정보집약센터 등이 도쿄전력이 보낸 "향후 준비가 되면 곧바로 소화 시스템으로 해수를 원자로 내에 주입할 예정"이라는 내용의 팩스를 수신.
15시 30분	후쿠시마 제1원전 1호기	발전차로 전원을 복구해 붕산수 주입계로 원자로에 냉각수 주입 준비 완료.
15시 36분	동 1호기	원자로 건물에서 수소가스 탓으로 추정되는 폭발 발생.
		지진 직후에 1호기 건물에서 폭발음이 나고 흰 연기가 났으며, 도쿄전력 직원 4명이 부상.
16시		미야기 현은 사망자 총 149명, 부상자 166명. 이와테 현은 사망자 231명, 행방불명자 176명. 후쿠시마 현은 사망자 144명, 행방불명자 316명.
16시 06분	원자력안전·보안원	후쿠시마 제1원전 1호기의 압력 용기 내에 도쿄전력이 소방펌프로 해수를 직접 주입해 냉각하겠다고 발표.

16시 27분	원자력안전·보안원	후쿠시마 제1원전에 대해 도쿄전력이 원재법 제15조 사태(부지 경계 방사선량 이상 상승)에 해당한다고 통보.
	후쿠시마 제1원전	모니터링 포스트에서 시간당 5백 마이크로시버트를 넘는 선량(1,015마이크로시버트)이 계측되어 원재법 제15조 해당 사태(부지 경계 방사선량 이상 상승)가 발생했다고 판단해 관청 등에 연락.
16시 51분		후생노동성이 14시 현재 단수 세대는 홋카이도에서 아이치 현까지의 18개 도도현, 110만 호 이상으로 확대된다고 발표.
17시 12분		후쿠시마 현 도미오카마치가 후쿠시마 제1원전 1호기 건물 폭발에 관해 "냉각용 수소가스의 폭발로 보이는데, 상세한 내용은 조사 중"이라는 연락을 도쿄전력에서 받았다고 발표.
17시 20분	후쿠시마 제1원전 1호기	소방차와 건물 등의 상황 조사를 위해 출발.
		총무성 방위청이 이와테 현 이와이즈미초는 지자체·소방본부와도 연락되지 않는 상황이라고 발표.
17시 30분	동 2·3호기	발전소장이 격납 용기 벤트를 준비하라고 지시.
17시 39분	원자력안전·보안원	총리가 후쿠시마 제2원전의 피난 구역에 관해 후쿠시마 제2원전에서 반경 10킬로미터 권내의 주민에 대한 피난을 지시.
		원재본부장이 후쿠시마 제1원전 1호기에서 발생한 폭발로 인해 후쿠시마 제2원전에서 반경 10킬로미터 권내의 거주자 등에게 피난을 지시.
		피난 지시를 받은 해당 거주자 등은 원래 옥내 대피 지시를 받은 사람들임. 4월 21일 원재본부장은 이 피난 지시에 대해, 관계 지자체장에게 피난 지시 대상 구역을 후쿠시마 제2원전에서 반경 8킬로미터 권내로 변경하는 지시를 내림. 관계 지자체에는 후쿠시마 현, 히로노마치·나라하마치·도미오카마치·오구마마치가 포함됨. 이 변경 지시는 원자력 긴급사태 선언의 발령 시점(3월 12일 7시 45분) 이후 중대한 사고가 발생할 위험이 상당히 낮아졌고, 일정 수준의 안전 대책이 확보된 것으로 판단되었기에 내려짐. 원재본부장에 의한 피난 등 지시의 대상 구역은 원재법 제20조 5항에 따라 공시 변경에 대해 원자력안전위원회의 의견을 들은 후에 변경된 것. 3월 15일까지의 지시에 따른 피난 구역(후쿠시마 제1원전에서 반경 20킬로미터 권내 및 후쿠시마 제2원전에서 반경 10킬로미터 권내)의 인구는 약 7만8,200명이며, 옥내 대피 구역(후쿠시마 제1원전에서 반경 20킬로미터 이상 30킬로미터

		권내)의 인구는 약 6만2,400명.
17시 50분		후쿠시마 현이 후쿠시마 제1원전 1호기의 부지 내 방사선량이 시간당 1,015마이크로시버트로 이는 일반인이 1년간 받는 한도량에 가깝다고 발표.
		에다노 관방장관이 "폭발적 사태가 있었다. 방사성물질의 수치는 예상 범위 내"라고 밝힘.
17시 55분	원자력안전·보안원	가이에다 반리 경제산업대신이 도쿄전력에 후쿠시마 제1원전 1호기 원자로 용기 안을 해수로 채우도록 원자로등규제법 제64조 3항의 조치 명령을 구두로 지시함. 이와 함께 원자력안전·보안원에 명령 문서를 내리도록 지시함.
18시	원자력안전·보안원	도쿄전력 관계자가 해수 주입 준비에 시간(1시간 30분가량)이 걸린다고 설명하자, 총리가 해수 주입 냉각에 대해 원자력안전위원회, 도쿄전력 등과 함께 원자력안전·보안원이 해수 주입 냉각의 실시를 검토하도록 지시함(총리가 재임계 가능성이 없느냐고 물은 데 대해 원자력안전위원장이 가능성이 '0'은 아니라고 대답했고, 이에 따라 붕산을 투입하는 등 재임계를 막을 방법 등을 검토함).
18시 05분	후쿠시마 제1원전 1호기	경제산업대신이 법령에 따라 명령한 내용을 본사·발전소가 공유.
18시 22분		닛산자동차·혼다기연공업·도요타자동차가 국내 전 공장에서 조업 중지를 결정.
18시 25분	원자력안전·보안원	원재법에 따라 후쿠시마 제1원전 사고와 관련해 총리가 관계 지방공공단체에 후쿠시마 제1원전 반경 20킬로미터 권내 주민의 피난을 지시.
18시 30분	후쿠시마 제1원전 1호기	소방차와 건물 등의 상황 조사 결과, 현장에 붕괴된 파편이 흩어진 상태이며 붕산수 주입계의 전원 설비와 해수 주입을 위한 호스가 손상되어 사용 불가함을 확인.
19시 04분	원자력안전·보안원	후쿠시마 제1원전 1호기에 관해 도쿄전력이 해수(붕산 없이) 주입을 개시(도쿄전력의 해수 주입 개시는 관저에는 보고되지 않았음. 도쿄전력의 담당자가 원자력안전·보안원에는 구두로 연락했으나 원자력안전·보안원 측에 그 기록은 없음).
19시 30분		지진 직후에 센다이 시내에서 발생한 화재 35건이 19시까지 진화됐다고 발표.
19시 40분		원자력안전·보안원 등이 해수 주입에 관한 검토 결과를 총리에게 설명.

19시 55분	**원자력안전·보안원**	총리가 해수 주입을 지시.
20시 05분	**원자력안전·보안원**	경제산업성이 해수 주입 등을 명령하는 문서를 완성(같은 날 20시 40분 도쿄전력은 원자력안전·보안원 등에 대해 20시 20분부터 해수 주입을 개시했다고 연락. 그 뒤 5월 26일 도쿄전력이 원자력안전·보안원 등에 19시 04분 이후 계속 주입했다고 보고).
20시 20분		기상청은 도호쿠의 태평양 연안부에 마지막까지 발령했던 대규모 쓰나미 경보를 쓰나미 경보로 변경해, 대규모 쓰나미 경보는 모두 해제.
20시 32분	**긴급재해대책본부**	총리 메시지(20시 41분 종료).
20시 41분	**긴급재해대책본부**	관방장관 기자회견(21시 08분 종료).
20시 45분	**후쿠시마 제1원전 1호기**	붕산을 해수와 섞어 원자로 내에 주입 개시.
20시 50분		총리는 피해 지역에 대한 자위대 파견을 5만 명 체제에서 더욱 증원하도록 방위대신에게 요청했다고 담화에서 발표.
		에다노 관방장관이 후쿠시마 제1원전의 폭발에 관해 "노심의 물이 부족한 상태에서 발생한 수증기가 수소로 변해 건물의 산소와 합쳐졌기 때문이며, 격납 용기에 손상이 없고, 외부의 방사성물질은 폭발 후에 오히려 더 낮다."고 발표.
20시 56분		미야기 현이 쓰나미 피해를 입은 미야기 현 미나미산리쿠초의 반 이상의 주민 9천5백여 명과 연락되지 않는다고 발표.
21시 53분		총리가 긴급재해대책본부 회의에서 "기능이 회복되지 않은 지자체 후원이 중요. 더 힘쓰라."고 지시.
22시 15분		후쿠시마 현 나라하마치와 오쿠마마치에서 진도 5약의 지진.
22시 45분		방위성이 항공자위대의 헬기가 미야기 현 게센누마 시의 고립 집락 등에 남겨진 98명을 구조했다고 발표.
23시 03분	**원자력안전·보안원**	담당자가 "환경 중의 방사선 모니터링 수치가 떨어지고 있어 현 시점에서 노심용융이 진행 중이라고는 생각지 않는다."고 언급.
23시 05분	**원자력안전·보안원**	국제원자력사고등급INES 평가 4를 국제원자력기구에 통보.
23시 15분		후쿠시마 현이 후쿠시마 제1원전의 3킬로미터 권내에서 피난한 3명이 피폭했음을 발표.
23시 31분	**원자력안전·보안원**	담당자가 후쿠시마 제1원전 1호기의 사고는 국제원자력사고 등급으로 볼 때 1999년 도카이무라 임계 사고에 맞먹는 '레벨 4'에 상당하다고 언급.
23시 35분		나가노 현 사카에무라에서 진도 5약의 지진.

	3월 13일 일요일
2시 42분	후쿠시마 제1원전 3호기 냉각수 고압 주입계 정지.
5시 10분	동 3호기 RCIC를 이용한 원자로 냉각수 주입이 불가능해 원재법 제15조 해당 사태(원자로 냉각 기능 상실)라고 판단해 5시 58분 관청 등에 통보.
5시 50분	동 3호기 격납 용기 벤트 실시에 관한 언론 발표.
6시 19분	동 3호기 4시 15분 TAF에 도달한 것으로 판단해 관청 등에 연락.
7시 30분	기상청이 도호쿠 태평양 측의 쓰나미 경보를 주의보로 변경. 이로써 쓰나미 경보는 모두 해제.
8시 10분	동 2호기 격납 용기 벤트 밸브(MO밸브) 엶.
8시 35분	동 3호기 격납 용기 벤트 밸브(MO밸브) 엶.
8시 41분	동 3호기 S/C 벤트 밸브(AO밸브) 큰 밸브를 이용해 파열판을 제거해 격납 용기 벤트 라인 구성을 완료하고 8시 46분 관청 등에 연락.
8시 56분	동 2~6호기 모니터링 포스트에서 시간당 5백 마이크로시버트를 넘는 선량(882마이크로시버트)이 계측되어 원재법 제15조 해당 사태(부지 경계 방사선량 이상 상승)가 발생한 것으로 판단해 9시 01분 관청 등에 통보.
9시	기타자와 방위대신이 방위성 재해대책본부 회의에서 자위대의 재해 파견을 10만 명 체제로 증강하도록 간 총리에게 지시 받았다고 발표.
9시 01분	원자력안전·보안원 후쿠시마 제1원전에 대해 도쿄전력이 원재법 제15조 사태(부지 경계 방사선량 이상 상승)에 해당한다고 통보.
9시 08분	후쿠시마 제1원전 3호기 SRV를 통한 원자로 압력 급속 감압을 실시. 이후 소화 설비를 이용한 원자로 내에 냉각수를 주입할 것임을 9시 20분 관청 등에 연락.
9시 25분	동 3호기 소방차를 이용해 소화 설비에서 원자로 내로 담수 주입을 개시(붕산 포함).
9시 30분	원자력안전·보안원 후쿠시마 현 지사, 오구마마치장, 후타바마치장, 도미오카마치장, 나미에마치장에게 원재법에 따라 방사능 제염 스크리닝 내용에 관해 지시.
9시 36분	후쿠시마 제1원전 3호기 격납 용기 벤트 조작을 통해 9시 20분부터 드라이웰 압력이 떨어진 것을 확인. 또 소화 설비에서 원자로 내로 냉각수 주입을 시작했음을 관청 등에 연락.
10시 15분	동 2호기 발전소장이 격납 용기 벤트 실시를 지시.

11시 16분	전파와 반파, 일부 파손된 건물이 10시 현재 2만 동을 넘었다고 총무성 방위청이 발표.
11시 17분	**후쿠시마 제1원전 3호기** S/C 벤트 밸브(AO밸브) 큰 밸브의 닫힘 확인(작동용 공기 봄베압 저하 때문).
11시 20분	**동 2호기** 격납 용기 벤트 실시에 관한 언론 발표.
12시 05분	**동 2호기** 발전소장이 해수 사용 준비를 지시.
12시 20분	**동 3호기** 담수 주입 종료.
12시 30분	**동 3호기** S/C 벤트 밸브(AO밸브) 큰 밸브를 엶(작동용 공기 봄베 교환).
12시 55분	기상청이 동일본 대지진의 지진 규모를 8.8에서 9.0으로 수정.
13시 01분	**후쿠시마 제1원전 6호기** MUWC 펌프 수동 기동.
13시 09분	**원자력안전·보안원** 온나가와 원전에 대해 도호쿠전력이 원재법 제10조 사태에 해당한다고 통보.
13시 12분	**원자력안전·보안원** 후쿠시마 제1원전 3호기에 대한 냉각수 주입을 담수에서 해수로 변경하도록 지시.
13시 20분	**후쿠시마 제1원전 6호기** D/G 전원으로 MUWC를 이용한 원자로 냉각수 주입을 시작(이후 간헐적으로 주입).
14시 15분	**동 2~6호기** 모니터링 포스트에서 시간당 5백 마이크로시버트를 넘는 선량(905마이크로시버트)이 계속되어 원재법 제15조 해당 사태(부지 경계 방사선량 이상 상승)가 발생했다고 판단해 14시 23분 관청 등에 통보.
14시 36분	**원자력안전·보안원** 후쿠시마 제1원전에 대해 도쿄전력이 원재법 제15조 사태(부지 경계 방사선량 이상 상승)에 해당한다고 통보.
14시 45분	**간 총리** 자민당의 다니가키 총재와 회담. 민주당의 오카다 간사장, 자민당의 이시하라 노부테루 간사장이 배석.
15시 18분	**후쿠시마 제1원전 2호기** 격납 용기 벤트를 실시한 경우의 피폭 평가 결과를 관청 등에 연락.
15시 30분	**간 총리** 한국의 이명박 대통령과 전화 회담. 반노 유타카 외무성 부대신이 배석.
15시 41분	에다노 관방장관이 후쿠시마 제1원전 3호기에 관해 "수소가 건물 상부에 모였을 가능성을 부정할 수 없다. 폭발 가능성이 있다."고 발표.
15시 55분	**간 총리** 호주의 길라드 총리와 전화 회담. 반노 씨가 배석.
16시 30분	**간 총리** 사민당의 후쿠시마 미즈호 대표와 회담. 민주당의 오카다 간사장, 사민당의 시게노 야스마사 간사장 등이 배석.

16시 31분	방사선의학종합연구소가 후쿠시마 원전 긴급사태에 따라 의사와 선량 측정 전문가 등 총 17명을 후쿠시마 시에 파견하겠다는 의견을 표명.
16시 49분	미야기 현 지사가 현 내 사망자 수에 관해 "1만 명 단위가 될 것으로 본다."고 발표.
16시 58분	관방장관이 렌호 행정쇄신담당 대신을 절전계발담당 대신으로 임명한다고 발표.
17시 **간 총리**	국민신당의 가메이 시즈카 대표와 회담
17시 54분	일본은행이 피해 지역 13개 금융기관에 총 550억 엔의 현금을 공급하기로 결정.
17시 58분	기상청이 홋카이도에서 규슈까지의 태평양 연안에 내린 쓰나미 주의보를 전면 해제.
18시 29분 **후쿠시마 제1원전 5·6호기**	6호기의 D/G에서 5호기 MUWC로 가설 케이블을 이용해 전원 공급 시작.
19시 59분 **간 총리**	전력 부족에 대응해 "도쿄전력이 14일부터 계획 정전을 실시하는 데 양해했다."고 표명.
20시 19분 **긴급재해대책본부**	절전계발담당 대신의 기자회견(20시 22분 종료).
20시 31분	도쿄전력의 시미즈 마사타카 사장이 회견을 통해 "방사성물질의 누출로 인해 사회에 우려와 폐를 끼친 점 진심으로 사과드린다."고 사죄했으나 사임은 부정.
20시 56분 **간 총리**	렌호 행정쇄신담당 대신에게 절전계발담당 대신의 보직사령 교부, 쓰지모토 기요미 중의원에게 총리보좌관 사령 교부. 에다노 관방장관, 후지이·후쿠야마·다키노 관방부장관도 배석.
21시 30분	경찰청 집계에 따르면 사망자는 12개 도도현에서 총 1,353명, 행방불명자는 5개 현에서 1,085명.
21시 38분 **긴급재해대책본부**	전력 공급 긴급대책본부 회의 개최.
3월 14일 월요일	
0시	경찰청 집계에 따르면 사망자 및 행방불명자가 3천2백 명을 넘음.
	국토교통성이 계획 징진에 따라 교통기관 등에 지장이 생기므로 통근·통학·외출을 가급적 자제하라고 당부.
1시 10분 **원자력안전·보안원**	후쿠시마 제1원전 1호기 및 3호기에 대한 해수 주입이 해수 취수지의 수량이 부족해 중단.
후쿠시마 제1원전 3호기	원자로에 공급하는 해수의 잔량이 부족해 역세밸브 피트 내

		로 해수를 보급하기 위해 소방차를 정지.
2시 20분	동 2~6호기	정문 부근에서 시간당 5백 마이크로시버트를 넘는 선량(751 마이크로시버트)이 계측되어 원재법 제15조 해당 사태(부지 경계 방사선량 이상 상승)가 발생한 것으로 판단해 4시 24분 관청 등에 통보.
2시 40분	동 2~6호기	모니터링 포스트에서 시간당 5백 마이크로시버트를 넘는 선량(650마이크로시버트)이 계측되어 원재법 제15조 해당 사태(부지 경계 방사선량 이상 상승)가 발생한 것으로 판단해 5시 37분 관청 등에 통보.
3시 20분	원자력안전·보안원	후쿠시마 제1원전 3호기의 해수 주입 재개를 발표.
	후쿠시마 제1원전 3호기	소방차를 이용한 해수 주입 재개.
4시	동 2~6호기	모니터링 포스트에서 시간당 5백 마이크로시버트를 넘는 선량(820마이크로시버트)이 계측되어 원재법 제15조 해당 사태(부지 경계 방사선량 이상 상승)가 발생한 것으로 판단해 8시 관청 등에 통보.
4시 08분	동 4호기	사용후연료 피트의 온도가 84도임을 확인.
4시 28분	원자력안전·보안원	후쿠시마 제1원전에 대해 도쿄전력이 원재법 제15조 사태(부지 경계 방사선량 이상 상승)에 해당한다고 통보.
5시	후쿠시마 제1원전 5호기	SRV를 열어 원자로 압력 용기 감압 실시(이후 간헐적으로 엶).
5시 20분	동 3호기	S/C 벤트 밸브(AO밸브) 작은 밸브를 엶.
5시 30분	동 5호기	MUWC를 통한 원자로 냉각수 주입을 시작(이후 단속적으로 주입).
5시 36분		도쿄전력의 계획 정전으로 인해 JR동일본이 조에쓰·나가노 신칸센과 야마노테선 전체 노선 외에 게힌도쿠선, 주오선, 조반선의 일부 구간에 한해 운행하고, 대부분 종일 휴행한다고 발표.
5시 38분	원자력안전·보안원	후쿠시마 제1원전에 대해 도쿄전력이 원재법 제15조 사태(부지 경계 방사선량 이상 상승)에 해당한다고 통보.
5시 50분	긴급재해대책본부	긴급재해대책본부가 전체 성청에 다음과 같은 철칙을 통보. • 금일(3월 14일)부터 계획 정전이 시작됨. 이에 따라 다양한 애로 사항이 발생할 것으로 예상되는바, 각 성청의 업무 및 소관 사업에 주는 지장을 최소화하기 위해 각 성청 및 소관 사업자·관계 단체에 대해 ① 철저한 절전, ② 지장이 있더라도 이를 최소화할 수 있는 방안을 검토해 조속히 실시할 수 있도록 금일 오전 중에 철저히 챙길 것.

6시 10분	후쿠시마 제1원전 3호기	S/C 벤트 밸브(AO밸브) 작은 밸브 열림 확인.
6시 30분		도쿄전력이 계획 정전 개시를 10시 이후로 미룬다고 발표.
		총무성 소방청 집계에 따르면 전파 및 반파, 일부 파손된 건물이 총 5만2,378동.
7시 09분		도쿄전력이 후쿠시마 제1원전 부지에서 방사선량이 다시 제한치를 넘었다며 원재법에 따른 긴급사태를 정부에 통보.
7시 13분	후쿠시마 제2원전 2호기	RHR(B) 수동 기동(S/C 냉각 모드 개시). RHR(B)를 기동함에 따라 원재법 제10조 1항의 규정에 따라 특정 사태(원자로 제열 기능 상실)가 해제되었다고 판단.
7시 30분	원자력안전·보안원	3월 13일 현지대책본부가 실시한 최초의 환경방사선 모니터링 정보를 공표. 일부에 시간당 30마이크로시버트를 넘는 측정치가 관측됨.
8시		경찰청이 사망자 1,598명, 행방불명자 1,720명이라고 발표.
9시 09분		도쿄 주식시장의 닛케이 평균주가가 1만 엔 이하로 하락.
9시 12분	후쿠시마 제1원전 2~6호기	모니터링 포스트에서 시간당 5백 마이크로시버트를 넘는 선량(518.7마이크로시버트)이 계측되어 원재법 제15조 해당 사태(부지 경계 방사선량 이상 상승)가 발생한 것으로 판단해 9시 34분 관청 등에 통보.
9시 20분	동 3호기	선착장에서 역세밸브 피트로 해수 보급 시작.
9시 27분	동 5호기	사용후연료 피트에 대한 냉각수 보급 개시(이후 간헐적으로 보급).
9시 54분		간 총리가 정부의 긴급재해대책본부 회의에서 "1만5천 명을 넘는 이재민을 구출했다."고 언급.
10시	긴급재해대책본부	전력 공급대책본부 회의 개최.
10시 02분		미야기 현이 이시마키 앞바다에서 해상자위대 방위함이 28명을 구조했다고 발표(나중에 이시마키항에 남은 32명에 대한 착오였다고 정정).
10시 05분	후쿠시마 제2원전 1호기	RHR(B) 저압 주입 모드로 원자로에 냉각수 주입 실시.
10시 08분		총무성 소방청이 후쿠시마 제1원전의 반경 10킬로미터권에서 피난 간 환자 3명에게서 제염 후에노 높은 오염 수치가 검출되어 2차 피폭 의료 기관으로 이송되었다고 발표.
10시 15분	후쿠시마 제2원전 1호기	S/C 수온이 1백 도 미만으로 떨어짐에 따라 원재법 제15조 1항 규정에 따른 특정 사태(압력 억제 기능 상실)가 회복되었다고 판단.

10시 35분		방위성이 지진 재해 파견 활동에 예비자위관과 즉응예비자위관을 투입한다고 발표.
10시 43분		일본은행은 단기금융시장에 즉일자금 공급을 5조 엔 추가해 총 12조 엔으로 늘림. 14일 전체 자금 공급액은 총 15조 엔.
10시 50분		미야기 현 현경이 오시카 반도 해변에 시신 1천 구가량이 떠내려 왔다고 발표.
10시 56분	간 총리	공명당 야마구치 나쓰오 대표, 사이토 데쓰오 간사장 대행과 회담.
11시 01분	후쿠시마 제1원전 2호기	3호기 원자로 건물이 폭발해 S/C 벤트 밸브(AO밸브) 큰 밸브가 닫혀 열리지 않음을 확인. 준비가 완료된 냉각수 주입 라인은 소방차 및 호스가 파손되어 사용 불가.
	동 3호기	원자로 건물에서 폭발 발생. 소방차와 호스가 손상되어 해수 주입 정지.
	원자력안전·보안원	후쿠시마 제1원전 3호기에서 수소 폭발. 반경 20킬로미터 이내에 남는 주민 6백여 명에게 옥내 대피를 당부.
11시 03분		미야기 현이 미나미산리쿠초에서도 14일까지 수색을 통해 시신 1천 구가량을 발견했다고 발표.
		아오모리 현 하치노헤 시가 이와테 현 앞바다에서 2미터의 썰물이 관측되어 쓰나미 우려가 있기에 연안에 피난 권고를 내린다고 발표.
11시 06분		이와테 현이 자위대가 오후나토 연안에서 5미터의 조위 변동을 확인했다고 발표.
11시 46분		에다노 관방장관이 후쿠시마 제1원전 3호기의 폭발에 관해 "격납 용기는 안전. 방사성물질이 대량으로 비산했을 가능성은 낮다."고 언급.
11시 50분		한국 외교통상부가 지진 재해로 이바라기 현에 거주하던 한국인 1명의 사망을 확인했다고 발표.
12시		경찰청이 지진 재해 사망자 1,647명, 행방불명자 1,720명이라고 발표.
12시 18분		도쿄전력이 후쿠시마 제1원전 3호기의 폭발로 직원들이 부상했으며 모두 의식은 있다고 발표.
12시 53분		에다노 관방장관이 후쿠시마 제1원전 3호기 폭발로 "중성자 선량에 관해 문제가 있다는 데이터는 나오지 않았다."고 언급.
12시 54분		중국 저장 성 원저우 시 당국이 미야기 현 이시마키 시의 중국인 노동자 1백여 명과 연락되지 않는 상황이라고 발표.

13시 05분	후쿠시마 제1원전 2호기	소방차를 포함해 해수 주입 라인 구성을 재개.
		후쿠시마 제1원전 3호기 폭발로 도쿄전력 직원과 자위관 등 11명이 중경상.
13시 07분	후쿠시마 제2원전 4호기	RHRS(D) 수동 기동(P/C3D-2에서 가설 케이블을 깔아 전기를 끌어옴).
13시 18분	후쿠시마 제1원전 2호기	원자로 수위 저하 경향이 나타남에 따라 즉시 원자로에 해수 주입 등의 준비 작업을 실시하겠다고 관청 등에 연락.
13시 25분	동 2호기	원자로 수위가 떨어지자 RCIC 기능이 상실되었을 가능성을 감지하고 원재법 제15조 해당 사태(원자로 냉각 기능 상실)가 발생했다고 판단해 13시 38분 관청 등에 통보.
13시 42분		중국 원자바오 총리가 지진 재해 희생자들에게 애도를 표명.
14시 33분		J리그 관계자가 3월 편성 경기를 중지 및 연기하겠다고 발표.
15시		도쿄 주식시장의 닛케이 평균주가 종가는 전주 주말 종가 대비 633엔 94전이 떨어진 9,620엔 49전.
15시 28분	후쿠시마 제1원전 2호기	TAF 도달 시각을 16시 30분으로 평가해 관청 등에 연락.
15시 30분		총무성 소방청이 전파와 반파, 일부 파손된 건물이 총 6만 3,255동에 달한다고 발표.
15시 42분	후쿠시마 제2원전 4호기	RHR(B) 수동 기동(S/C 냉각 모드 개시). RHR(B) 기동과 동시에 원재법 제10조 1항의 규정에 따른 특정 사태(원자로 제열기능 상실)가 회복되었다고 판단.
16시		경찰청이 사망자 1,833명, 행방불명자 2,369명이라고 발표.
16시 05분		후쿠시마 제1원전 2호기에서 원자로 냉각 기능을 상실했다고 도쿄전력이 발표.
16시 16분	긴급재해대책본부	관방장관 기자회견(16시 48분 종료).
16시 30분	후쿠시마 제1원전 2호기	원자로에 해수를 주입하기 위해 소방차 기동.
	동 3호기	소방차와 호스를 교체해 선착장에서 원자로로 주입하는 새로운 라인을 구축하고 해수 주입을 재개.
	후쿠시마 제2원전 1호기	연료 저장조 보급 수계로 사용후연료 피트에 냉각수 주입 시작.
16시 34분	후쿠시마 제1원전 2호기	원자로 감압 조작을 시작하면서 소화 설비를 이용해 해수 주입을 시작함을 관청 등에 연락.
17시	후쿠시마 제2원전 1호기	원자로의 물 온도가 1백 도 미만을 기록, 원자로 냉온 정지.
		후쿠시마 제1원전 2호기의 원자로 수위가 낮아져 연료 일부가 노출.
17시 04분		피해 지역 경찰청 집계에 따르면 사망·행방불명자가 5천 명

		을 넘음.
17시 13분		도쿄전력이 이바라기·지바 등 4개 현에서 계획 정전을 시작.
17시 17분	후쿠시마 제1원전 2호기	원자로 수위가 TAF에 도달. 17시 25분에 관청 등에 연락.
17시 30분	간 총리	러시아의 메드베제프 대통령과 전화 회담. 반노 외무성 부대신 배석.
17시 50분	간 총리	뉴질랜드의 키 총리와 전화 회담. 반노 외무성 부대신, 외무성 스기야마 신스케 아시아대양주국장이 배석.
18시	후쿠시마 제1원전 2호기	원자로 감압 시작(원자로 압력 5.4메가파스칼[gage] → 19시 03분에 0.63메가파스칼[gage]).
	후쿠시마 제2원전 2호기	원자로의 물 온도가 1백 도 아래로 떨어져 원자로 냉온 정지.
18시 17분		이와테 현이 시신 795구가 수용되었다고 발표.
18시 19분		후쿠시마 제1원전 3호기 폭발 사고로 남자 직원이 피폭.
18시 22분	후쿠시마 제1원전 2호기	원자로 수위가 TAF−3천7백 밀리미터에 도달해 연료 전체가 노출된 것으로 판단해 19시 32분 관청 등에 연락.
18시 49분		정부는 피해 지역을 지원하기 위해 2010년도 일반회계 예비비에서 302억 엔의 지출을 결정.
19시 20분	후쿠시마 제1원전 2호기	원자로에 해수를 주입할 소방차가 연료 부족으로 정지했음을 확인.
19시 54분	동 2호기	원자로 내에 소화 설비에서 소방차(19시 54분, 19시 57분에 각 1대 기동)를 이용해 해수 주입 시작.
20시		도쿄전력이 노심 냉각 기능을 상실한 후쿠시마 제1원전 2호기에서 노심 수위가 떨어져 냉각수 없이 온도가 오르는 상황이라고 발표.
21시	후쿠시마 제1원전 2호기	S/C 벤트 밸브(AO밸브) 작은 밸브를 엶. 파열관을 제거, 벤트 라인 구성 완료.
21시 07분	후쿠시마 제2원전 4호기	제어봉 10-19 드리프트 경보 발생(이후 계속 발생).
21시 20분	후쿠시마 제1원전 2호기	SRV의 밸브 둘을 열어 원자로 수위가 회복됐음을 확인해 21시 34분 관청 등에 연락(21시 30분 현재, 원자로 수위 TAF−3천 밀리미터).
21시 34분		후쿠시마 제1원전 2호기의 원자로 수위는 연료의 거의 반이 잠길 만큼 회복되었다고 도쿄전력이 발표.
21시 35분	후쿠시마 제1원전 2~6호기	모니터링 차량에서 시간당 5백 마이크로시버트를 넘는 선량(760마이크로시버트)이 계측되어 원재법 제15조 해당 사태(부지 경계 방사선량 이상 상승)가 발생했다고 판단해 22시

		35분 관청 등에 통보.
22시 07분	후쿠시마 제2원전 1~4호기	모니터링 포스트(No.1)에서 시간당 5마이크로그레이μGy/h를 넘는 방사선량이 계속되어 원재법 제10조 1항의 규정에 따른 특정 사태(부지 경계 방사선량 상승)가 발생했다고 판단(선량이 상승한 원인은 후쿠시마 제1원전의 사고로 인해 대기 중에 방출된 방사성물질의 영향에 따른 것으로 추측됨).
22시 13분	원자력안전·보안원	도쿄전력이 후쿠시마 제2원전에 대해 원재법 제10조 사태에 해당한다고 통보.
22시 18분		도쿄전력이 계획 정전 대상은 4개 현의 총 11만3천 세대라고 발표.
22시 35분	원자력안전·보안원	도쿄전력이 후쿠시마 제1원전에 대해 원재법 제15조 사태(부지 경계 방사선량 이상 상승)에 해당한다고 통보.
22시 50분	후쿠시마 제1원전 2호기	드라이웰 압력이 최고 사용 압력 427킬로파스칼[gage]를 넘어 원재법 제15조 해당 사태(격납 용기 압력 이상 상승)가 발생했다고 판단해 23시 39분 관청 등에 통보.
23시		도쿄전력이 후쿠시마 제1원전 2호기에서 연료가 다시 전체 노출됐다고 발표.
		총무성 소방청이 전파와 반파, 일부 파손된 건물은 총 7만 2,945동이라고 발표.
23시 35분	후쿠시마 제1원전 2호기	S/C 측의 압력이 파열판 작동압보다 낮고 드라이웰 측 압력이 상승함에 따라 드라이웰 벤트 밸브 작은 밸브를 열어 벤트를 실시할 방침을 결정.
3월 15일 화요일		
0시	원자력안전·보안원	국제원자력기구가 파견한 전문가를 받기로 결정.
0시 02분	후쿠시마 제1원전 2호기	드라이웰 벤트 밸브(AO밸브) 작은 밸브를 엶. 파열판을 제거하고 벤트 라인 구성 완료(몇 분 뒤에 밸브가 닫혔음을 확인).
0시 12분	후쿠시마 제2원전 1~4호기	모니터링 포스트(No.3)에서 시간당 5마이크로그레이를 넘는 방사선량이 계속되어 원재법 제10조 1항 규정에 따른 특정 사태(부지 경계 방사선량 상승)가 발생했다고 판단(선량이 상승한 원인은 후쿠시마 제1원전 사고로 인해 대기 중에 방출된 방사성물질의 영향이 의한 것으로 추측됨).
3시	후쿠시마 제1원전 2호기	드라이웰 압력이 설계상 최고 사용 압력을 넘어 감압 조작 및 원자로 내 냉각수 주입을 시도했으나 완전히 감압되지 않은 상황이라고 판단해 4시 17분 관청 등에 연락.
4시 17분	간 총리	관저에서 도쿄전력의 시미즈 마사타카 사장 접견.

5시 26분	간 총리	후쿠시마 제1원전 사고에 관해 정부와 도쿄전력이 함께 대처하기 위해 총리를 본부장으로 한 대책통합본부를 설치했다고 발표.
5시 35분	간 총리	도쿄 우치사이와이초의 도쿄전력에 후쿠시마원전 사고 대책통합본부가 설치됨.
6시	후쿠시마 제1원전 2호기	큰 충격음이 발생.
	동 4호기	큰 소리 발생. 그 뒤 4호기 원자로 건물 5층 지붕 부근에 손상을 확인.
		이와테 현 현경이 이와테 현 사망자 675명, 행방불명자 315명이라고 발표.
6시 10분	원자력안전·보안원	도쿄전력에서 후쿠시마 제1원전 2호기의 폭발음에 관해 연락을 받은 뒤 "압력제어 저장조가 손상되었을 우려가 있다."고 발표.
6시 50분	후쿠시마 제1원전 2~6호기	정문 부근에서 시간당 5백 마이크로시버트를 넘는 선량(583.7마이크로시버트)이 계측되어 원재법 제15조 해당 사태(부지 경계 방사선량 이상 상승)가 발생했다고 판단해 7시에 관청 등에 통보.
6시 53분		에다노 관방장관이 "(격납 용기로 연결되는) 수증기를 물로 바꾸는 부분에 결손이 발견됐다."고 발표.
7시	후쿠시마 제1원전 2·3호기	감시와 작업에 필요한 요원을 제외하고 후쿠시마 제2원전으로 일시 대피하겠다고 관청 등에 연락.
		도치기·군마·사이타마·가나가와 등 4개 현의 일부 지역에서 계획 정전 실시.
		후쿠시마 제1원전 부근에서 시간당 965.5마이크로시버트의 방사선량을 검출.
		도쿄전력이 수소 폭발이 있었던 후쿠시마 제1원전 3호기에서 원자로 건물 상부에 증기가 확인됐다고 발표. 4호기에서도 지붕 손상을 발견.
7시 21분	원자력안전·보안원	도쿄전력이 후쿠시마 제1원전에 대해 원재법 제15조 사태(부지 경계 방사선량 이상 상승)에 해당한다고 통보.
7시 24분	원자력안전·보안원	일본원자력연구개발기구가 일본원자력연구개발기구 도카이연구개발센터 핵연료사이클공학연구소에 대해 원재법 제10조 사태에 해당한다고 통보.
7시 44분	원자력안전·보안원	일본원자력연구개발기구가 일본원자력연구개발기구 원자력과학연구소에 대해 원재법 제10조 사태에 해당한다고 통보.

7시 55분	후쿠시마 제1원전 3호기	원자로 건물 상부에 증기 발생을 확인해 관청 등에 연락.
	동 4호기	4호기의 원자로 건물 5층 부근에서 손상을 발견해 관청 등에 연락.
8시 11분	동 2·3호기	정문 부근에서 시간당 5백 마이크로시버트를 넘는 선량(807 마이크로시버트)이 계측되어 원재법 제15조 해당 사태(화재·폭발 등에 따른 방사성물질 이상 방출)가 발생했다고 판단해 8시 36분 관청 등에 통보.
	동 4호기	4호기의 원자로 건물에서 손상 확인, 정문 부근에서 시간당 5백 마이크로시버트를 넘는 선량(807마이크로시버트)이 계측되어 원재법 제15조 해당 사태(화재·폭발 등에 따른 방사성물질 이상 방출)가 발생했다고 판단해 8시 36분 관청 등에 통보.
8시 25분	동 2호기	원자로 건물 5층 부근에서 하얀 연무가 오르는 것을 확인해 9시 18분 관청 등에 연락.
8시 28분	원자력안전·보안원	후쿠시마 제1원전 2호기의 원자로 건물에 손상이 있어 방사성물질이 외부로 누출될 우려가 있다고 발표.
8시 29분		도쿄전력이 후쿠시마 제1원전 2호기에서 폭발음이 발생함에 따라 감시와 조작에 필요한 요원 외의 인원은 대피시키겠다고 발표.
8시 30분	긴급재해대책본부	경시청 및 홋카이도·아오모리·아키타·야마가타·나가노·시즈오카·시가·오사카·효고·와카야마·이바라기·도치기·군마·사이타마·지바·니가타·도쿠시마·가가와·에히메·고치·가나가와·후쿠오카·사가·나가사키·구마모토·오이타·미야자키·가고시마 등 각 도현의 경찰 광역 긴급 원조대(교통부대)에 출동 지시.
8시 31분		도쿄전력이 후쿠시마 제1원전의 정문 앞에서 시간당 8,217 마이크로시버트의 방사선량을 검출했다고 발표.
8시 45분	간 총리	관저.
8시 54분	원자력안전·보안원	후쿠시마 제1원전에 대해 도쿄전력이 원재법 제15조 사태(부지 경계 방사선량 이상 상승)에 해당한다고 통보.
9시 27분		도쿄전력이 멜트 다운(노심용융)에 관해 "연료 손상이 있어 가능성을 부인할 수 없다."고 발표.
9시 31분	간 총리	각료 회의.
9시 38분	후쿠시마 제1원전 4호기	4호기 원자로 건물 3층 북서 코너 부근에서 화재가 발생했음을 확인해 9시 56분 관청 등에 연락.
9시 48분		도쿄 주식시장의 닛케이 평균주가가 반년 만에 9천 엔 이하

318

		로 하락.
10시		경찰청 집계에 따르면 사망자 2,475명, 행방불명자 3,118명.
10시 22분		후쿠시마 제1원전 3호기 부근에서 시간당 4백 마이크로시버트의 방사선량을 관측. 1시간 만에 일반인의 연간 피폭량 한도의 4백 배에 이르는 수치.
10시 30분	원자력안전·보안원	경제산업성이 도쿄전력에 대해 원자로등규제법 제64조 3항의 규정에 따라 4호기의 소화 및 재임계 방지, 2호기의 원자로 내 냉각수 조기 주입 및 필요에 따른 드라이웰 벤트 실시를 명령.
10시 53분		주일 미군이 원전 사고를 지원하기 위해 미군 요코타 기지와 요코스카 기지에서 펌프차가 현지로 출발했다고 발표.
		원전 사고가 일어나자 주일 프랑스대사관이 웹사이트를 통해 일본에 거주하는 프랑스인에게 공항 상태 경계를 당부.
10시 59분	원자력안전·보안원	현지대책본부의 기능을 후쿠시마 현청으로 이전하기로 결정.
11시	원자력안전·보안원	총리가 후쿠시마 제1원전 사고와 관련해 원재법에 따라 관계 지방공공단체에 후쿠시마 제1원전 반경 20~30킬로미터 권내 주민의 옥내 대피를 지시하라고 명령.
	후쿠시마 제1원전 4호기	도쿄전력 직원이 4호기 원자로 건물의 화재 현장을 살피고 자연 소화되었음을 확인해 11시 45분 관청 등에 연락.
11시 01분	긴급재해대책본부	총리 메시지(11시 06분 종료).
11시 07분	긴급재해대책본부	관방장관 기자회견(11시 29분 종료).
11시 08분		간 총리가 후쿠시마 제1원전 2호기의 방사능 누출이 확대되어 반경 20~30킬로미터의 주민에게 옥내 대피를 지시했다고 발표. "방사능 누출의 위험이 높아진 상태다."
11시 11분		도쿄전력이 후쿠시마 제1원전 4호기의 원자로 건물 4층에서 9시 40분경 불길이 솟았다고 발표. 에다노 관방장관이 수소 폭발이라는 견해 언급.
11시 38분		에다노 관방장관이 후쿠시마 제1원전에서 검출된 방사선량에 관해 "신체에 영향을 미칠 가능성이 있는 수치임에는 틀림없다."고 언급.
11시 59분	긴급재해대책본부	도쿄전력 후쿠시마 제1원전에서 반경 30킬로미터 구간에 항공법에 따른 비행금지구역을 설정하고, 항공안전정보(노텀)를 제공.
12시 25분		후쿠시마 현이 새롭게 옥내 대피 구역으로 지정된 후쿠시마 제1원전의 반경 20~30킬로미터 권내 대상자는 주민 등 14만

		여 명이라고 발표.
12시 34분		도쿄전력이 모리타 겐사쿠 지사에게, 피해를 입은 지바 현의 아사히·우라야스·가토리 등 3개 시를 계획 정전 대상에서 제외하는 방향으로 검토 중이라고 전달. 이바라기 현에도 연락.
13시 44분		후쿠오카 시 소방국이 응원 파견한 소방 헬리콥터 대원이 후쿠시마 현 상공에서 피폭했다고 발표.
15시		도쿄 주식시장의 닛케이 평균주가 종가는 전일 대비 1,015엔 34전 하락한 8,605엔 15전으로 사상 세 번째로 큰 하락률을 기록.
15시 23분		경찰청이 후쿠시마 제1원전의 반경 20킬로미터 권내 주민들이 피난을 완료했다고 발표.
15시 30분		경찰청 집계상 사망자 2,722명, 행방불명자 3,742명.
16시	후쿠시마 제1원전 2~6호기	정문에서 시간당 5백 마이크로시버트를 넘는 선량(531.6마이크로시버트)이 계측되어 원재법 제15조 해당 사태(부지 경계 방사선량 이상 상승)가 발생했다고 판단해 16시 22분 관청 등에 통보.
16시 18분		도쿄전력이 후쿠시마 제1원전 4호기의 사용후연료 저장조의 수위가 확인되지 않고, 냉각수 주입 작업도 이루어지지 않고 있다고 발표.
16시 21분		후쿠시마 현의 사토 유헤 지사가 간 총리에게 "현민의 불안과 분노는 극한에 달한 상태다."라고 전화. 기자회견에서 원전 사고에 대한 도쿄전력의 대응에 쓴소리함.
16시 33분	원자력안전·보안원	후쿠시마 제1원전에 대해 도쿄전력이 원재법 제15조 사태(부지 경계 방사선량 이상 상승)에 해당한다고 통보.
16시 47분		에다노 관방장관이 후쿠시마 제1원전 4호기에 관해 "고농도의 방사성물질이 계속적으로 나오는 상황은 아닐 가능성이 있다."고 발표.
		미야기 현이 현내 미나미산리쿠초에서 안부가 확실하지 않았던 1만여 명 가운데 2천 명이 무사함을 확인했다고 발표.
16시 53분		오사카 시 소방국이 쓰나미 피해를 입은 이와테 현 오쓰치초의 주택에서 10시 40분경 70대 여성이 92시간 만에 구출되었으며 생명에 지장 없다고 발표.
17시	긴급재해대책본부	경시청, 홋카이도 경찰 및 주고쿠·시코쿠·규슈의 각 관할구역 경찰국 관내 광역 긴급 원조대(경비부대), 기동대에 출동을 지시.

18시		이와테 현경의 집계에 따르면 이와테의 사망자는 1,193명, 행방불명자는 3,318명.
18시 01분		지바 현내 이치하라 시에서 저녁 무렵 측정한 방사선량이 평소의 10배를 웃돌았다고 발표. 오전 중 최대치의 약 4배에서 더욱 상승.
18시 23분	원자력안전·보안원	후쿠시마 제1원전 4호기의 사용후연료 저장조와 관련한 수소 폭발로 원자로 건물 2군데에 사방 8미터의 구멍을 확인했다는 도쿄전력의 연락이 있었다고 발표.
18시 48분		시즈오카 현 오마에자키 시의 주부전력 하마오카원전에서 플루토늄 경수로 사용은 "주민들의 감정을 생각할 때 어렵다."고 발표. 이시하라 시게오 시장이 승낙하지 않겠다는 의향을 표명.
20시		경찰청 집계상 사망자는 3,373명, 행방불명자는 6,746명으로 합계 1만 명을 넘어섬.
20시 40분		이 시각부터 50분까지 사이에 후쿠시마 제1원전 북서 약 20킬로미터 지점에서 시간당 최고 330마이크로시버트가 관측됨.
20시 56분		프랑스의 원자력시설안전국장이 후쿠시마 제1원전 사고는 국제원자력사고등급으로 볼 때 두 번째로 높은 '레벨 6'에 해당한다고 언급.
22시	원자력안전·보안원	경제산업성이 원자로등규제법 제64조 3항의 규정에 따라 4호기의 사용후연료 저장조에 냉각수를 주입하라고 도쿄전력에 명령.
22시 31분		시즈오카 현 동부에서 진도 6강의 지진(지진 규모 6.0에 해당) 발생.
23시 05분	후쿠시마 제1원전 2~6호기	정문 부근에서 시간당 5백 마이크로시버트를 넘는 선량(4,548 마이크로시버트)이 계측되어 '원재법 제15조 해당 사태(부지 경계 방사선량 이상 상승)가 발생했다고 판단해 23시 20분 관청 등에 통보.
23시 30분	원자력안전·보안원	후쿠시마 제1원전 20킬로미터 권외 및 후쿠시마 제2원전 10킬로미터 권외로의 피난이 같은 날 19시 현재 완료되었다고 발표.
23시 46분	원자력안전·보안원	후쿠시마 제1원전에 대해 도쿄전력이 원재법 제15조 사태(부지 경계 방사선량 이상 상승)에 해당한다고 통보.

후주

프롤로그

1 2011년 3월 11일(금) 14시 46분 발생. 진원은 산리쿠 앞바다(북위 38.1도, 동경 142.9도, 오시카 반도 동남동 130킬로미터 부근), 깊이 2킬로미터였고, 지진 규모는 9.0을 기록했다. 진도 6약 이상을 기록한 지역은 다음과 같다. 진도 7(미야기 현 북부), 진도 6강(미야기 현 남부·중부, 후쿠시마 현 나카도오리中通り·하마도오리浜通り, 이바라기 현 북부·남부, 도치기 현 북부·남부), 진도 6약(이와테 현 연안 남부와 내륙 북부·남부, 후쿠시마 현 아이즈, 군마 현 남부, 사이타마 현 남부, 지바 현 북서부). 쓰나미 경보(대규모 쓰나미)가 발령된 시각은 같은 날 14시 49분이었다. 조수 관측소에 기록된 쓰나미 관측치는 다음과 같다. 에리모초 쇼야(15시 44분 최고 3.5미터), 미야코(15시 26분 최고 8.5미터 이상), 오후나토(15시 18분 최고 8.0미터 이상), 가마이시(15시 21분 최고 4.2미터 이상), 이시마키 시 아유카와(15시 26분 최고 8.6미터 이상), 소마(15시 51분 최고 9.3미터 이상), 오아라이(16시 52분 최고 4.0미터). 인명 피해는 사망자 1만5,858명, 행방불명자 3,057명, 부상자 6,077명이었고, 건축물 피해는 전파全破 12만9,520호, 반파 25만6,427호, 일부 파손 70만4,008호였다. 그 밖에 전국의 피난자 수 34만4,477명(피난소 외에 친족·지인 집이나 공영 가설 주택 등에 입주한 이들 포함)이었고, 응급 가설 주택 착공 호수는 5만3,077호, 국가공무원 숙소와 공영주택 등 수용 가능 호수는 6만3,929호였다. 구출된 이재민 총수는 2만7,157명이었다.

기상청은 기상청 매그니튜드Mj와 모멘트 매그니튜드Mw 등 두 가지 방식을 사용해 지진 규모를 계산했다. Mj는 주기 5초 정도까지의 강한 진동을 관측하는 강진계로 기록하며 지진 파형의 최대 진폭치를 이용해 계산하는 방식이다. 지진 발생 후 3분 만에 지진 규모를 계산할 수 있어서 신속하게 대응할 수 있다. 하지만 지진 규모 8을 넘는 거대지진이 발생했을 때는, 더 긴 주기의 지진파는 커지는데 주기 5초 정도까지의 지진파 크기는 거의 변함이 없기에 Mj 방식에서는 지진 본래의 규모보다 작게 계산되므로 정확한 규모를 추정할 수 없다. 한편 Mw는 광대역 지진계(더욱 긴 주기의 지진파도 관측 가능)를 써서 기록한다. 주기가 수십 초 이상에 달하는 매우 긴 지진파까지 포함해서 해석·계산하므로 거대지진의 규모도 정확히 추정할 수 있고, 지진 발생 메커니즘(역단층인지 횡진동 단층인지 등)까지 추정할 수 있다. 다만 10분가량의 지진파형 데이터를 처리해야 하므로 Mw의 추정에는 15분 정도가 소요된다. 또 광대역 지진계는 강진계와 달리 진원 부근에서는 진동이 강해 측정 범위를 넘어서는 경우가 있지만, 지금까지 경험한 지진들은 진원에서 떨어진 국내 관측점의 파형 데이터를 이용해 Mw를 구할 수 있었다(2012년 5월 1일 오후 5시 현재 긴급재해대책본부 발표 기상청 보고서 "도호쿠 지방 태평양 연안 지진의 쓰나미 피해를 고려한 쓰나미 경보의 개선 방향성에 관하여").

2 1986년 4월 26일 구소련 우크라이나 공화국에서 발생.

3 2011년 12월 16일 노다 총리는 기자회견에서 다음과 같이 밝혔다. "전문가들이 원전을 치밀하게 검증했습니다. 냉각수가 안정적으로 순환해 원자로 바닥 부분과 격납 용기 내 온도가 1백 도 이하로 유지되고 있으며, 어떤 문제가 발생하더라도 부지 바깥의 방사선량이 충분히 낮게 유지되리라는 점이 기술적으로 확인되었습니다. 이에 따라 제가 본부장으로 있는 원자력재해대책본부 회의에서는, 오늘 원자로가 냉온 정지 상태에 도달했으므로 발전소 사고 자체는 수습됐다고 판단했습니다. 따라서 사고를 착실하게 수습하기 위한 두 번째 단계가 완료됐음을 선언합니다"(관저 홈페이지 http://www.kantei.go.jp/jp/noda/statement/2011/1216kaiken.html).

4 1999년 9월 30일 이바라기 현 도카이무라에서 일어난 원자력 사고. 피폭에 따른 사망자가 일본에서 처음 발생했다[JCO사의 공장 용기 속에서 예기치 못한 핵분열 연쇄반응이 갑자기 일어나 세 명의 노동자가 대량의 중성자선 등에 피폭되고 두 명이 사망했다].

5 원자력안전·보안원은 경제산업성의 외국外局이다. 2001년 성청 개편 당시, 구 통상산업성 자원에너지청과 구 과학기술청의 안전 규제 부문을 통합해 출범했다. 원자력 시설의 안전 대책 규제를 담당하는데, 상업용 원전과 핵연료 사이클 시설의 안전 규제뿐만 아니라 광산이나 가스 보안도 담당한다. 전국의 원자력발전 시설과 핵연료 사이클 설비 가까이에 원자력보안검사관사무소를 두고 원자력보안검사관과 원자력방재전문관이 상주한다(보안원 홈페이지, 『아사히 신문』 기사).

6 참석 대상이었던 내각관방과 1부 8성의 18개 기관 중 직원을 파견한 것은 1부 4성의 5개 기관인 원자력안전·보안원, 문부과학성, 원자력안전위원회, 후생노동성 후쿠시마 노동국, 방위성뿐이었다. 현지대책본부가 오프사이트센터를 철수하고 후쿠시마 현청으로 이동한 3월 15일까지 모인 인원은 21명이었고, 파견하기로 예정된 인원은 45명이었다(『도쿄 신문』 기사).

7 원자력안전위원회는 1978년 10월 4일 원자력기본법 등의 일부 개정법이 시행되면서 발족된 조직으로, 구 원자력위원회가 담당한 안전 규제를 독립적으로 수행했다. 원자력안전·보안원과 함께 원자력규제청으로 통합된 바 있다(원자력안전위원회 홈페이지, 『아사히 신문』 기사).

8 『아사히 신문』 기사.

9 가쓰마타 쓰네히사勝俣恒久: 1940년 도쿄 도 출생. 도쿄 대학 경제학부를 졸업한 뒤, 1963년 도쿄전력에 입사해 1981년 5월 영업부(과장 대우), 전기사업연합회 사무국 파견, 1983

년 7월 기획부 조사과장을 거쳤다. 1993년 6월 기획부장, 1996년 6월부터 이사기획부장, 1997년 6월 이사기획부 담임, 업무관리부 담임 겸 총무부 담임, 1998년 6월 상무이사에 취임했다. 1999년 6월 이사 부사장에 올랐고, 2001년 6월 이사 부사장, 신사업추진본부장, 2002년 10월 이사 사장이 되었다. 2008년 2월 가시와자키 가리와 원전 사고의 책임을 지고 사임했다가 그해 6월 이사 회장으로 복귀했다. 사장 시절에는 '면도날 가쓰마타'라고 불렸다. 큰형은 신일본제철 전 부사장, 둘째 형은 일본도로공단 전 이사, 셋째 형은 도쿄 대학 명예교수(일본사), 남동생은 마루베니 종합상사의 전 사장을 지낸 바 있다(도쿄전력 홈페이지, 『아사히 신문』 기사).

10 『마이니치 신문』, [아사히신문사의 주간지인] 『아에라』AERA 등.

11 쇼리키 마쓰타로正力松太郎: 1885년 후쿠시마 현 출생. 나카소네 야스히로中曾根康弘 전 총리와 관계가 깊다. 1955년 중의원 선거에 입후보해 초선 의원이 되었고, 1956년 원자력안전위원회 초대 회장으로 취임했다. 1969년 사망했다.

1장 3월 11일 금요일 원전 비상

1 간 나오토는 자신의 자금 관리 단체가 외국인의 정치헌금을 받은 사실을 추궁당하고 있었다. 여야는 참의원에서 14일로 예정된 동 위원회 일반 질의 등 모든 심의를 중지하기로 합의했다. 심의를 중단한 결산위원회는 그 뒤 개최한 이사간담회[여야의 위원회 이사들이 비공식적인 자리에서 위원회 일정이나 의안 등을 절충할 때 열리는 모임]에서 산회를 결정했다.

2 후쿠야마 데쓰로福山哲郎: 1962년 1월 19일 도쿄 도東京都 출생. 교토 부京都府 중의원(3선). 도시샤 대학 법학부를 졸업한 뒤 교토 대학 대학원 법학연구과에서 석사과정을 수료했다. 1986년 4월부터 다이와 증권사에서 일하다가(~1988년 3월), 1990년 4월 마쓰시타 정경숙松下政経塾 11기생으로 입학했다. 1998년 7월 참의원에 처음 당선되었고, 1999년 8월 민주당에 입당했다. 2005년 10월 참의원 환경위원장(~2007년 9월), 2009년 9월 외무성 부대신, 2010년 6월 내각관방부장관에 취임했다(2010년 9월 재임명되어 2011년 9월까지 재임). 2011년 9월부터 참의원 외교방위위원장으로 있다.

3 후쿠야마 데쓰로의 증언.

4 내각법은 내각 위기관리감의 책무에 관해 다음과 같이 정한다. "내각관방장관 및 내각관방부장관을 돕고, 명을 받아 내각관방 사무 중 위기관리(국민의 생명, 신체 또는 재산에 중대한 피해가 발생했거나, 또는 발생할 우려가 있는 긴급사태에 대한 대처 및 해당 사태의 발생 방지)에 관한 것(국토 방위에 관한 내용은 제외)을 총괄한다."

5 [긴급참집팀 관련 규정은] 2003년 11월 21일 각료 회의에서 결정되었다. 긴급참집팀의

목적은 다음과 같다. "정부는 국민의 생명, 신체, 재산 또는 국토에 중대한 피해가 발생했거나, 또는 발생할 우려가 있는 긴급사태에 대해" "정부가 일치단결한 초동 대처 체제를 수립해 신속한 사태 파악에 힘씀과 동시에 이재민 구출, 피해 확대 방지, 사태 종결에 전력을 다한다." 구성원은 재해의 종류에 따라 다르다. 지진 등 자연재해인 경우는 내각부 정책통괄관, 경찰청 경비국장, 총무성 소방청 차장, 후생노동성 기술통괄심의관, 국토교통성 물관리·국토보전국장, 기상청 차장, 해상보안청 경비구호감, 방위성 운용기획국장이 대상이다. 원자력 재해인 경우는 자연재해일 때의 대상자에 원자력안전위원회 사무국장, 문부과학성 과학기술·학술정책국장, 원자력안전·보안원 원장, 환경성 물·대기환경국장이 더해진다. 또 원자력 재해인 경우 국토교통성에서는 물관리·국토보전국장이 아니라 위기관리·운수안전정책 심의관이 참집 대상이다.

6 이토 데쓰로伊藤哲朗: 1948년 후쿠오카 현福岡県 출생. 제85대 경시총감. 도쿄 대학 법학부를 졸업한 뒤 경찰청에 들어갔고, 2006년 1월 19일부터 2007년 8월 6일까지 경시총감을 지냈다. 2008년 5월 후쿠다 야스오福田康夫 내각에서 내각위기관리감에 취임해, 노다 요시히코 내각까지 다섯 내각에서 위기관리감을 맡다가 2011년 12월 퇴임했다.

7 내각부 취재. '정보연락실', '관저연락실', '관저대책실'의 실장은 각각 내각참사관, 위기관리심의관, 내각위기관리감이 된다. 정보연락실의 역할은 '정보 집약', '총리 보고'이고, 관저연락실의 경우는 정보연락실의 역할에 '관계 성청과의 연락 조정'이 더해진다. 관저대책실은 긴급참집팀의 구성원인 관계 성청의 국장급이 소집되는 최고 수준의 조직이므로 '정부 초동 조치의 종합 조정'이라는 역할이 더해진다. 관저연락실과 관저대책실에는 관계 성청으로부터 '연락 요원' 역할을 할 직원도 파견된다.

8 이토 데쓰로의 증언.

9 후쿠야마 데쓰로의 증언.

10 같은 증언.

11 이토 데쓰로의 증언.

12 같은 증언.

13 같은 증언.

14 후쿠야마 데쓰로의 증언.

15 『아사히 신문』 기사.

16 간 나오토의 증언, 후쿠야마 데쓰로의 증언, 이토 데쓰로의 증언 등.

17 이토 데쓰로의 증언.

18 총리가 각의서閣議書를 대신들에게 돌려 서명을 받아 각료 회의 결정을 대신하는 방법.

19 이토 데쓰로의 증언.

20 가타야마 요시히로片山善博: 1951년 7월 29일 오카야마 현岡山県 출생. 도쿄 대학 법학부를 졸업한 뒤 1974년 자치성(현 총무성)에 들어갔다. 돗토리 현鳥取県 지방과장과 총무부

장, 자치성 지방세과장을 거쳐, 1999년 4월 돗토리 현 지사에 당선되었고 2007년 4월 퇴임했다. 같은 해 7월 지방제도조사회 부회장을 지냈고, 2010년 9월 총무대신, 내각부 특명담당대신(지역주권추진·지역활성화 담당)에 취임(~2011년 9월)했다. 현재 게이오 대학 법학부 교수로 있다.

21 가타야마 요시히로의 증언.

22 내각부 취재. 긴급사태가 발생했을 경우 각료의 대응에 관해서는 2003년 11월 21일 각료 회의에서 승인된 규정이 마련되어 있었다. 참집 장소에 관한 규정은 다음과 같다. "각 각료는 긴급사태의 발생을 양지한 경우, 신속하게 소속 성청으로 참집한다. 단, 4(수도 직하형 등 대규모 지진에 대한 대응에 관해)에서 정한 수도 직하형 등 대규모 지진일 경우 및 내각총리대신 등과 긴급 협의를 하기 위해 관저에 참집하는 경우는 제외한다." 이번 동일본 대지진의 경우, 각료들은 우선 소속된 성청에 모이는 것이 초동 대응 방침이었다. 관료의 참집에 관해서는 별도로 2003년 11월 21일 '관방장관 결재'를 통해 결정된 '긴급 사태에 대한 정부의 초동 대처 체제 실시 세목'에 규정이 있다. 이에 따르면 각 성청의 국장은 다음과 같은 자연재해가 발생하면 관저의 위기관리센터에 참집해야 한다. 도쿄 23개 구에서 진도 5강 이상의 지진이 발생했을 때, 기타 지역에서 진도 6약 이상의 지진이 발생했을 때, 쓰나미 경보(대규모 쓰나미)가 발표될 때, 도카이東海 지진 주의보가 발표될 때 등.

23 이토 데쓰로의 증언.

24 같은 증언.

25 같은 증언. 이 자리에서 5개 기본 대처 방침이 '재해 사고 처리에 관한 기본 방침'이라는 이름으로 정해졌다. ① 재해 응급 활동이 원활하게 이루어지도록 관계 성청은 신속한 정보 수집 및 피해 상황 파악에 전력을 다한다. ② 인명 구조를 최우선으로 이재민의 구호·구조 활동, 소화 활동 등의 재해 응급 활동에 전력을 다한다. ③ 이재 지역 주민의 생활 복구 등을 위해 전기·가스·수도·통신 등의 생명선line line과 철도 등 교통기관의 복구에 전력을 쏟는다. ④ 응급 대응에 필요한 의료 물자, 식량, 음료수 및 생활필수품, 그리고 긴급 수송로, 생명선 등의 복구를 위한 인원, 물자를 확보하기 위해 민관이 하나가 된 광역 응원 태세를 전국적으로 확보한다. ⑤ 이재 지역 주민을 비롯해 국민과 지자체, 관계 기관이 적절히 판단해 행동할 수 있도록 적확한 정보를 제공한다.

26 겐바 고이치로로玄葉光一郎[국가전략 담당 겸 과학기술정책 담당 내각부 특명담당대신]의 증언.

27 그 당시 '1~5호기'가 교류 전원 완전 상실이라고 발표되었으나, 2011년 4월 24일 '1~3호기'로 수정되었다.

28 원자력 방재 관리자의 통보 의무를 규정한 원재법 조항. 원자력 방재 관리자는 원자력사무소 구역의 경계 부근에서 정해진 기준 이상의 방사선량이 검출되거나, 정해진 원자력

사태가 발생했다는 통보를 받았을 때 또는 발견했을 때, 즉시 주무대신, 소재 도도부현의 지사, 소재 시정촌의 장 및 관계 인접 도도부현의 지사(사업소 외 운반에 관련되는 사태가 발생할 경우는 주무대신 및 해당 사태가 발생한 장소를 관할하는 도도부현의 지사와 시정촌의 장)에게 통보해야 한다. 소재 도도부현의 지사 및 인접 도도부현의 지사는 주변 시정촌의 장에게 그 사실을 통보해야 한다. 그 경우에 주무대신은 도도부현의 지사 또는 시정촌의 장이 요청하면 전문적 지식을 가진 직원을 파견해 사태를 파악해야 한다(보안원 홈페이지 http://www.nisa.meti.go.jp/word/9/0330.html)[2012년 9월 19일자로 홈페이지 폐쇄. 이하 링크 없이 출처만 표시함]).

29 이토 데쓰로의 증언.

30 같은 증언.

31 보안원장은 지진에 대응하는 긴급참집팀의 구성원이 아니었으나, 2007년 8월 보안원과 내각관방부장관보(안전보장·위기관리담당)보좌에 의해, 원자력발전소 등이 입지한 도부현에서 진도 6약 이상의 지진이 발생할 경우 보안원장도 관저 위기관리센터로 참집하도록 정해진 바 있다('도쿄전력 후쿠시마 원자력발전소 사고 조사·검증위원회'[정부사고조]의 '중간보고' http://www.cas.go.jp/jp/seisaku/icanps/post-1.html).

32 이토 데쓰로의 증언.

33 도쿄전력의 원전에서 사용한 연료봉은 연료인 우라늄을 농축해 손가락 정도 크기로 만든 '펠릿'pellet을 '피복관'이라 부르는 금속관 속에 수백 개 채워 넣은 것이다. 이 연료봉을 수십 개 묶은 다발을 '연료 집합체'라 한다. 원자로의 크기에 따라 노심에 삽입되는 연료 집합체는 수백 개가 될 수도 있다(『아사히 신문』 2011/05/16 조간).

34 가이에다 반리海江田万里: 1949년 2월 26일 도쿄 도 출생. 도쿄 1구 중의원(5선). 1972년 8월부터 1986년 5월까지 참의원 노즈에 진페野末陳平의 비서를 지냈다. 경제 평론가로 활약하다가 1993년 중의원에 당선(일본신당)되었다. 1998년 4월 새 '민주당' 창당에 참가했고, 1999년 1월부터 10월까지 민주당 국제교류위원장으로 활동했으며, 2000년 9월 민주당 도쿄도련 회장, 2002년 9월 당정책조사회 회장에 취임했다. 2010년 6월 중의원 재무금융위원장, 같은 해 9월부터 내각부 특명담당대신(경제재정정책·과학기술정책·우주개발 담당)에 취임했다. 2011년 1월부터 9월까지 경제산업대신으로 있었고, 4월부터 9월까지 원자력경제피해 담당 대신, 원자력발전소 사고로 인한 '경제피해대응본부' 본부장을 겸임했다.

35 아쿠쓰 유키히코阿久津幸彦의 증언.

36 아쿠쓰 유키히코: 1956년 6월 26일 도쿄 도 출생. 도쿄 24구 중의원(3선). 미국 조지 워싱턴 대학 정치학부를 졸업한 뒤, 1984년 6월부터 이시하라 신타로石原慎太郎 중의원의 비서로 있었다. 2000년 6월 중의원에 당선되었고, 2009년 10월 민주당 부간사장, 2010년 6월 내각총리대신 보좌관을 역임했다. 2010년 9월부터 2011년 9월까지 내각부 대신정무

관이었고, 2011년 6월부터 동일본 대지진 재건대책담당 대신정무관을 겸임했다.

37 아쿠쓰 유키히토의 증언.

38 24시간 체제로 발전소 운전을 관리한다. 대개 당직 책임자를 중심으로 팀을 짜서 교대제로 근무한다.

39 2007년 니가타 현 주에쓰 앞바다 지진 때, 가시와자키 가리와 원전은 사무본관의 긴급대책실이 피해를 입는 바람에 초동 대응이 늦어진 바 있다. 이를 계기로 독립된 면진 시설이 새로 만들어졌는데, 후쿠시마 제1·제2원전은 2010년에 완공되었다.

40 요시다 마사로吉田昌郎: 1955년 오사카 부 출생. 도쿄 공업대학 대학원에서 원자핵공학을 전공했다. 1979년 도쿄전력에 입사했고, 2010년 6월 25일자로 원자력설비관리부장에서 후쿠시마 제1원전 소장으로 취임했다(『아사히 신문』 기사).

41 원전 가동에는 전력 회사 직원 외에도 협력 회사라 불리는 하청·재하청 기업이 중층적으로 관련되어 있다.

42 도쿄전력 홍보부 취재.

43 보안원의 해석에 따르면 그 시각은 오후 4시 40분이다.

44 원자력 긴급사태에 관해 규정한 원재법 조항. 주무대신(경제산업대신, 문부과학대신 또는 국토교통대신)은 통보받은 방사선량이 피난·대피 지시를 내려야 할 수준 이상이거나, 원자력 긴급사태가 발생했다고 판단할 때는 내각총리대신에게 보고한다. 내각총리대신은 원자력 긴급사태 선언 및 긴급사태 사고 처리를 실시할 구역, 원자력 긴급사태의 개요, 구역 내 거주자·체류자, 기타 인적 대상 및 민관 단체에 대해 알려야 할 사항을 공시한다. 원자력 긴급사태 선언의 해제도 본 조항에 따른다(보안원 홈페이지).

45 이케다 모토히사池田元久: 1940년 12월 20일 가나가와 현 출생. 가나가와 6구 중의원(4선). 와세다 대학 정치경제학부를 졸업한 뒤 NHK에 입사해, 1973년 7월부터 1980년 7월까지 정치부에 있었고, 1983년 7월부터 이듬해 7월까지 종합기획실 부부장을 역임했다. 1990년 2월 중의원에 입후보해 당선되었다. 1991년 1월 '뉴웨이브 모임' 대표간사, 1992년 11월 정책 집단 '시리우스' 부대표를 지냈다. 2010년 6월 재무성 부대신에 취임했고, 2010년 9월부터 이듬해 9월까지 경제산업성 부대신을 역임했다.

46 2000년 8월 29일 원자력재해 위기관리 관계 성청회의가 작성한 "원자력재해 대책 매뉴얼"에 오프사이트센터에 설치하는 원자력재해현지대책본부의 조직 체계가 명시되어 있다. 본부장은 경제산업성 부대신, 부본부장 및 사무국장은 보안원 심의관, 사무국 차장은 보안원 원자력관계과장, 내각관방 내각참사관(안전보장·위기관리 담당), 내각부 정책통괄관보좌 기획관, 소방청 국민보호·방재부방재과 광역응원대책관으로 규정되어 있다. 현지대책본부는 총괄반·방사선반·플랜트반·의료반·주민안전반·홍보반·운영지원반 등 일곱 개 반으로 나누어 활동하고, 각 반에 배치될 사무국장직 또한 매뉴얼에 기재되어 있다.

47 가이에다 반리의 증언, 경제산업성 홍보과 취재.

48 가이에다 반리의 증언.

49 원자력 긴급사태가 발생했을 때, 원재법 제15조에 따라 내각총리대신이 공시하는 다음 사항을 말한다. ① 원자력 긴급사태가 발생했다는 사실, ② 긴급사태 사고 처리를 실시해야 할 구역, ③ 원자력 긴급사태의 개요, ④ 긴급사태 사고 처리 실시 구역 내 거주자 등에게 주지시켜야 할 사항(보안원 홈페이지).

50 가이에다 반리의 증언, 히라오카 에지의 증언.

51 이토 데쓰로의 증언.

52 같은 증언.

53 같은 증언.

54 시모무라 겐이치의 증언.

55 시모무라 겐이치下村健一: 1960년 도쿄 도 출생. 도쿄 대학 법학부를 졸업한 뒤, 1984년 TBS 방송국에 입사해 보도국 아나운서팀에 배속되었다. 이후 아나운서, 뉴스 캐스터, 리포터 등으로 활약하다가, 1999년 이후 프리랜서로 활동했다. 2010년 10월 22일 간 정권 개각 때 내각관방 내각홍보관실 내각심의관에 취임했다. 간 나오토 총리와는 학생 시절 때부터 교류해 왔다.

56 시모무라 겐이치의 증언.

57 다케쿠로 이치로武黒—郎: 1946년 도쿄 도 출생. 도쿄 대학 공학부를 졸업한 뒤, 1969년 도쿄전력에 입사했다. 원자력발전부 원자력발전 과장, 원자력연구소 경수로연구실장 겸 수석연구원, 가시와자키 가리와 원자력건설소 부소장, 원자력관리부장, 원자력계획부장, 이사 겸 가시와자키 가리와 원전소장 등을 역임한 이른바 '원자력통'이다. 2008년 6월 부사장 겸 원자력·입지본부장에 취임했고, 2010년 6월부터 고문(기술명예직 부사장 대우)을 맡았다.

58 다케쿠로 이치로 고문의 행동을 파악하고 있는 도쿄전력 관계자의 증언. 취재원을 밝히지 말아 달라는 요청에 따라 여기서는 명시하지 않았다. 그러나 도쿄전력 측이 반론한다면 취재원을 명시하는 한편, 취재에 응한 경위와 상황, 상세한 대화 내용 등을 밝힐 용의가 있다.

59 국제원자력개발 홈페이지(http://www.jined.co.jp).

60 도쿄전력 간부의 증언. 정보원 명시를 요구할 수 없어서 밝히지 않았다. 그러나 도쿄전력 측이 반론한다면 그가 취재에 응한 경위와 취재한 상황 등을 밝힐 용의가 있다.

61 다케쿠로 이치로 고문의 행동을 파악하고 있는 도쿄전력 관계자의 증언.

62 같은 증언.

63 같은 증언.

64 이토 데쓰로의 증언.

65 같은 증언.

66 같은 증언.

67 여기서 말하는 '현지대책본부'란, 원재법 제15조에 명시된 원자력 긴급사태를 총리가 선언한 뒤 현지사고대책연락회의의 조직을 재정비해 오프사이트센터 내에 설치한 조직을 말한다. 정식 명칭은 원자력재해현지대책본부(이하 원재본부). 원재법 제17조 8항에 의거해 원재본부의 사무 중 일부인 사고 정보 수집, 지방공공단체 등과의 연락·조정 등을 담당한다(보안원 홈페이지).

68 이케다 모토히사의 증언.

69 가이에다 반리의 증언.

70 가이에다 반리의 증언, 데라사카 노부아키의 증언.

71 데라사카 노부아키의 증언.

72 간 나오토의 증언.

73 같은 증언.

74 가이에다 반리의 증언.

75 데라타 마나부寺田学: 1976년 9월 20일 아키타 현 출생. 아키타 1구 중의원(3선). 주오 대학 경제학부를 졸업한 뒤, 2001년 4월 미쓰비시 상사에 입사해 2002년 6월까지 다녔다. 2003년 11월 중의원에 당선되었고, 2004년 7월 민주당 아키타 현련 대표를 지냈다. 2010년 6월 총리보좌관에 취임했고, 2010년 9월 재임명되어 2011년 3월까지 재임했다. 참의원이자 전 아키타 현 지사인 데라타 스케시로寺田典城가 아버지이다.

76 데라사카 노부아키의 증언.

77 나중에 관저 관계자가 정치인들과 비서관들에게 듣고 작성한 시간대별 메모. 작성을 지시한 사람이 알려지면 작성자와 협력자가 알려져 불이익을 받을 가능성이 있어서 모두 실명을 밝히지 않았다.

78 『아사히 신문』 기사, 보안원 홍보과 취재(다케노우치 오사무竹之內修 과장보좌가 회답).

79 『경제산업성 명감 2010년판』, 『아사히 신문』 기사.

80 원자력 재해 발생 시 내각부에 임시로 설치되며, 총리가 본부장을 맡는다(보안원 홈페이지).

81 관저 관계자가 훗날 작성한 메모. 중요한 회의 자리에 들어간 참석자의 이름을 정치인들과 비서관들에게 물어 작성한 것. 작성 의뢰자가 밝혀지면 작성자가 드러나 불이익이 생길 우려가 있으므로 작성 의뢰자와 작성자 모두 실명을 밝히지 않았다.

82 『경제산업성 명감 2012년판』, 『아사히 신문』 기사.

83 같은 자료.

84 보안원 홍보과 취재(다케노우치 오사무 과장보좌가 회답).

85 야스이 마사야의 증언.

86 마쓰시타 다다히로松下忠洋: 1939년 2월 9일 가고시마 현 출생. 가고시마 3구 중의원(5선). 교토 대학 농학부를 졸업한 뒤, 1962년 4월 건설성(현 국토교통성)에 들어갔다. 1993년 중의원(자민당)에 당선되었고, 2001년 5월 내각부 부대신에 취임했다. 2009년 8월 중의원 선거에서 5선(국민신당) 의원이 되었고, 같은 해 9월 경제산업성 부대신(2010년 6월과 9월, 2011년 9월에 각각 재임명), 2012년 2월 재건 부대신이 되었다.

87 사립 아자부 고등학교, 도쿄 대학 법학부를 졸업했다. 1974년 통산성에 들어가(『경제산업성 명감』 2007년판), 2011년 8월 12일자로 퇴직했다. 같은 날 데라사카 노부아키 원자력안전·보안원장, 9월 1일자로 호소노 데쓰히로細野哲弘 에너지청 장관도 퇴직했다. 세 사람은 원전 사고와 정부 주최 원자력 심포지엄 석상의 '말 맞추기'로 책임 논쟁에 휘말려 모두 경질되었다. 그럼에도 퇴직 형태는 통상적인 정년 전 '권장 퇴직'으로, 국가공무원 퇴직 수당 지급 제도에 따라 각각 6천만~8천만 엔으로 추정되는 퇴직금이 지급되었다. 스스로 사직원을 제출하는 '개인 사정 퇴직'과 비교해 1천만 엔 이상 많은 퇴직금을 챙겼다는 점 때문에 이들에 대한 비판이 일었다(『아사히 신문』 기사).

88 이케다 모토히사의 증언.

89 이토 데쓰로의 증언.

90 표제는 "긴급사태 사고 처리에 관한 기본 방침"이었다. 그 전문은 다음과 같다. "도쿄전력㈜ 후쿠시마 제1원자력발전소 사고에 관해 금일 내각총리대신이 원자력 긴급사태를 선언하고, 즉시 원자력재해대책본부를 설치했다. 향후 사고의 추이에 따라서는 주변 주민의 안전을 위협하는 사태에 이를 우려가 있어 이하의 기본 방침에 따라 긴급사태 사고 처리에 임하기로 한다. ① 사고의 확대 방지, 조속한 사태 수습 및 주민 안전 확보를 최우선시해 사태의 추이에 대응한 방호 대책 등에 총력을 기울일 것, ② 주민에 대해 필요한 정보를 적확하고도 신속하게 전달하고, 혼란의 발생을 방지할 것, ③ 사태의 추이에 따라 경찰, 소방, 해상보안청 부대의 파견 및 자위대의 원자력 재해 파견을 실시할 것."

91 이토 데쓰로의 증언.

92 같은 증언.

93 같은 증언.

94 가이에다 반리의 증언.

95 1차 원재본부 회의 의사록. 당초 사무국 보안원은 의사록을 작성하지 않았는데, 그 문제점을 지적한 NHK 보도를 계기로 작성되었다. 이 책에서는 관계자를 직접 취재해 얻은 증언 기록을 중시해 의사록을 보조적으로만 사용했다. 취재 과정에서 의사록에는 사실에 관한 오인 및 불명확한 부분도 포함되어 있음을 알았기 때문이다. 따라서 이 책에서는 의사록 인용을 최소화했다.

96 원자력안전위원회 구성원은 마다라메 위원장(유체·열공학) 외에 구키타 유타카久木田豊

위원장대리(원자력열공학), 구스미 시즈요久住静代 위원(방사선영향학), 오야마다 오사무 小山田修 위원(원자로구조공학), 시로야 세지代谷誠治 위원(원자로물리·원자로공학)이었다.

97 마다라메 하루키班目春樹: 1948년 도쿄 도 출생. 1970년 도쿄 대학 공학부 기계공학과를 졸업했고, 1972년 도쿄 대학 대학원 공학계연구과 석사과정을 수료했으며 공학박사 학위를 받았다. 1972년 4월 도쿄시바우라전기(현 도시바)에 입사했고, 1975년 4월부터 도쿄 대학 공학부 원자력공학과 강사를 했다. 1976년 4월 공학부 원자력공학과 조교수, 1984년 4월부터 미국 캘리포니아 대학 로스앤젤레스 캠퍼스 객원 연구원을 맡았고, 1989년 8월 도쿄 대학 공학부 부속 원자력공학연구시설 조교수, 1990년 11월 공학부 부속 원자력공학연구시설 교수에 취임했다. 1998년 4월 도쿄 대학 공학부 부속 원자력공학연구시설이 도쿄 대학 대학원 공학계 연구과 부속 원자력공학연구시설로 명칭을 변경했고, 이때이 시설의 교수에 취임했다. 2003년 7월부터 동 대학원 공학계 연구과 시스템양자공학 전공 교수, 2004년 4월 동 대학 대학원 원자력연구종합센터 교수, 2005년 4월 동 대학원 공학계 연구과 원자력 전공 교수 등을 역임했으며, 퇴직한 뒤 2010년 4월 원자력안전위원회 위원장에 취임했다.

98 도쿄 공업대학 원자로공학연구소의 아리토미 마사노리有富正憲 소장에게 이 설명을 어떻게 이해해야 할지 물었다. 그는 다음과 같이 설명한다. "원자로 격리 냉각 시스템RCIC은 노심에서 발생한 증기로 터빈을 구동하는데, 같은 축의 펌프가 회전함으로써 압력 억제 풀의 물을 노심에 주입합니다. 또 격리 응축기IC는 상부의 물탱크로 노심의 증기를 유도한 후, 열교환기에서 응축시켜 재순환계를 통해 응축수를 노심으로 되돌리는 시스템이기 때문에 RCIC와 IC가 제 기능을 하는 데는 처음부터 전원이 필요하지 않았습니다. [경수로에서 안전하게 잔열을 제거하는 IC가 제 기능을 하려면 밸브가 열려 있어야 하는데] 1호기에서는 IC의 밸브가 쓰나미 도달 시 닫혀 있었음이 나중에 드러났어요. 긴급 정지 직후에는 붕괴열 발생량이 높아, 네 시간가량 뒤인 오후 7시 30분경에 노심용융이 시작된 것으로 보입니다. 또 2·3호기의 RCIC는 작동하고 있었는데, 나중에 발표된 내용에 따르면 2호기는 14일 오전 11시경까지 RCIC가 작동했고, 3호기는 12일 오전 11시 30분경까지 RCIC가 작동하고 있었습니다. 냉각장치를 배터리로 가동한다는 판단은 착각이며, 최종적인 히트싱크(열 제거체)인 바닷물을 이용한 열교환기는 쓰나미 탓에 순환펌프까지 모든 기능이 손실된 상태였습니다. 발전차만 조달했던 점, 다시 말해 전원만 복구하면 안전하게 대응할 수 있다고 판단했던 점은 보안원과 안전위원회의 오류예요. 정치인들은 그런 판단을 할 수 없습니다. 여덟 시간 만에 전원이 차단될 것이며, 그 뒤 노심용융까지 열 시간의 여유가 있다는 판단도 오류입니다."

99 그 의미에 대해서는 바로 앞의 주석에 언급한, 아리토미 마사노리 도쿄 공업대학 원자로공학연구소장의 견해를 참조하길 바란다. 본문에서는 실제로 주고받은 대화를 기술했으므로, 훗날 이루어진 검증을 통해 밝혀진 기술적인 문제점과 일치하지 않는 경우도 있다.

100 [원재본부] 의사록에서 발췌.

101 가이에다 반리의 증언.

102 시모무라 겐이치의 증언.

103 원재법 제15조 2항은 "내각총리대신은 전항前項의 규정에 따른 보고 및 제출이 있을 시에는 그 즉시 원자력 긴급사태가 발생한 사실 및 다음 사항을 공시한다."라고 되어 있다. 긴급사태 사고 처리를 실시할 구역, 원자력 긴급사태의 개요 등도 나와 있다.

104 간 나오토의 증언.

105 같은 증언.

106 호소노 고시細野豪志: 1971년 8월 21일 시가 현滋賀県 출생. 시즈오카 5구 중의원(4선). 교토 대학 법학부를 졸업한 뒤, 1995년부터 1999년 9월까지 산와종합연구소 연구원을 지냈다. 2000년 6월 중의원에 당선되었고, 2009년 10월 민주당 부간사장, 2010년 6월부터 당 간사장 대리를 역임했다. 2011년 1월 총리보좌관에 취임했으며, 같은 해 5월 정부·도쿄전력 통합대책실 사무국장, 6월부터 내각부 특명담당대신(원전 사고 수습 및 재발 방지, 절전계몽 등, 소비자 및 식품안전 담당), 9월부터 환경대신, 원전 사고 수습 및 재발 방지 담당 대신, 내각부 특명담당대신(원자력 행정 담당)으로 취임했고 2012년 1월 재임명되었다.

107 데라타 마나부의 증언.

108 마다라메 하루키의 증언, 그 자리 상황을 아는 도쿄전력 관계자의 증언. '도쿄전력 관계자의 증언'은 정보원을 명시하지 않는다는 조건으로 들었기에 정보원의 실명을 밝히지 않는다. 다만 데라타 마나부는 "전화는 한 대였다."고 증언했다.

109 마다라메 하루키의 증언, 그 자리 상황을 아는 도쿄전력 관계자의 증언.

110 간 나오토의 증언 등 다수.

111 그 자리 상황을 아는 도쿄전력 관계자의 증언. 정부사고조의 '중간보고'에도 같은 기록이 있다.

112 '후쿠야마 데쓰로 노트'에서 발췌.

113 마다라메 하루키의 증언.

114 같은 증언.

115 같은 증언.

116 같은 증언.

117 같은 증언.

118 같은 증언.

119 같은 증언.

120 가이에다 반리의 증언.

121 히라오카 에지의 증언.

122 같은 증언.

123 '주민 피난'에 관한 설명은 다음과 같다. 원자력 시설에서 방사성물질 또는 방사선의 이상 방출이 발생한 경우의 방호 대책 수단 중 하나이다. 방사성물질이 대량 방출될 때까지 시간적 여유가 충분하고, 장기간의 방출이 예상되며, 피난하지 않으면 상당한 피폭을 피할 수 없는 경우에 효과적이다. 다만 다른 방호 수단에 비해 심리적 동요에 따른 혼란이 발생할 우려가 크기에 신중하게 접근해야 한다. 주무대신이 원재본부장에게 주민 피난 지시 안을 올리면, 그에 따라 본부장이 피난 지시를 내린다. 원자력오프사이트센터의 대응 방침 결정 회의에서 주민 피난의 시기 및 대상 지구에 관한 지시 안을 검토한 뒤 주무대신에게 보고한다. 다만 시간적 여유가 없을 때 주무성에서 대피 지시 안을 작성한다. 시정촌 수장은 특히 필요하거나 긴급한 상황이라고 판단할 때 피난 등을 지시할 수 있다. 이때 지시 후에 신속히 그 사실을 원재본부장 및 도도부현 지사에게 보고하게 되어 있다(보안원 홈페이지).

124 예방적 조치 범위Precautionary Action Zone, PAZ란 IAEA의 안전 요건 및 안전 지침에 의거한 개념이다. 확정적 영향의 리스크를 줄이기 위해, 시설 상황에 따라 방출 전 또는 직후에 예방적 긴급 방호 조치를 하기 위해 정비해야 하는 구역을 의미한다. 범위(반경)는 열 출력에 따라 2단계로 설정된다. 출력 1천 메가와트(3~5킬로미터), 출력 1백~1천 메가와트(0.5~3킬로미터). 제안된 반경은 일반적인 분석에 따른 것이며, 각 회원국은 자체적으로 적절한 범위를 정하기 위한 개별 분석을 실시할 수 있다.

125 히라오카 에지의 증언, 마다라메 하루키의 증언.

126 히라오카 에지의 증언.

127 이토 데쓰로의 증언.

128 이토 위기관리감과 히라오카 차장의 대화를 직접 들은 정부 관계자의 증언. 증언자가 불이익을 받을 가능성이 있어서 정보원의 실명을 밝히지 않았다.

129 시모무라 겐이치의 증언.

130 같은 증언.

131 11일 당일 철도 운행 정지 등으로 인해 발이 묶인 사람은 도쿄 신주쿠역에 9천여 명, 이케부쿠로역에 3천여 명, 도쿄역에 1천여 명, 우에노역에 1천5백여 명 있었다. 도쿄 도 내의 일시 숙박소에서 밤샌 사람은 9만 명이 넘었다.

132 시모무라 겐이치의 증언.

133 '후쿠야마 데쓰로 노트', '시모무라 겐이치 노트'에도 같은 기록이 있다.

134 시모무라의 이 같은 증언에 관해서, 일반재단법인 '일본재건 이니셔티브'(이사장: 후나바시 요이치 전 아사히신문 주필)의 '후쿠시마 원전 사고 독립검증위원회'(이하 민간사고조)가 발표한 '조사·검증 보고서'의 '간 총리의 지휘 스타일이 미친 영향' 항목에서 '오싹

했다'는 증언이 거론되었다. "이런 상황에 대해 동석자 중 한 사람은 '총리가 그런 사소한 일에 매달리다니 나라꼴이 이게 뭔가 싶어서 오싹했다.'라고 말했다."고 기록되어 있다. 시모무라 심의관이 취재원을 밝히지 않는 조건으로 민간사고조의 인터뷰에 응한 것은 아니었다. 그럼에도 굳이 '동석자 중 한 사람'이라고 모호하게 표현했다. 익명으로 처리한 이유는 확실치 않다. 시모무라 심의관은 트위터에서 진상을 밝혔다. 이 보고서가 기자회견을 통해 발표된 다음 날, 각 신문은 '간 총리 비판'을 앞다투어 다루었다. "민간사고조, 간 총리의 원전 대응을 비판. 총리, 직접 휴대전화로 배터리 크기를 담당자에게 물어"(『아사히 신문』 2012/02/29 조간), "간 전 총리 '내게 보고하라' 발전차 수배, 경찰에 안 맡겨"(『마이니치 신문』 2012/02/28 조간). 『산케이 신문』 사설은 "간 총리의 인재人災임이 분명하다"라고 제목을 달았다. 모두 발전차 수배와 관련한 간 총리의 대처에 주목한 기사들로, 시모무라의 "오싹했다."라는 증언이 '간 총리에 대한 비판'의 상징적 표현으로 소개되었다. 『닛케이 신문』 2012/03/02 조간의 칼럼은 "그중에서도 당시 간 나오토 총리가 남들을 믿지 못하고 사소한 일에 매달리는 모습에 '나라꼴이 이게 뭔가 싶어서 오싹했다.'는 관계자의 이야기는 전 국민을 오싹하게 만들었다."고 썼다.

135 이토 데쓰로의 증언.

136 간 나오토의 증언, 데라타 마나부의 증언.

137 간 나오토의 증언, 데라타 마나부의 증언, 시모무라 겐이치의 증언.

138 같은 증언들.

139 집무실에서 직접 목격한 정부 관계자의 증언. '고마쓰 씨'에게 싫은 소리를 듣는다며 실명을 밝히기를 주저해 여기서는 '정부 관계자'라고 표현했다. '고마쓰 씨'에 대한 취재도 의뢰했으나, 관저 담당자는 "관저에 누가 근무하는지는 국가 기밀에 해당한다."는 이유로 받아들이지 않았다.

140 시모무라 겐이치의 증언.

141 이케다 모토히사의 증언.

142 1999년 9월에 발생한 JCO 임계 사고를 계기로 창설된 원자력보안검사관 사무소는 보안원 소속이다. 전국의 원자력발전 설비와 핵연료재처리 시설 근처에 설치되어 있다. 원자력보안검사관은 이곳에 상주한다.

2장 3월 12일 토요일 원전 폭발

1 간 총리와 오바마 대통령의 전화 회담에 참석했던 정부 관계자의 증언. 외교 관련 대화여서 증언자가 불이익을 받을 가능성이 있어서 정보원의 실명을 밝히지 않았다.

2 이케다 모토히사의 증언.

3 같은 증언.

4 후쿠야마 데쓰로의 증언.

5 관저 관계자들이 중요한 논의에 참석했던 인물에 대해 정치인들과 비서관들에게 듣고 훗날 작성한 메모. 작성 의뢰자가 알려지면 작성자까지 드러나 작성자가 불이익을 받을 가능성이 있어서 작성 의뢰자와 작성자의 실명을 밝히지 않았다.

6 이토 데쓰로의 증언.

7 이케다 모토히사의 증언.

8 같은 증언.

9 같은 증언.

10 같은 증언.

11 같은 증언.

12 같은 증언.

13 시모무라 겐이치의 증언.

14 간 나오토의 증언, 데라타 마나부의 증언.

15 데라타 마나부의 증언. 당시 데라타가 신은 샌들은 독일의 버켄스탁BIRKENSTOCK사 제품.

16 이케다 모토히사의 증언.

17 후쿠야마 데쓰로의 증언.

18 같은 증언.

19 같은 증언.

20 같은 증언.

21 간 나오토의 증언.

22 이케다 모토히사의 증언.

23 후쿠야마 데쓰로의 증언.

24 같은 증언.

25 같은 증언.

26 같은 증언.

27 데라타 마나부의 증언.

28 같은 증언.

29 후쿠야마 데쓰로의 증언, 데라타 마나부의 증언.

30 간 나오토의 증언, 후쿠야마 데쓰로의 증언 등 다수.

31 간 나오토의 증언, 후쿠야마 데쓰로의 증언, 데라타 마나부의 증언.

32 같은 증언들.

33 후쿠야마 데쓰로의 증언.

34 같은 증언.

35 『아사히 신문』 기사.

36 네 개 마을의 인구는 오쿠마마치 1만1,363명, 후타바마치 7,243명, 도미오카마치 1만 4,808명, 나미에마치 1만7,793명이었다.

37 이토 데스로와 보안원 간부의 대화를 직접 들은 정부 관계자의 증언. 신문에 게재할 때는 정보원이 '정부 관계자'의 실명을 명시하지 않겠다며 약속하고 취재했기 때문에 이 책에서도 취재원을 명시하지 않았다.

38 정부사고조 '중간보고'.

39 『아사히 신문』 기사.

40 방위성 취재, 데라타 마나부의 증언, 헬기 동승자의 증언. '헬기 동승자의 증언'은 증언자가 불이익을 받을 가능성이 있어서 정보원의 실명을 밝히지 않았다.

41 시모무라 겐이치의 증언, 헬기 동승자의 증언.

42 간 나오토의 증언, 헬기 동승자의 증언.

43 무토 사카에(武藤栄: 1950년 도쿄 도 출생. 도쿄 대학 공학부를 졸업한 뒤 1974년 도쿄전력에 입사했다. 원자력발전부 원자력기술과장, 후쿠시마 제1원자력발전소 기술부장, 원자력계획부(원자력기획 담당), 원자연료사이클부장 등을 역임한 원자력 전문가다. 2010년 6월 이사 부사장 겸 원자력·입지본부장에 취임했다(~2011년 6월).

44 간 나오토의 증언, 데라타 마나부의 증언, 이케다 모토히사의 증언.

45 버스 동승자의 증언. 증언자가 불이익을 받을 가능성이 있어서 정보원의 실명을 밝히지 않았다.

46 데라타 마나부의 증언.

47 가이에다 반리의 증언.

48 정식 명칭은 '핵 원료 물질, 핵연료 물질 및 원자로 규제에 관한 법률'. 원자력기본법의 입법 취지에 따라 1957년에 제정된 법률. 핵 원료 물질, 핵연료 물질 및 원자로에 관해 "평화적이고 계획적인 이용의 확보"와 "재해 방지 및 안전 확보"를 위해 핵연료의 정련, 가공, 재처리, 원자로 설치, 운전 등에 필요한 규제를 정하고 있다. 또 원자력 이용에 관한 국제적인 약속을 이행하기 위해 핵연료 물질의 사용 등에 관한 규제를 정한다. JCO 임계사고를 계기로 ① 핵연료 가공 시설 등의 임계 방지, ② 지속적인 확인 강화가 이루어지도록 일부 개정되었다(보안원 홈페이지).

49 간 나오토의 증언, 데라타 마나부의 증언 등.

50 간 나오토의 증언, 데라타 마나부의 증언, 시모무라 겐이치의 증언, 시찰 동행자의 증언. '시찰 동행자'의 증언은 증언자가 알려지면 불이익을 받을 가능성이 있어서 취재원의 실명을 밝히지 않았다.

51 간 나오토의 증언.

52 데라타 마나부의 증언.

53 간 나오토의 증언, 데라타 마나부의 증언, 시모무라 겐이치의 증언.

54 간 나오토의 증언, 시찰 동행자의 증언.

55 간 나오토의 증언, 데라타 마나부의 증언, 시찰 동행자의 증언.

56 시모무라 겐이치의 증언, 시찰 동행자의 증언.

57 데라타 마나부의 증언.

58 시찰 동행자의 증언.

59 쓰무라 기자의 대화를 직접 들은 시찰 동행자의 증언.

60 간 나오토의 증언, 시찰 동행자의 증언.

61 간 나오토의 증언.

62 간 나오토의 증언, 시찰 동행자의 증언 등.

63 데라타 마나부의 증언, 시모무라 겐이치의 증언.

64 시모무라 겐이치의 증언.

65 같은 증언.

66 데라타 마나부의 증언, 시모무라 겐이치의 증언.

67 간 나오토의 증언, 이케다 모토히사의 증언, 시모무라 겐이치의 증언.

68 시모무라 겐이치의 증언.

69 간 나오토의 증언.

70 재단법인 원자력안전연구협회가 문부과학성이 위탁한 사업인 '긴급시대책종합기술조사'의 일환으로 작성한 책자에는 "원자력 재해로 방출되는 방사성 요오드가 신체에 흡수되면 갑상샘에 선택적으로 집적되므로 방사선 내부 피폭에 따른 갑상샘암 등을 유발할 수 있다. 비방사성 요오드 화합물을 예방적으로 복용하면 갑상샘에 방사성 요오드가 집적되는 것을 막을 수 있으므로 갑상샘에 대한 방사선 피폭을 저지·감소하는 효과가 있다. 여기서 말하는 비방사성 요오드 화합물이란 요오드화칼륨(의약품)의 환약 내지는 내복액을 가리킨다."고 나와 있다.

71 이케다 모토히사의 증언.

72 같은 증언.

73 데라타 마나부의 증언.

74 버스 동승자의 증언.

75 데라타 총리보좌관과 쓰무라 기자의 대화를 직접 들은 시찰 동행자의 증언. '시찰 동행자'의 증언은 증언자가 불이익을 받을 가능성이 있어서 취재원의 실명을 밝히지 않았다.

76 버스 동승자의 증언. 참고로 교도통신은 필자가 쓰무라 기자를 취재하는 것을 거부했다.

이하라 야스히로井原康宏 정치부장에게 취재를 요청했을 때 "관저 기자 클럽의 규칙상 당일에 올린 메모 외의 내용을 이야기할 수 없는 부분을 이해해 주십시오. 우리나 아사히신문이나 그것(메모)을 가지고 기사를 작성합니다. 쓰무라가 답할 수 있는 문제가 아니에요. 그래도 좋다면 쓰무라를 취재해도 상관없습니다."라고 일단 승낙을 받았다. 그래서 나중에 쓰무라 기자에게 직접 연락해 취재 일시와 만날 장소를 정했다. 그런데 그 뒤 이하라 부장이 다시 필자의 휴대전화로 연락해 "우리 관저 클럽과도 이야기해 봤는데, 취재에 응하는 것이 적당하지 않다고 정리되었습니다."라며 취재 거부를 통보했다. 메모 외의 이야기를 하는 것은 관저 기자 클럽의 오랜 규칙에 위반된다는 것이 이유였다.

77 이케다 모토히사의 증언.

78 간 나오토의 증언, 시모무라 겐이치의 증언.

79 시모무라 겐이치의 증언.

80 시미즈 마사타카清水正孝: 1944년 가나가와 현 출생. 게이오 대학 경제학부를 졸업한 뒤, 1968년 도쿄전력에 입사했다. 1986년 2월 자재부 자재계획과장, 1997년 6월 자재부장, 2001년 6월 이사 자재부장 등을 역임했고, 2006년 6월 이사 부사장, 2008년 6월부터 이사 사장에 임명되었다(~2011년 6월).

81 이토 데쓰로의 증언.

82 같은 증언.

83 같은 증언.

84 겐바 고이치로玄葉光一郎: 1964년 5월 20일 후쿠시마 현 출생. 후쿠시마 3구 중의원(6선). 조치 대학 법학부를 졸업한 뒤, 1991년 4월 후쿠시마 현의회 의원이 되었다. 1993년 7월 중의원 선거에서 처음 당선되었고, 2005년 9월 민주당 간사장 대리, 2010년 6월 당정책조사회장에 취임한 동시에 내각부 특명담당대신('새로운 공공', 저출산 대책, 남녀공동참여사회, 공무원제도 개혁 담당)에 취임했다. 2010년 9월 내각부 특명담당대신(국가전략, '새로운 공공')에 재임명되었고, 2011년 1월에는 내각부 특명담당대신(국가전략, '새로운 공공', 우주개발, 과학기술정책 담당)에 임명되었다. 같은 해 9월부터 외무대신(2012년 1월 재임명)을 역임했다. 전 후쿠시마 현 지사인 사토 에사쿠佐藤栄佐久의 사위이기도 하다.

85 아라이 유지의 증언.

86 구보 신보의 증언.

87 아라이 유지의 증언.

88 같은 증언.

89 가이에다 반리의 증언, 후쿠야마 데쓰로의 증언.

90 간 나오토의 증언, 가이에다 반리의 증언 등.

91 간 나오토의 증언.

92 그 자리에 있었던 동석자 두 사람의 증언. '고마쓰 씨'에게 싫은 소리를 듣는다는 이유로

실명을 밝히기를 주저해 여기서는 '동석자 두 사람'이라고 표현했다.

93 같은 증언들.

94 네이 히사노리根井寿規: 1958년 후쿠오카 현 출생. 도쿄 대학 이학부 지구과학과를 졸업한 뒤 1981년 통상산업성에 들어갔다(『경제산업성 명감 2012년판』).

95 나카무라 고이치로中村幸一郎: 1959년 오사카 부 출생. 도쿄 대학 공학부 원자력공학과를 졸업한 뒤 1982년 통상산업성에 들어갔다(『경제산업성 명감 2012년판』).

96 니시야마 히데히코西山英彦: 1956년 가나가와 현 출생. 도쿄 대학 법학부를 졸업한 뒤 1980년 통상산업성에 들어갔다(『경제산업성 명감 2011년판』).

97 데라타 마나부의 증언.

98 노구치 데쓰오野口哲男: 1957년 도치기 현 출생. 도쿄 대학 공학부 토목공학과를 졸업한 뒤 1982년 통상산업성에 들어갔다(『경제산업성 명감 2011년판』).

99 『니혼게이자이 신문』 기사.

100 『도쿄 신문』 2012/02/22 조간. 참고로 나카무라 심의관은 2011년 12월 5일 오후 8시에 취재차 도쿄 도내의 자택을 방문했을 때, 인터폰으로 "식사 중이니 취재하려면 나중에 직장으로 오십시오."라고 했다. 다음 날 보안원을 방문하자 나카무라는 배경 취재라면 이야기하겠다며 오프더레코드 취재를 요청했다. 다시 말해 나카무라 심의관은 자신이 말한 내용을 명시하지 않는다면 취재에 응하겠다는 조건을 달아 메모와 녹음을 허락하지 않았다. 그게 싫으면 홍보과를 통해 다시 취재 요청을 하라고 했다. 그 자리에서는 '노심용융' 발언에 관한 이야기를 들었으나, 오프더레코드 취재는 곤란하다고 필자의 입장을 설명하고 홍보과를 통해 재차 취재를 요청했다. 그런데 돌아온 답은 그전과 마찬가지로 배경 취재라면 이야기하겠다는 조건부 승낙이었다. 오프더레코드 취재는 필자가 인정할 수 없으므로 잠시 시간을 두던 중, 2012년 2월에 이루어진 타사 취재에는 사진 촬영까지 허락했고, 아사히신문 내 다른 취재반의 취재에 응한 사실을 알게 되었다. 그래서 재차 홍보과를 통해 나카무라 심의관에게 취재를 요청했다. 하지만 2012년 3월 8일 요시자와 마사타카 홍보과장은 "동료 기자의 취재에서 받은 질문 항목과 같아서 인터뷰에 응하지 않겠습니다."라고 답했다.

101 후쿠시마 현은 동쪽에 위치한 바다에서 열도 중심 방향으로 하마도오리, 나카도오리, 에쓰 지방으로 지역을 구분한다. 현청이 자리한 후쿠시마 시와 상업 중심지인 고오리야마 시는 나카도오리에 있다. 세 지역은 저마다 기후와 문화가 다르다.

102 엔도 가오루遠藤薫, 『언론은 대지진·원전 사고를 어떻게 말했나』(도쿄 전기대학 출판국, 2012). 오하시는 방송에서 '1분 전'이라고 말했지만 정확히는 '4분 전'이다. 처음 내보낸 영상은 감시 카메라가 잡은 실시간 영상이었기 때문에, 폭발한 지 4분이 지난 뒤의 영상을 보면서 뉴스를 진행한 것이다.

103 이상의 대화는 후쿠시마 중앙TV의 사토와 야나이를 취재한 내용이다.

104 이토 데쓰로의 증언.

105 이케다 모토히사의 증언.

106 아라이 유지의 증언.

107 같은 증언.

108 닛폰TV, 후쿠시마 중앙TV에 대한 취재.

109 간 나오토의 증언, 이토 데쓰로의 증언.

110 간 나오토의 증언, 후쿠야마 데쓰로의 증언 등.

111 같은 증언들.

112 사이토 다카오斎藤貴男, 『'도쿄전력' 연구 배제의 계보』(고단샤, 2012)에 가쓰마타가 참가한 방중단에 관해 자세한 기록이 실려 있다.

113 이토 데쓰로의 증언.

114 같은 증언.

115 이토 데쓰로의 증언, 시모무라 겐이치의 증언.

116 엔도 가오루, 『언론은 대지진·원전 사고를 어떻게 말했나』.

117 같은 책.

118 같은 책.

119 데라타 마나부의 증언.

120 간 나오토의 증언 등. 간·에다노 등 관저 핵심 인물들은 11일 밤부터 전문가들을 불신했다.

121 마다라메 하루키의 증언.

122 가타야마 요시히로의 증언.

123 "관저의 5일", 『아사히 신문』 2012/01/31 '프로메테우스의 덫' 연재 기사.

124 아리토미 마사노리의 증언.

125 같은 증언.

126 엔도 가오루, 『언론은 대지진·원전 사고를 어떻게 말했나』.

127 방송 관계자의 증언. 증언자가 불이익을 받을 가능성이 있어서 정보원의 실명을 밝히지 않았다.

128 TBS '보도특집' 캐스터인 가네히라 시게노리金平茂紀(TBS 집행임원)는 "이 영상이 닛폰TV의 독점이라는 점도 문제입니다. NHK와 기타 민방이 영상을 검증하려 해도 할 수 없는 상태거든요. 지금 닛폰TV는 해외로도 이 장면을 내보내는데, 해외의 모든 방송국들은 '출처 NTV', '출처 닛폰TV'라는 자막만 넣으면 뉴스에도 사용할 수 있어요. 잘못된 상황이 발생한 거죠. 공공성과 자료 가치가 높은 영상은 그만큼 공정하게 사용하는 방식으로 국내의 다른 언론에도 제공되어야 합니다."라고 밝힌 바 있다(『저널리즘』 2012년 4월호).

129 닛폰TV, 후쿠시마 중앙TV에 대한 취재.

130 취재 메모 발췌. 발표자 이름이 불명확해서 '도쿄전력 홍보 담당자'로 기재했다.

131 히비노 야스시의 증언.

132 간 나오토의 증언, 히비노 야스시의 증언.

133 히비노 야스시의 증언.

134 이토 데쓰로의 증언.

135 같은 증언.

136 같은 증언.

137 후쿠야마 데쓰로의 증언.

138 같은 증언.

139 같은 증언.

140 간 나오토의 증언, 나중에 관저 관계자가 정치인이나 비서관에게서 듣고 작성한 시간 대별 메모.

141 그 자리에 있었던 인물의 증언. 증언자가 불이익을 받을 가능성이 있어서 실명을 밝히 지 않았다.

142 나중에 관저 관계자가 정치인들과 비서관들에게서 듣고 작성한 시간대별 메모.

143 같은 메모.

144 가이에다 반리의 증언.

145 이토 위기관리감의 발언을 들은 정부 관계자의 증언. 증언자가 불이익을 받을 가능성 이 있어서 정보원의 실명을 밝히지 않았다.

146 간 나오토의 증언, 가이에다 반리의 증언, 후쿠야마 데쓰로의 증언.

147 야나세 다다오柳瀬唯夫: 1961년 도쿄 도 출생. 도쿄 대학 법학부를 졸업한 뒤 1984년 통 상산업성에 들어갔다(『경제산업성 명감 2012년판』).

148 야나세 다다오의 증언.

149 같은 증언.

150 간 나오토의 증언, 야나세 다다오의 증언, 시모무라 겐이치의 증언 등.

151 간 나오토의 증언, 후쿠야마 데쓰로의 증언 등.

152 다케쿠로 고문의 대화를 아는 도쿄전력 관계자의 증언. 정보원을 명시하지 않는다는 조건으로 취재에 응했기 때문에 여기서는 정보원의 실명을 밝히지 않았다. 도쿄전력 측 에서 반론할 경우 정보원을 명시하는 동시에 그가 취재에 응한 경위 등을 밝힐 용의가 있 다.

153 나중에 관저 관계자가 작성한 시간대별 메모. 관저 측은 2011년 5월 16일 도쿄전력이 보고한 내용을 근거로 "19시 4분부터 해수의 시험 주입을 개시하고, 19시 25분에 도쿄전

력 본사와 발전소 간 협의를 통해 해수를 시험 주입, 정지"라고 말했다(강조는 필자).

154 다케쿠로 고문의 대화를 아는 도쿄전력 관계자의 증언.

155 간 나오토의 증언, 에다노 유키오의 증언, 가이에다 반리의 증언 등 다수.

156 야나세 다다오의 증언.

157 같은 증언.

158 같은 증언.

159 같은 증언.

160 간 나오토의 증언, 후쿠야마 데쓰로의 증언.

161 야나세 다다오의 증언.

162 같은 증언.

163 가타야마 요시히로의 증언.

164 가타야마 요시히로의 증언, 겐바 고이치로의 증언.

165 히비노 야스시의 증언.

166 같은 증언.

167 같은 증언.

168 간 나오토의 증언, 히비노 야스시의 증언.

169 같은 증언들.

170 히비노 야스시의 증언.

171 같은 증언.

172 같은 증언.

173 간 나오토의 증언, 히비노 야스시의 증언.

174 히비노 야스시의 증언.

175 같은 증언.

176 같은 증언.

3장 3월 13일 일요일 원전 암전

1 정부사고조의 '중간보고'.

2 야스이 마사야의 증언.

3 데라사카 노부아키의 증언, 야스이 마사야의 증언.

4 간 나오토의 증언, 히비노 야스시의 증언.

5 히비노 야스시의 증언.

6 데라타 마나부의 증언.

7 같은 증언.

8 히비노 야스시의 증언.

9 시모무라 겐이치의 증언.

10 같은 증언.

11 같은 증언.

12 히비노 야스시의 증언.

13 같은 증언.

14 시마다 류이치의 증언.

15 도시바 홍보부에 대한 취재.

16 사사키 노리오의 증언.

17 시마다 류이치의 증언.

18 같은 증언.

19 같은 증언.

20 같은 증언.

21 같은 증언.

22 같은 증언.

23 간 나오토의 증언, 시마다 류이치의 증언.

24 시마다 류이치의 증언.

25 같은 증언.

26 같은 증언.

27 간 나오토의 증언, 시마다 류이치의 증언.

28 시마다 류이치의 증언.

29 같은 증언.

30 같은 증언.

31 아리토미 마사노리의 증언, 시마다 류이치의 증언.

32 히비노 야스시의 증언.

33 후지모토 다카시藤本孝: 1947년 도쿄 도 출생. 게이오 대학 공학부를 졸업한 뒤 1970년 도쿄전력에 입사했다. 기술부 광설비 구축 추진 프로젝트그룹 매니저(부장)와 배전부장을 거쳐, 2003년 6월 이사 정보통신사업부장, 2006년 6월 상무이사 신사업추진본부장에 취임했으며, 2007년 6월부터 대표이사 부사장으로 있다.

34 렌호蓮舫: 1967년 도쿄 도 출생. 도쿄 참의원(3선). 아오야마 가쿠인 대학 법학부를 졸업한 뒤 뉴스 캐스터로 활약하다가, 2004년 7월 참의원 선거에서 처음 당선되었다. 2010년

6월 내각부 특명담당대신(행정쇄신 담당), 행정쇄신회의 부의장에 취임했고, 같은 해 9월 내각부 특명담당대신(행정쇄신·공무원제도개혁 담당)에 재임명되었다. 2011년 1월 내각부 특명담당대신(행정쇄신·소비자/식품안전 담당), 3월 내각부 특명담당대신(절전계발 담당), 6월 내각 총리보좌관(행정쇄신·소비자/식품안전 담당)을 거쳐, 9월 내각부 특명담당대신(행전쇄신·남녀공동참여사회 담당)에 취임(2012년 1월까지)했다.

35 오시마 비서관의 행동을 목격한 관저 관계자의 증언. 증언자가 불이익을 받을 가능성이 있어서 정보원의 실명을 밝히지 않았다.

36 후쿠야마 데쓰로의 증언.

37 에다노와 오쓰카의 대화를 목격한 관저 관계자의 증언. 증언자가 불이익을 받을 가능성이 있어서 정보원의 실명을 밝히지 않았다.

38 후쿠야마 데쓰로의 증언.

39 오시마 비서관과 후생노동성 담당자의 대화를 직접 파악한 관저 관계자의 증언. 증언자가 불이익을 받을 가능성이 있어서 정보원의 실명을 밝히지 않았다.

40 에다노와 후쿠야마의 대화 내용을 아는 관저 관계자의 증언. 증언자가 불이익을 받을 가능성이 있어서 정보원의 실명을 밝히지 않았다.

41 후쿠야마 데쓰로의 증언, 에다노의 대화 내용을 아는 관저 관계자의 증언. 증언자가 불이익을 받을 가능성이 있어서 정보원의 실명을 밝히지 않았다.

42 오시마 비서관과 후생노동성 담당자의 대화 내용을 알고 있는 정부 관계자의 증언. 증언자가 불이익을 받을 가능성이 있어서 정보원의 실명을 밝히지 않았다.

43 같은 증언.

44 후쿠야마 데쓰로의 증언.

45 같은 증언.

46 같은 증언.

47 같은 증언.

48 에다노의 행동을 목격한 관저 관계자의 증언. 증언자가 불이익을 받을 가능성이 있어서 정보원의 실명을 밝히지 않았다.

4장 3월 14일 월요일 원전 용융

1 후쿠야마 데쓰로의 증언, 관저의 당시 상황을 목격한 관저 관계자의 증언. 도착 시각인 '오전 1시'에 관해서는 관저 관계자의 수첩에 기재되어 있다. 증언자가 불이익을 받을 가능성이 있어서 정보원인 '관저 관계자'의 실명을 밝히지 않았다.

2 후쿠야마 데쓰로의 증언, 관저의 당시 상황을 목격한 관저 관계자의 증언.

3 같은 증언.

4 같은 증언.

5 에다노·후쿠야마 두 사람과 후지모토 부사장의 대화를 직접 들은 관저 관계자의 증언. 증언자가 불이익을 받을 가능성이 있어서 정보원인 '관저 관계자'의 실명을 밝히지 않았다.

6 후쿠야마 데쓰로의 증언, 에다노·후쿠야마 두 사람과 후지모토 부사장의 대화를 직접 들은 관저 관계자의 증언.

7 같은 증언.

8 후쿠야마 데쓰로의 증언.

9 후쿠야마 데쓰로의 증언, 에다노·후쿠야마 두 사람과 후지모토 부사장의 대화를 직접 들은 관저 관계자의 증언.

10 같은 증언.

11 같은 증언.

12 후쿠야마 데쓰로의 증언.

13 후쿠야마 데쓰로의 증언, 에다노·후쿠야마 두 사람과 후지모토 부사장의 대화를 직접 들은 관저 관계자의 증언.

14 같은 증언.

15 에다노 관방장관의 발언을 직접 들은 정부 관계자의 증언. 증언자가 불이익을 받을 가능성이 있어서 정보원인 '정부 관계자'의 실명을 밝히지 않았다.

16 같은 증언.

17 후쿠야마 데쓰로의 증언, 에다노·후쿠야마 두 사람과 후지모토 부사장의 대화를 직접 들은 관저 관계자의 증언.

18 같은 증언.

19 같은 증언.

20 후쿠야마 데쓰로의 증언, 오시마·이노우에 두 비서관의 행동을 아는 정부 관계자의 증언. 증언자가 불이익을 받을 가능성이 있어서 '정부 관계자'의 실명을 밝히지 않았다.

21 오시마 비서관의 행동을 아는 관저 관계자의 증언. 증언자가 불이익을 받을 가능성이 있어서 정보원인 '관저 관계자'의 실명을 밝히지 않았다.

22 같은 증언.

23 후쿠시마 데쓰로의 증언, 에다노·후쿠야마 두 사람과 후지모토 부사장의 대화를 직접 들은 관저 관계자의 증언.

24 같은 증언.

25 후쿠시마 데쓰로의 증언.

26 이케다 모토히사의 증언.

27 시모무라 겐이치의 증언.

28 같은 증언.

29 같은 증언.

30 같은 증언.

31 기도 다이스케 로베르트의 증언.

32 같은 증언.

33 스미카와 유의 증언.

34 같은 증언.

35 같은 증언.

36 기도 다이스케 로베르트의 증언, 스미카와 유의 증언.

37 기도 다이스케 로베르트의 증언.

38 문부과학성 방재환경대책실에 대한 취재(하시모토 후미야橋本郁也 사무관이 회답).

39 기도 다이스케 로베르트의 증언.

40 이토 데쓰로의 증언.

41 『아사히 신문』에 연재된 '프로메테우스의 덫'의 두 번째 기사인 "연구자의 사표"에서 발췌했다. 해당 부분은 저자와 같은 '프로메테우스의 덫' 취재팀 소속인 가미지 겐타로上地兼太郎 기자가 취재·집필했다.

42 간 나오토의 증언, 에다노 유키오의 증언.

43 기도 다이스케 로베르트의 증언.

44 야마구치 나쓰오山口那津男: 1952년 7월 12일 이바라키 현 출생. 도쿄 참의원(2선). 도쿄 대학 법학부를 졸업한 뒤, 1990년 2월 중의원 선거에서 처음 당선되었다. 2001년 7월 참의원에 처음 당선되었고, 2008년 8월 공명당 정무조사회장, 2009년 9월 당 대표에 취임했다(2010년 10월 재임명).

45 야마구치 나쓰오의 증언.

46 데라타 마나부의 증언.

47 같은 증언.

48 간 나오토의 증언 등.

49 사사키 노리오의 증언, 히비노 야스시의 증언.

50 『아사히 신문』 기사.

51 간 나오토의 증언, 가이에다 반리의 증언.

52 이케다 모토히사의 증언.

53 나중에 관저 관계자가 정치가들과 비서관들에게 듣고 작성한 시간대별 메모.

54 같은 증언.

55 나카니시 히로아키의 증언(홍보부를 통해 문서로 회답).

56 2012년 6월 8일 국회사고조가 공표한 자료. 이 자료는 도쿄전력 본사와 후쿠시마 현장을 잇는 화상회의 대화를 기록한 것이다. 참고로 도쿄전력이 이 화상회의 대화 내용을 공개하라는 보도진의 요청을 '사내 자료'라는 이유 등을 내세워 거부한 바 있다.

57 이케다 모토히사의 증언.

58 같은 증언.

59 데라타 마나부의 증언.

60 간 나오토의 증언, 나중에 관저 관계자가 정치인들과 비서관들에게 듣고 작성한 시간대별 메모.

61 나중에 관저 관계자가 정치인들과 비서관들에게 듣고 작성한 시간대별 메모.

62 도쿄전력 간부의 증언. 취재원 명시를 통고하지 못해 실명을 밝히지 않았다. 하지만 도쿄전력 측의 반론이 있을 경우 취재원을 밝히고 취재를 한 경위 및 상황 등을 공개할 용의가 있다.

63 같은 증언.

64 같은 증언.

65 데라타 마나부의 증언. 데라타는 가이에다가 '다시 한 번'이라고 말한 것을 분명히 기억하고 있다. 가이에다는 기억에 없으나 데라타의 증언으로 미루어, 그전에도 도쿄전력은 가이에다 측에 철수 요청을 한 것으로 보인다.

66 가이에다 반리의 증언.

67 해당 화상회의 기록에 있었던 "지금 그곳과 확인 작업을 진행하고 있습니다."라는 문구는 국회사고조의 최종 보고서(2012년 7월 5일 발표)에서 삭제되었다. 다카하시 고문의 발언도 "마치 전원이 후쿠시마 제2원전으로 대피하는 듯한 발언"으로 요약 기재되었을 뿐이다. 그 뒤 국회사고조는 "그 시점에서 전원 대피가 결정됐다고는 볼 수 없다."는 결론을 도출했다. 국회사고조는 '전원'인지 아닌지의 수적 문제로 논점을 피한 것이다.

68 국회사고조의 최종 보고서에는 요시다 소장에 대한 조사 결과가 "두말할 나위 없이, 여기서 말하는 열 명은 죽음을 각오한 요시다 소장이 막연히 떠올린 동료들의 숫자로서, 남는 인원수가 열 명으로 결정된 것은 아니었다."라고 기술되어 있다. 국회사고조의 위원회가 도쿄전력의 시미즈 마사타카 사장을 불렀을 때는 "최소한의 필요 인원을 남기고 대피할 것을 검토했다. 협력 회사 사람들과 여성들을 우선 대피시키고, 소장은 마지막까지 남을 생각이었다. 최악의 경우에는 열 명 정도."라는 문구를 발표한 바 있다. 이 책에서도 기술했듯이 시미즈가 그런 사실을 "알고 있었습니다."라고 증언했다는 점이 중요하다.

69 데라타 마나부의 증언.

70 같은 증언.

71 같은 증언.

72 이케다 모토히사의 증언.

73 가이에다 반리의 증언, 데라타 마나부의 증언.

74 간·루스의 회담에 배석했던 정부 관계자의 증언. 외교 관련 발언이라 정보원이 알려지면 불이익을 받기에 정보원의 실명을 밝히지 않았다.

75 같은 증언.

76 에다노 유키오의 증언, 후쿠야마 데쓰로의 증언 등.

77 에다노 유키오의 증언.

78 에다노 유키오의 증언, 후쿠야마 데쓰로의 증언 등.

79 에다노 유키오의 증언.

5장 3월 15일 화요일 원전 포기

1 관저 관계자가 중요 회의의 참석자들을 정리한 '참석자 메모'를 참고했다. 나중에 그 자리에 참석한 정치인들과 비서관들에게 듣고 정리한 것이다. 작성 의뢰자가 알려지면 작성자도 드러나므로 작성 의뢰자와 작성자의 실명을 밝히지 않았다.

2 이토 위기관리감의 행동을 직접 파악한 관저 관계자의 증언. 공무원의 비밀 유지 의무 위반을 우려했기에 정보원의 실명을 밝히지 않았다.

3 후쿠야마 데쓰로의 증언.

4 간 나오토의 증언.

5 같은 증언.

6 같은 증언.

7 같은 증언.

8 같은 증언.

9 간 나오토의 증언, 에다노 유키오의 증언.

10 간 나오토의 증언, 후쿠야마 데쓰로의 증언.

11 후쿠야마 데쓰로의 증언.

12 이토 데쓰로의 증언.

13 관저 관계자가 중요 회의의 참석자들을 정리한 '참석자 메모'를 참고했다.

14 간 나오토의 증언, 후쿠야마 데쓰로의 증언 등.

15 데라타 마나부의 증언.

16 같은 증언.

17 같은 증언.

18 간 나오토의 증언, 후쿠야마 데쓰로의 증언, 호소노 고시의 증언 등.

19 다케쿠로의 상황을 아는 도쿄전력 관계자의 증언. 정보원을 명시하지 않겠다는 조건으로 취재에 응했으므로 실명을 밝히지 않았다. 하지만 도쿄전력 측의 반론 등이 있으면 정보원을 공개하고, 취재에 응한 경위 및 취재한 상황을 밝힐 용의가 있다.

20 같은 증언.

21 같은 증언.

22 같은 증언.

23 후쿠야마 데쓰로의 증언, 데라타 마나부의 증언.

24 시미즈의 행동을 직접 아는 도쿄전력 간부의 증언. 정보원 명시를 뒤늦게 통고할 수 없어서 정보원의 실명을 밝히지 않았다. 하지만 도쿄전력 측의 반론 등이 있으면 정보원을 공개하고, 취재에 응한 경위 및 취재한 상황을 밝힐 용의가 있다.

25 같은 증언.

26 데라타 마나부의 증언.

27 같은 증언.

28 같은 증언.

29 간 나오토의 증언, 가이에다 반리의 증언, 후쿠야마 데쓰로의 증언 등 다수.

30 나중에 관저 관계자가 정치인들과 비서관들에게 듣고 작성한 시간대별 메모.

31 간 나오토의 증언, 에다노 유키오의 증언, 가이에다 반리의 증언 등 다수.

32 가이에다 반리의 증언.

33 간 나오토의 증언, 에다노 유키오의 증언, 가이에다 반리의 증언 등 다수.

34 그 자리의 상황을 아는 도쿄전력 간부의 증언. 정보원 명시를 뒤늦게 통고할 수 없어서 정보원의 실명을 밝히지 않았다. 하지만 도쿄전력 측의 반론 등이 있으면 정보원을 공개하고, 취재에 응한 경위 및 취재한 상황을 밝힐 용의가 있다.

35 같은 증언.

36 같은 증언.

37 데라타 마나부의 증언.

38 같은 증언.

39 같은 증언.

40 같은 증언.

41 같은 증언.

42 시모무라 겐이치의 증언.

43 같은 증언.

44 『아사히 신문』 기사.

45 대화를 직접 들은 정부 관계자의 증언. 비서관의 이름을 명시하면 증언자가 드러나 불이익을 받을 가능성이 있어서 증언자, 비서관의 실명을 밝히지 않았다.

46 시모무라 겐이치의 증언.

47 데라타 마나부의 증언. 도쿄전력 간부 중 한 사람의 증언도 같았다. 이 도쿄전력 간부에게는 취재원 명시를 뒤늦게 통고할 수 없어서 정보원의 실명을 밝히지 않았다. 하지만 도쿄전력 측의 반론 등이 있으면 정보원을 공개하고, 취재에 응한 경위 및 취재한 상황을 밝힐 용의가 있다.

48 같은 증언.

49 2011년 6월 일본 정부가 IAEA에 제출한 보고서에는, 3월 15일 오전 6시경 2호기 압력억제실 부근에서 "수소 폭발에 의한 것으로 추측되는 큰 충격음이 확인되었다."라고 기술되었다. 그런데 같은 해 10월 도쿄전력은 2호기의 충격음이 수소 폭발이 아니었을 가능성을 언급했다. 후쿠시마 제1원전 부지 내에 설치한 가설 지진계의 해석 결과가 그 근거였다. 도쿄전력은 지진과는 다른 진동이 계측된 것은 오전 6시 12분 한 번이고, 진동의 특징으로 미루어 2호기의 압력억제실 부근에서 충격음이 난 것과 거의 같은 시각에 일어난 4호기 수소 폭발에 의해 발생한 충격음 같다고 밝힌 바 있다.

50 데라타 마나부의 증언.

51 같은 증언.

52 니시카와 데쓰야西川徹矢: 1947년 오사카 부 출생. 교토 대학 법학부를 졸업한 뒤 1972년 경찰청에 들어갔다. 와카야마 현 경찰본부장, 경찰청 정보통신국 정보통신기획과장, 니가타 현 경찰본부장, 방위대신 관방장 등을 역임했다. 2009년 8월 내각관방부장관보(안전보장·위기관리 담당)였고, 2011년 8월 퇴임했다.

53 대화를 직접 들은 정부 관계자의 증언. 증언자가 불이익을 받을 가능성이 있어서 정보원의 실명을 밝히지 않았다. 다만 니시카와 관방부장관보는 비록 그가 두 차례의 취재 요청에 답하지 않아 취재하지 못했지만, 관방부장관보라는 요직에 있는 자의 발언임을 감안해 실명을 밝혔다.

54 같은 증언.

55 같은 증언.

56 대화를 직접 들은 정부 관계자의 증언.

57 시모무라 겐이치의 증언.

58 데라타 마나부의 증언.

59 같은 증언.

60 같은 증언.

61 같은 증언.

62 같은 증언.

63 보안원의 히라오카 차장은 주민 피난에 대해 "저희 업무 맞습니까?"라는 말을 했다고 한다. 언제 이 발언을 했는지는 분명치 않다. 히라오카 차장의 말을 직접 들은 정부 관계자의 증언이다. 불이익을 받을 가능성이 있어서 정보원의 실명을 밝히지 않았다.

64 원자력위원회는 원자력의 안전과 규제를 심사하는 원자력안전위원회와 함께 내각부에 설치된다. 국회의 동의를 얻은 위원장과 네 명의 위원으로 구성된다. 그 역할은 ① 원자력 연구·개발·이용의 기본 방침 책정, ② 원자력 관련 경비의 배분 계획 책정, ③ 원자로 등규제법에 규정된 허가 기준의 적용에 관해 소관 대신에게 의견 제시, ④ 관계 행정기관의 원자력 연구·개발·이용 관련 사무 조정 등을 기획·심의·결정하는 것이다(내각부 원자력위원회 홈페이지 http://www.aec.go.jp/jicst/NC/about/index.htm).

65 겐바 고이치로의 증언.

66 겐바 고이치로의 증언, 곤도 슌스케의 증언.

67 겐바 고이치로의 증언.

68 같은 증언.

69 곤도 슌스케의 증언.

70 같은 증언.

71 같은 증언.

72 같은 증언.

73 겐바 고이치로의 증언.

74 겐바 고이치로의 증언, 겐바 국가전략담당 대신의 행동 기록을 나중에 정리한 행동 기록 메모. 행동 기록 메모의 작성 주체에 관해서는 정보원이 알려지면 불이익을 받을 가능성이 있어서 실명을 밝히지 않았다.

75 겐바 고이치로의 증언.

76 같은 증언.

77 겐바 고이치로의 증언, 가타야마 요시히로의 증언, 시모무라 겐이치의 증언.

78 겐바는 곤도가 준 '최악의 시나리오'를 바탕으로 자체 주민 피난안을 검토했다. 작성일은 정확하지 않지만, "주민 피난 방법"이라는 제목의 '겐바 플랜'은 "혼란을 가급적 피하면서 (50킬로미터) 권내 전원을 다른 현으로 피난시킨다."는 기본 방침을 세우고, 구체적인 방안을 다음과 같이 정리했다. 자가용 차량을 이용할 수 있는 주민에게 대상 지역 내에서 휘발유 보급. ▶ 이동 수단으로 상업용 버스 제공을 의뢰. 민간 이동 수단을 확보하기 곤란할 경우에는 자위대·경찰·소방을 통한 이동을 준비. ▶ 공영주택 및 공무원 주택의 빈방 등을 수용 장소로 삼을 수 있게 전체 도도부현(특히 도쿄 서쪽)에 의뢰 및 조정. 이를 위해 공표를 두 가지 문언 시안을 검토했다.

하나는 "전문가는 20킬로미터 권내 주민을 권외로 피난시키면 충분하다고 판단한다. 하지만 사태가 장기화할 가능성이 있음을 감안해 안전보장에 만전을 기하기 위해 20킬로미터 이상(50킬로미터) 권내에도 지시를 검토한다."는 것이다. 또 하나는 "전문가는 20킬로미터 권내 주민을 권외로 피난시키면 충분하다고 판단한다. 그러나 향후 안전을 유지·관리하는 기간이 장기화할 것으로 예상되는 가운데, 20킬로미터 권외라 하더라도 물자 공급 부족 등 생활에 불편을 끼칠 상황이 장기간에 걸쳐 발생할 것으로 보인다. 그래서 일정 생활을 영위할 수 있도록 (50킬로미터) 권내의 주민이 피난할 수 있는 다른 장소를 확보한다."는 것이다. '겐바 플랜'에 나온 휘발유 보급에 관해, 겐바는 15일 오후 8시 33분 관저에 들어가('총리 동정', 『아사히 신문』) 총리집무실에서 간 총리와 회담하며 언급했다. 이 자리에서 겐바는 간 총리에게 휘발유를 확보해 후쿠시마로 운송할 필요성을 호소했다. 겐바는 당시 대화를 이렇게 증언한다.

"휘발유가 부족하다는 긴급 요청이 전화와 메일을 통해 여기저기서 들어와 있습니다. 주민들은 피신하고 싶은 겁니다. 피신하고 싶은데 그러지 못하는 상황은 정치가 할 일을 하지 않는 것과 다름없습니다. 간 총리에게도 그런 말을 했어요. 정치의 '직무 유기' 아니면 '정치의 책임'이라고 했을 수도 있어요. 저는 총리의 왼쪽에 앉아 있었습니다. 총리에게 휘발유가 부족한 상황을 설명하고, '누가 어떻게 지시하면 될지 아시지 않습니까? 간단합니다. 총리께서 지금부터 가이에다 대신에게 전화를 거시면 됩니다. 그다음에는 에너지청에 전화해 겐바 대신의 지시에 따르라고 하시면 됩니다.'라고 말씀드렸습니다. 그 자리에서는 가이에다 대신과도 전화로 이야기를 나눴습니다. 간 총리와의 대화는 15분인가 20분 만에 끝났던 것 같습니다. 저는 그 뒤 제 대신실로 돌아가 경제산업성에 지시를 내리면서 탱크로리를 수배해 후쿠시마로 휘발유를 운송하기 위한 작업을 했습니다." 겐바는 15일 오후 11시 30분경까지 휘발유 확보 및 탱크로리 수배 작업을 했다. 민주당의 정책조사회장이기도 한 겐바는 다음 날인 16일 오후 12시 30분부터 시작된 제1차 당·정부 지진 재해대책 합동회의에 참석했다. 회의에서는 주민 피난 수단 및 휘발유 확보 방법이 잘 마련되어 있는지를 우려하는 목소리가 터져 나왔다. 그에 대해 겐바는 "오늘부터 이미 수단을 강구하고 있습니다."라고 말하고, 휘발유 확보에 관한 개요를 설명했다(겐바 고이치로의 증언).

79 같은 증언.

80 같은 증언.

81 같은 증언.

82 겐바 고이치로의 증언, 겐바 국가전략담당 대신의 행동 기록을 정리한 행동 기록 메모.

83 간 나오토 증언.

84 같은 증언.

85 '최악의 시나리오'가 내린 결론은 다음과 같다. 수소 폭발이 발생해 추가 방출이 일어나고 뒤이어 다른 원자로에서도 방출이 이어질 것으로 예상되는 경우이더라도, 선량 평가

결과만 가지고 현재의 피난 구역 범위인 20킬로미터를 바꿀 필요가 없다. ▶ 하지만 나중에 4호기 저장조에서 연료 파손이 일어난 뒤 코어콘크리트 상호작용까지 일어나는 상황이 오면 방사성물질의 방출이 예상되므로, 20킬로미터 이상 구역에 옥내 대피를 요구하는 것은 적절치 않다. 적어도 코어콘크리트 상호작용이 본격화되는 14일 뒤까지는 7일간의 선량을 바탕으로 판단을 내려 옥내 대피 구역으로 지정할 50킬로미터 범위의 주민을 신속히 피난시켜야 한다. ▶ 50킬로미터 이상 70킬로미터 이내 범위에서는 일단 옥내 대피를 요구하는데, 70킬로미터 이상 110킬로미터 이내 범위에서는 일정 범위에서 토양오염 수치가 높다는 이유로 이전을 요구해야 할 지역이 발생할 것이다. 또 연간 선량이 자연 방사선 수치를 크게 초과한다는 이유로 이전을 희망하는 사람들에게 이전을 허락해야 하는 지역이 2백 킬로미터 범위에서 발생할 것이다. (용인선량에 의존) ▶ 계속해서 다른 원자로 저장조에서도 연료 파손에 이어 코어콘크리트 상호작용이 발생해 대량의 방사성물질 방출이 시작될 것이다. 그 결과 강제 이전을 요구해야 할 지역이 170킬로미터 이상 범위에도 발생할 가능성이 있다. 또 연간 선량이 자연 방사선 수치를 크게 초과한다는 이유로 이전을 희망하는 사람들에게 이전을 허락해야 하는 지역이 250킬로미터 이상에도 발생할 가능성이 있다. ▶ 이 범위들은 시간이 지날수록 줄겠지만 자연(환경) 감쇠에만 의존한다면, 연간 선량이 상기 170킬로미터, 250킬로미터 범위에서 자연 방사선량 수준을 회복하는 데는 수십 년이 걸릴 것이다.

86 간 나오토의 증언.

87 겐바는 15일 상황에 상당히 동요했다. 시간대는 알 수 없으나 대신실에서 세 비서관을 앞에 두고 "사랑하는 고향 사람들을 구하지 못했네."라고 말하며 눈물을 흘렸다. 겐바가 작성 의뢰한 행동 기록 메모.

88 구보 신보의 증언, 아라이 유지의 증언.

89 아라이 유지의 증언.

90 도쿄 소방청의 출동과 살수 활동을 둘러싸고 관저와 도쿄전력 측이 실랑이를 벌인 적이 있었다. 이 책에서 다룬 11일부터 15일까지 5일 동안 벌어진 일은 아니지만, 공표 자료에 없으면서도 중요하다고 여겨져 16일 이후 에피소드임에도 기록해 둔다.

　① 16일 오후 총무성 소방청에서 도쿄 소방청으로 "납으로 차폐한 특수재해대책차량을 빌려 주십시오."라는 요청이 있었다. 도쿄전력에 대여한다기에 도쿄 소방청은 "누가 사용하든 총무성 소방청이 빌려주라고 하면 받아들이겠습니다. 다만 사용하려면 먼저 취급 설명을 들어야 합니다."라고 했다. 총무성 소방청은 "도쿄전력 사람이 취급 설명을 들을 테니, 그에게 가동법을 설명하길 바랍니다."라고 했고, 도쿄 소방청의 아라이 총감은 특수재해대책차량을 후쿠시마 현 이와키 시로 보내는 책임을 맡았다. 오후 4시 25분에 출동했는데 약속 장소에는 아무도 나타나지 않았다. 시간이 꽤 흐른 뒤 도쿄전력 직원이 왔는데, 사정을 몰라 차량 사용법을 설명하려 해도 할 수가 없었다. 그 같은 현지 사정이

아라이 총감에게 전해졌다. 아라이 총감은 총무성 소방청에 "아무리 기다려도 대응할 수 있는 사람이 한 명도 안 옵니다. 연락도 안 돼요."라고 전달했다. 오후 11시 10분 아라이 총감은 "됐으니까 돌아오라."고 지시해 귀환시켰다. 이상 아라이 유지의 증언.

② 16일 오후 9시경 소방정도 빌려 달라는 연락이 들어왔다. 아라이 총감은 스기나미 구杉並区 다나카 료中良 구청장의 전화를 받았는데, 그 과정에서 "도쿄 소방청은 이번 원전 활동에 협력하지 않습니까?"라는 질문을 받았다. 아라이 총감은 "무슨 소리입니까? 지금도 차량을 빌려 달라기에 보냈습니다."라고 답했다. 다나카 구청장은 "호소노 총리보좌관이 연락할 테니 전화를 받아 주세요."라고 요청했다. 아라이 총감은 자신의 휴대전화 번호를 알려 주었다. 잠시 뒤 휴대전화로 호소노에게서 연락이 왔고, 호소노 보좌관은 "소방정으로 물을 뿌려 원전을 냉각할 수 있을지 생각 중입니다. 해상보안청의 소방정은 살수 사정거리가 1백 미터에 불과해요. 도쿄 소방청의 소방정을 사용할 수 없겠습니까?"라고 상담했다. 아라이 총감은 일단 전화를 끊고서 검토 결과를 호소노 보좌관에게 전하기 위해 비서관에게 전화를 걸게 했다. 아라이 총감은 전화를 받은 호소노 보좌관에게 "해상보안청의 소방정이 안 되면 우리가 가진 것도 안 되지 않겠습니까? 해상보안청 소방정의 성능이 더 나을 겁니다."라며 도쿄 소방청의 소방정으로는 어려울 거라고 말했다. 아라이 총감이 뒤이어 질문했다. "그런데 해안에서 원자로까지 얼마나 떨어져 있습니까?" 호소노 보좌관은 "3백 미터는 됩니다."라고 답했다. 아라이 총감은 "아쉽지만 우리 쪽 소방정도 사정거리가 1백 미터에 불과해 무리일 것 같습니다."라고 답했다. 호소노 보좌관도 "그럼 안 되겠네요."라고 했고 통화는 끝났다(아라이 유지의 증언).

③ 17일 오후 8시 30분경 총무성 소방청의 구보 장관이 도쿄 소방청의 아라이 총감에게 전화했다. "간 총리와 가타야마 총무대신이 도쿄 소방청에 협조를 부탁하자는 이야기를 나누었습니다. 그러니 무슨 일이 있으면 총리에게서 이시하라 신타로 도쿄 도지사에게 부탁하는 전화가 갈지도 모릅니다."라는 내용이었다. 소방청을 담당하는 요시카와 가즈오吉川和夫 도쿄 도 부지사는 아라이 총감에게 전화해 "지사에게 전화 한 통 넣어요."라고 말했다. 오후 9시경 아라이 총감은 이시하라 지사에게 전화를 걸었다. 이시하라 지사는 "총리가 '도쿄 소방청은 원전 사고 활동에 별로 협조적이지 않은 것'처럼 얘기하는데 어떻게 된 겁니까?"라고 물었다. 아라이 총감은 전날인 16일에 있었던 일을 이시하라 지사에게 설명했다. "사실은 우리 특수재해대책차량을 빌리고 싶다는 요청이 있어서 대원들과 같이 보냈는데, 차량을 인수하러 오지 않는 겁니다. 총리가 그런 사실을 모르는 것 아닐까요? 협력하지 않는 게 아닌데 말입니다. 요청받고서 여러모로 노력했습니다." 그 말을 들은 이시하라 지사는 "그러게 말야. 그런데 이야기가 좀 이상해요. 총리께 다시 연락해 볼게요."라고 말하며 전화를 끊었다. 오후 9시 30분경 이번에는 이시하라 지사가 아라이 총감에게 전화를 걸어왔다. "총리와 이야기했는데, 16일에 있었던 일을 비롯해 도쿄 소방청이 협력했다는 사실을 총리는 몰라요. 아마 관저 사람들도 혼선을 빚고 있는 것 같

으니, 도쿄 소방청이 도울 수 있으면 가주지 그래요?" 이시하라 지사의 말에 아라이 총감은 "할 수 있는 일이 있을지도 모르니 요청이 오면 부대를 보내겠습니다."라고 답했다. 아라이 총감은 그 뒤 총무성 소방청에 연락해 "지사도 양해했으니, 요청이 있으면 부대를 보내겠습니다."라고 밝혔다. 다음 날인 18일 오전 0시 50분 구보 장관이 도쿄 소방청에 정식으로 출동 요청을 했다.

여기에는 전 단계가 있다. 17일 오후 7시 무렵 센다이 시仙台市 미야기 현청宮城県庁 현지 대책본부에 본부장 대행으로 와있던 아쿠쓰 유키히코 내각부 정무관의 휴대전화 벨이 울렸다. 간 총리에게 온 전화였다. 아쿠쓰 정무관은 바로 옆 작은 별실로 이동해 전화를 받았다. 간 총리는 "온도가 아직 안 내려가네. 아직 안 내려가. 이시하라 지사에게 연락해주게. 도쿄 소방청이 가지고 있는 최신 펌프차로 원전을 냉각해 줄 수 없는지⋯⋯. 이시하라 지사가 그걸 내줬으면 좋겠어."라고 말했다. 심각한 목소리였다. 아쿠쓰 정무관이 이시하라 지사의 비서를 맡은 적이 있다는 점을 믿고 부탁한 것이었다. 아쿠쓰 정무관은 "알겠습니다."라고 말하고 전화를 끊었다. 비서를 그만둔 지 20년 가까이 지났다. 이시하라 지사의 자택 전화번호도 없었는데, 신기하게도 퍼뜩 떠올랐다. 이시하라 지사의 아내가 전화를 받았다. "간 총리의 의뢰를 받고 꼭 연락드려야 하는 상황이라 전화했습니다." 아쿠쓰가 말을 꺼냈다. 수화기 너머로 "여보, 아쿠쓰 씨한테 전화가 왔어요."라며 이시하라 지사를 불렀다. 이시하라 지사가 전화를 받았다. "무슨 일인가?" 아쿠쓰 정무관은 "간 총리의 의뢰를 받고 전화드렸습니다. 아시다시피 현재 원전은 심각한 상황입니다. 어떻게든 냉각시켜야 합니다. 도쿄 소방청의 최신 펌프차로 냉각할 수 없겠습니까?"라고 물었다. 이시하라 지사는 "그거 벌써 하지 않았나?"라고 되물었다. 아쿠쓰 정무관의 대답이 이어졌다. "아닙니다. 사실은 사무 쪽과 도의회를 통해 여러 경로로 알아봤지만, 아직 승낙이 떨어지지 않은 상태입니다." 이시하라 지사가 답했다. "알았네. 국난 상황에 뭐든 할 테니 총리에게 그렇게 전해 주게." "알겠습니다. 즉시 총리께서 지사님께 확인 전화를 드릴 수 있게 하겠습니다." 아쿠쓰 정무관은 이렇게 답하고 그 자리에서 총리에게 연락했다. "지사께서 자택에 계시니 지금 전화하면 바로 받을 겁니다. 번호를 불러 드릴 테니 받아쓰시겠습니까?" 간 총리는 "알았네. 고맙네."라고 말하고 전화를 끊었다(가타야마 요시히로의 증언, 아쿠쓰 유키히토의 증언, 구보 신보의 증언, 아라이 유지의 증언).

④ 도쿄 소방청은 원전 살수 작업을 하면서 도쿄전력과 보안원에 도면을 달라고 요청했지만, 아라이 총감은 [도면을] '못 받았다'고 한다. 도쿄 소방청은 자체 경로를 통해 3호기의 원자로 건물과 터빈 건물의 도면을 16일 무렵에 입수했지만, 실제 현장은 그 도면과 일치하지 않았다는 말을 들은 바 있다(아라이 유지의 증언).

⑤ 도쿄 소방청이 면진중요동의 존재에 대해 들은 것은 19일이었다. 그날 두 번째 살수 작업을 마치고 나서 출동 거점으로 삼았던 J빌리지로 돌아가려는 대원에게 도쿄전력 관계자가 "돌아가지 마세요. 더 있어 주면 좋겠습니다."라는 말을 했다. 대원은 "이렇게 선

량이 높은 장소에 오래 머물 수는 없습니다. …… 일단 J빌리지로 돌아가겠습니다."라고 했다. 그러자 그 도쿄전력 관계자는 "사실은 면진중요동이라는 시설이 있는데, 거기라면 다소 방사선 방호가 가능해요."라고 알려 주었다. 도쿄 소방청은 그제야 면진중요동이 있다는 사실을 알게 되었다. 그때까지 원전 부지 내에 들어간 부대와 J빌리지의 지휘 부대는 서로 연락이 닿지 않았다. 위성 전화조차 거의 연결되지 않았기 때문이다. 또 도쿄 소방청은 정문에 오염 제거 부대를 배치했지만, 이 부대도 J빌리지의 지휘 부대와 거의 연락되지 않고 있었다. 도쿄 소방청은 면진중요동의 존재를 알고 나서 지휘 부대를 면진중요동으로 옮겼다. 아라이 총감은 이렇게 말한다. "만약 면진중요동에 우리 선발대 같은 팀이 있으면 그곳과 안에 들어간 부대와는 무선으로라도 연락할 수 있었을 겁니다. 출동을 요청했을 때에도 면진중요동이 있다는 사실을 알려 줬으면 우리도 작전을 짜기 쉽고, 더 수월하게 활동했을 거에요. 참 이상했습니다. 19일 첫 살수 개시 연락이, 통합본부가 있는 도쿄전력 본사에서 왔거든요. 어떻게 살수 개시 시각까지 알 수 있는지 궁금했어요. 정문을 통과해 들어갔다는 연락도 도쿄전력에서 왔는데, 어째서 도쿄전력에서 이런 연락이 오나 싶었습니다. 알고 보니 면진중요동과 통합본부가 있는 도쿄전력 본사는 화상회의 시스템으로 연결되어 거기 앉아 있으면 대부분의 상황을 알 수 있었다군요. [그럼에도] 우리한테는 건물 잔해가 어디에 어떻게 쌓여 있는지도 알려 주지 않았어요." 살수용 호스는 차량을 이용해 바다에서 원전까지 직선으로 연장할 계획이었다. 게다가 남쪽 통로는 소화용 호스를 연장한 터라 도쿄전력 관계자로부터 "이 호스는 생명선이니 절대 밟지 말아 주세요."라는 요청을 받았다. 우회할 수밖에 없었다. 우회하면 2킬로미터나 돌아야 했다. 차량을 쓰지 않고 수작업으로 350미터를 연장하기로 했다. 그런 상황은 현지에 들어가서 알았다. 도쿄 소방청은 현지에 들어가기 전에 후쿠시마 현 이와키 시의 요쓰쿠라四倉에서 준비했다. 거기에는 도쿄전력 관계자도 와있었지만 부지 상황에 관한 정보를 제공받지는 못했다. 현지에 가서야 알 수 있었다. 아라이 총감은 가타야마 총무대신에게 "정보가 제대로 제공되지 않는 것이 이상하지 않습니까? 하물며 면진중요동의 존재조차 알리지 않다니 어처구니가 없습니다. 출동을 요청할 때 자세한 정보를 제공했어야 합니다."고 항의했다. 가타야마 총무대신은 "미안합니다. 어이없는 상황이 맞아요."라며 경제산업성 등 관계 성청에 항의했다(아라이 유지의 증언).

91 위 주석을 참조.

92 다카키 요시아키高木義明: 1945년 야마구치 현山口県 출생. 나가사키長崎 1구 중의원(7선). 야마구치 현립 시모노세키 공업고등학교를 졸업한 뒤, 1975년 4월 나가사키 시의회 의원, 1987년 4월 나가사키 현의회 의원이 되었고, 1990년 2월 중의원 선거에서 초선으로 당선되었다. 2005년 9월 민주당 부대표, 2006년 9월 민주당 국회대책위원장을 역임했고, 2010년 9월 문부과학대신에 취임했다(~2011년 9월). 2011년 9월 민주당 선거대책위원장으로 있었다.

93 가노 미치히코鹿野道彦: 1942년 야마가타 현山形県 출생. 야마가타 1구 중의원(11선). 가쿠슈인 대학 정경학부를 졸업한 뒤, 1976년 12월 중의원 선거에서 초선(자민당)으로 당선되었다. 1989년 8월 농림수산대신, 1992년 12월 총무청[각 행정기관을 운영·감찰한 기관으로 2001년 우정성·자치성과 함께 총무성이라는 이름으로 통합됨] 장관에 취임했다. 자민당을 탈당해 1994년 1월 신당 미라이의 대표로 있다가, 같은 해 12월 신진당에 입당했다. 1997년 12월 신진당이 해산한 뒤, 1998년 1월 국민의소리 대표, 같은 해 1월 민정당 간사장을 역임했다. 같은 해 4월 민정당에서 이적해 '신'민주당' 창당에 참여한 뒤, 1999년 1월 당 국회대책위원장, 같은 해 9월 당 부대표를 역임했다. 2002년 2월 민주당을 탈당해 무소속으로 있다가 2003년 9월 복당했다. 2010년 9월 농림수산대신에 취임했다(~2012년 6월).

94 기타자와 도시미北澤俊美: 1938년 나가노 현長野県 출생. 나가노 현 중의원(4선). 와세다 대학 법학부를 졸업한 뒤, 1975년 4월 나가노 현의회 의원, 1992년 7월 참의원 선거에서 초선 의원이 되었다. 1996년 신진당을 탈당하고 태양당에 입당한 뒤, 1998년 4월 신'민주당'에 합류했다. 같은 해 8월 민주당·신록풍회 국회대책위원장, 1999년 1월 민주당 참의원 국회대책위원장, 2000년 8월 민주당 참의원 간사장, 2006년 9월 민주당 부대표를 역임했다. 2009년 9월 방위대신으로 있었고(~2011년 9월), 2011년 9월 민주당 부대표가 되었다.

95 아리토미 마사노리의 증언, 그 자리의 대화 내용을 아는 정부 관계자의 증언. 취재원이 '정부 관계자'의 실명을 들어 취재원을 명시하면 불이익을 받을 가능성이 있어서 실명을 밝히지 않았다.

96 그 자리의 대화 내용을 아는 정부 관계자의 증언.

97 같은 증언.

98 아리토미 마사노리의 증언. 아리토미 등 도쿄 공업대학 그룹은 원자로 냉각에 사용한 해수가 열 때문에 증발해 염분 농도가 높아지면 배관이 부식될 가능성이 있으므로 냉각수 주입 때 쓰는 물을 서둘러 해수에서 담수로 바꾸라고 제언했다. 염분 농도가 높아졌을 때 어느 정도 부식이 진행되는지 실험 데이터가 없는 상황에서 파이프를 손상시켜 작업에 악영향을 줄 가능성도 있었기 때문이다. 후쿠시마 제1원전에서 가까운 오쿠마마치에 있는 사카시타坂下 댐의 여과수 사용이 가능하다고 판명되어, 이를 살수 작업에 사용할 수 있을지 타진했다. 한편 방사성물질을 비롯해 오염수 처리 문제가 발생했다. 아리토미 등은 세슘이 섞인 오염수에서 이 세슘을 효과적으로 제거하는 기술을 개발했다. 프러시안 블루 빛깔을 띤 페로시안화철이 세슘을 흡착하기 쉽다는 것을 알아낸 연구팀은 2011년 4월 8일 실험을 통해 양호한 결과를 얻었다. 아스팔트를 절단할 때 나오는 오탁수를 처리하는 데 쓰려고 개발한 응집 침강 기술을 활용해 1백 퍼센트에 가깝게 세슘을 제거할 수 있었다. 같은 달 11일 통합본부 사무국장에 취임한 호소노 고시 총리보좌관에게 이를 설

명하자, 그는 흥미로워하며 아리토미에게 도쿄전력에 설명해 주라고 제안했다. 아리토미는 그날 오후 8시 30분경 도쿄전력 본사에 가서 이 같은 사실을 설명했다. 하지만 도쿄전력 담당자는 "(프랑스의 원전 건설업체) 아레바AREVA와 계약했으니 필요 없습니다."라고 답변했다. 아리토미는 "아레바에는 응집 침강 기술이 없었어요. 그 결과 오염수에서 방사성물질을 충분히 분리할 수 없어서 배관에 '동맥경화'를 일으켜 최초 계산대로 충분히 유용할 수 없었습니다. 비상사태 때는 다양한 기관과 조직이 협력해 사태에 대처해야 한다고 생각하는데 아쉬운 일이었죠."라고 말한다.

99 간 나오토의 증언.

100 간 나오토의 증언, 데라타 마나부의 증언 등 다수.

101 '고마쓰 씨'의 행동을 아는 관저 관계자의 증언. '고마쓰 씨'에게 싫은 소리를 듣는다며 취재원의 실명을 밝히기를 주저해 여기서는 '관저 관계자'라고 표현했다.

102 간 나오토의 증언.

103 마쓰모토 다케아키松本剛明: 1959년 4월 25일 도쿄 도 출생. 효고兵庫 11구 중의원(4선). 도쿄 대학 법학부를 졸업한 뒤 일본흥업은행(현 미즈호파이낸셜그룹)에 입사했다. 2000년 6월 중의원 선거에서 초선 의원이 되었고, 2005년 9월 민주당 정책조사위원회장(2006년 4월 재임명)을 역임했다. 2010년 9월 외무성 부대신에 취임했고, 2011년 3월 외무대신이 되었다(~2011년 9월).

104 일본 정부 측의 협상 기록.

105 케빈 메어Kevin K. Maher, 『결단하지 못하는 일본』(분슌신서, 2011).

106 일본 정부 측의 협상 기록. 작성자를 밝힐 경우 작성자가 불이익을 받을 가능성이 있어서 취재원의 실명을 명시하지 않았다.

107 협상에 참여한 일본 정부 측 관계자의 증언. 외교 협상이기 때문에 실명을 밝히면 불이익을 받을 가능성이 있어서 취재원의 실명을 밝히지 않았다.

108 『방송 리포트』 No.236(2012/05/01).

109 간 나오토의 증언.

110 국회사고조에서 한 증언(2012년 5월 14일).

111 시미즈 사장의 말을 직접 들은 도쿄전력 간부의 증언. 취재원 명시를 요구했으나, 불이익의 정도가 크다는 의견에 따라 취재원의 실명을 밝히지 않았다. 하지만 도쿄전력 측의 반론 등이 있으면 취재원을 공개하는 한편, 취재하게 된 경위와 대화 내용 등을 밝힐 용의가 있다.